世界是不平的

——基于当代国际经贸与金融热点问题思考

徐德顺 著

中国商务出版社

·北京·

图书在版编目（CIP）数据

世界是不平的:基于当代国际经贸与金融热点问题
思考/徐德顺著. -- 北京：中国商务出版社,2023.11（2024.12重印）
ISBN 978-7-5103-4802-0

Ⅰ.①世… Ⅱ.①徐… Ⅲ.①国际贸易—研究②国际
金融—研究Ⅳ.①F74②F831

中国国家版本馆CIP数据核字(2023)第165728号

世界是不平的——基于当代国际经贸与金融热点问题思考

SHIJIE SHI BUPING DE——JIYU DANGDAI GUOJI JINGMAO YU JINRONG REDIAN WENTI SIKAO

徐德顺 著

出　　版：中国商务出版社
地　　址：北京市东城区安定门外大街东后巷28号　邮　编：100710
责任部门：商务事业部（010-64269744　bjys@cctpress.com）
责任编辑：郭舒怡
直销客服：010-64266119
总 发 行：中国商务出版社发行部（010-64208388　64515150）
网购零售：中国商务出版社淘宝店（010-64286917）
网　　址：http://www.cctpress.com
排　　版：廊坊展博印刷设计有限公司
印　　刷：廊坊蓝海德彩印有限公司
开　　本：710毫米×1000毫米　1/16
印　　张：18.5　　　　　　　　　　字　　数：322千字
版　　次：2023年11月第1版　　　　印　　次：2024年12月第2次印刷
书　　号：ISBN 978-7-5103-4802-0
定　　价：89.00元

序 言

受美国知名作家托马斯·弗里德曼（Thomas Friedman）著作的影响和启发，我撰写了这本书。托马斯·弗里德曼，1953年生，毕业于牛津大学，美国新闻记者、专栏作家。他在2005年出版的《世界是平的：21世纪简史》（ *The World is Flat: A Brief History of the 21st Century* ）成为畅销书。该书的主要观点是：科技和通信技术的进步，使人们的联系越来越紧密，世界平坦化趋势在21世纪来临时悄然发生，全球化趋势是不可阻挡的，国家、企业、个人必须要接受这一现实并应对之。

我同意托马斯·弗里德曼的观点，世界是平的。但我亦认为，世界是不平的。从当代国际经贸和金融发展时态势看，全球化是历史发展大势所趋，但逆全球化思潮始终存在，人类正是在对立统一矛盾中走向文明进步。世界"平"是暂态，"不平"是常态；"平"是理想化的终极目标，"不平"是历史发展的更多事实；暂时的小"平"和动态的"不平"是为了最终的大"平"。

本书是我近十年来的研究思考结晶，佐证了我的基本观点，即世界是不平的。不平安、不平常、不平淡、不平等、不平凡、不平和、不平衡、不平滑、不平缓、不平静、不平均、不平顺、不平坦、不平稳、不平息、不平允、不平正、不平直，或体现在时空多变的世界经济系统中。理论源于实践，理论指导实践，国际经济学和政治学相互交融、相互促进、相互补充，共同代表着社会科学融合发展的方向。全球政治力量和经济力量的对比是动态的复杂的，世界经济与金融秩序正在面临第二次世界大战后的再调整再平衡。和平与发展仍是当今世界两大主题，双边诸边多边经贸金融合作是大势所趋，但由于不同国家存在利益分歧与矛盾，作为经济联合国WTO的争端解决机制效率低下。美国为了维护霸权，联合盟友推出了"印太经济框架"和"美洲经济繁荣伙伴关系"，扰动世界经济秩序。G20、金砖国家组织和上合组织在各自机制框架下发挥一定的协调平衡作用，中国为了应对不稳定的世界经济变化环境，越发重视发展与RCEP和周边的经贸合作。蓬勃兴起的全球数字贸易促进数据技术"去垄断化"，引致国际间数字鸿沟缩小。全球数字贸易规则正在变革中，跨境数据在自由流动与安全管理中寻求动态平衡。尽管美国对华挑起贸易摩擦，在金融和科技领域对华制造麻烦，念念不忘对华智能制造技术实施出口管制，然而中国不随美国共舞，积极融入全球经贸金融科技生态圈，推动国际货币体系、国际经贸规则和国际秩序朝着更加公平合理的方向演进。

本书以交叉学科视角和应用经济学一般研究范式，通过演绎、推理、分析和案例讲解，和读者探讨当代国际经贸与金融热点问题。本书每章自成体系，各章之间"形散而神不散"。本书也是我教授商务部国际贸易经济合作研究院研究生和 MBA 的参考教材。本书的出版得到了中铁广州工程局集团公司和安徽中钢联新材料公司的资助，得到了郭舒怡责任编辑和张高平副编审的悉心帮助，在此一并感谢。

世界是平的，世界又是不平的。期望我的研究结论和独到的心得体会能够给国内党政干部、企事业管理人员、科研单位工作者、高校师生、普通大众读者乃至国际友人以启迪。

徐德顺

2023 年 7 月于北京

目　录

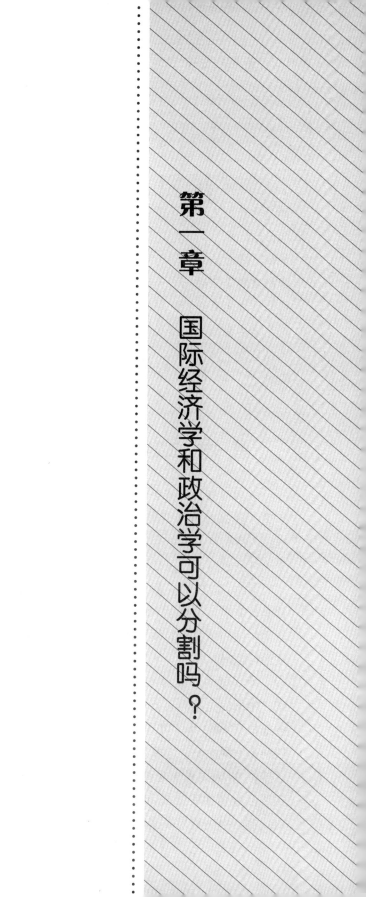

第一章

国际经济学和政治学可以分割吗？

现实生活中，人们总是提及与政治、经济相关的问题。而且发现，即便是普通的人，也热衷于关心这类话题。这或是人之天性使然。那么，何为政治问题？何为经济问题？两者之间有无关联性？两者之间相关的程度如何？就政治和经济力量对比而言，哪一个更重要？是经济决定政治，还是经济决定于政治？为此，人们有太多的困惑。世界的发展，人类文明的进步，离不开政治和经济关系（政经关系）这个话题。政经关系如何平衡是个老生常谈而又经久不衰的命题。人们需要从实践上升到理论思考，需要从理论上加以澄清。厘清了国际经济学与政治学之间的关系及其内涵，有利于了解"世界是不平的"，抑或"世界是平的"这一主题。

第一节　政经关系是全球经久不衰的热点话题

美国召开民主峰会，是政治问题还是经济问题？约瑟夫·拜登（1942年生）自2021年1月就任美国第46届总统以来，基本延续了前任总统唐纳德·特朗普（1946年生）的对外经贸策略。2021年12月9日至10日，美国拜登政府通过视频形式举办所谓的"世界领导人民主峰会"，聚焦反对所谓的"威权"主义、腐败和保护人权。首届"世界领导人民主峰会"，拜登政府邀请了超过100个国家和地区的领导人参加此次"峰会"，没有邀请中国和俄罗斯的领导人。美国的民主峰会，真的仅仅是为了民主这一政治话题吗？

中美贸易摩擦，是政治问题还是经济问题？2018年3月，特朗普高喊"中国偷走了数百万美国工作岗位"，宣布根据"232条款"（美国商务部根据1962年《贸易扩展法》第232条款之授权，对特定产品进口是否威胁美国国家安全进行立案调查，并在立案之后270天内向总统提交报告，总统在90天内做出是否对相关产品进口采取最终措施的决定）对钢铁和铝制品分别加征25%和10%的关税，对华挑起了贸易摩擦。中方被迫应对反制。中美贸易摩擦发生在世界上两个GDP超10万亿美元的最主要经济体之间（2021 年美国以 GDP 总量 229961.0 亿美元位居世界第一；中国 GDP 总量为 177340.6 亿美元，位居第二，占美国 GDP 比例为 77.1%）。中美贸易摩擦大概经历了三个阶段：针锋相对的第一阶段（2018 年 3 月至 2019 年底）。2019 年 5 月，美方宣布对 2000 亿美元中国输美商品加征的关税从 10% 上调至 25%，中方宣布自 2019 年 6 月 1 日起对约 600 亿美元的美国输华商品分别加征 25%、20%、10% 和 5% 的关税。此后双方你来我往，互增关税，长达十几回合。矛盾深化的第二阶段（2020 年初至 2021 年底）。尽管 2020 年 1 月达成第一阶段经贸协议（中美全面经济对话中方牵头人刘鹤与美国总统特朗普共同签署协议文本[①]），但特朗普并未罢手，开始从金融、投资、人员交往等各方面频繁对中方施压，将中兴、华为等一批中国高科技企业列入"实体清单"，联合加拿大对华为高管孟晚舟拘押。貌似缓和的第三阶段（2022 年初至今）。拜登上任后基本延续了上届政府的关税政策，美国通货膨胀高企，美国政界商界人士包括美国贸易代表戴琪、美国财政部长珍妮、美国商务部长雷蒙多等对华贸易制裁出现不同声音，貌似中美贸易摩擦有所缓和。但事实上双方的贸易摩擦仍在继续中，并衍生为金融和科技等方面的摩擦等，只不过美方的策略有所"含蓄"和更有"计谋"些，表现在"抱团"拉动盟友共同应对中国。全球上一次较大规模的贸易摩擦发生在二十世纪七八十年代的美日之间，当时美日是世界经济体中 GDP 前两强。彼时，美国对日本发动了大约 7 轮贸易战，涉及纺织品、彩电、钢铁、汽车、半导体等产品，提出开放日本国内市场和日元升值等要求。中美贸易摩擦，真的仅仅是为了经济利益吗？

国内个别地方存在 GDP 数据造假，是政治问题还是经济问题？2022 年 5 月 31 日，中央纪委国家监委官网发布消息称，经中共中央批准，中央纪委国家监委对第十九届中央候补委员、江苏省委原副书记张敬华严重违纪违法问题进行了立案审查调查。通报中提及张敬华"政绩观偏差，为谋求个人进步搞经济数据造假"，是对落马官员极为罕见的表述。在中国，

---

① 协议文本包括序言、知识产权、技术转让、食品和农产品、金融服务、汇率和透明度、扩大贸易、双边评估和争端解决、最终条款九章。美方将履行分阶段取消对华产品加征关税的相关承诺，实现加征关税由升到降的转变。中方将按照加入世贸组织承诺，完善小麦、玉米、大米关税配额管理办法。双方在知识产权领域的内容总体是平衡的，技术转让方面权利义务对等，增加了中美农业合作，中方加大金融服务开放，汇率问题达成平等互利共识、非《广场协议》翻版，明确了双边评估和争端解决机制。

改革开放以后，尤其是中共十四大（1992年）确定了建立社会主义市场经济体制以后的相当长一段时间里，"唯GDP论"给了一些官员错误的导向。GDP的相关基础知识，详见附录A1.1。经济数据造假在一些地区和领域都有所体现，甚至出现了"政绩不够、数字来凑、官出数字、数字出官"不良政绩观。2022年5月27日，国家统计局关于河北省、河南省、贵州省有关地区统计违法案件的通报中提及：河北省邢台市内丘县、原桥西区、南和区统计违法案件中有66名责任人受到处分，有64家企业被行政处罚；河南省焦作市武陟县、博爱县、温县统计违法案件中38名责任人受到处分，有22家企业被行政处罚；贵州省毕节市金沙县、织金县和安顺市平坝区、普定县统计违法案件中22名责任人受到处分，有30家企业被行政处罚。经济数据本身反映的是经济问题，但数据造假、个人被处分显然属于个人政治前途问题，更是事关政府公信力的政治问题。

国内个别地方"以防疫为由，随意断路封村，不让农民下地种田"，是政治问题还是经济问题？农民下地种田是个有关农业生产的经济问题。有的地方政府和村委会以防疫为由不让农民下地种田，涉及泛化防疫政策、或侵犯民权、关乎人民群众能否吃上饭等政治问题。2022年6月，农业农村部、国家发展改革委、财政部、自然资源部、生态环境部、交通运输部、商务部、国家卫生健康委、市场监管总局、中国银保监会、中国证监会等11部门联合印发《统筹新冠肺炎疫情防控和"菜篮子"产品保供稳价工作指南》，明确"严禁以防疫为由，擅自设卡拦截、随意断路封村，不让农民下地种田、限制农机通行作业"。

第二节　国际经济学和政治学的相关性

一、政治经济领域的几个最基本概念

何为政治问题，何为经济问题，属于人们口语语境状态下的一种通俗表达。要探究其本质，就需要澄清一些最基本概念，包括生产力与生产关系、经济基础与上层建筑。对于这些基本概念，马克思、恩格斯、斯大林、毛泽东等都有过精辟的论述。马克思、恩格斯在《德意志意识形态》（1932

年)一书中阐述了社会存在决定社会意识,揭示了生产力和生产关系辩证运动规律,阐明了经济基础和上层建筑的原理,标志着历史唯物主义和马克思主义哲学的形成。

我理解,狭义的生产力是人们征服自然和改造自然的能力,生产工具象征生产力水平,从工业 1.0 到工业 4.0 生产力水平在提升,相应的生产工具的科技含量在增加。狭义的生产关系是人们在生产和财富创造过程中形成的社会关系,包括生产资料所有制形式、人们在生产中的地位和相互关系、产品分配形式等。生产力代表人类科技文明进步的方向,生产力决定生产关系,生产关系反作用于生产力。生产关系的总和构成经济基础,上层建筑是建立在经济基础之上的社会意识形态以及与之相适应的政治法律制度的总和。根据存在决定意识的唯物主义观,经济基础决定上层建筑,上层建筑反作用于经济基础。回归到口语语境,如果"咬文嚼字"且通俗地讲,那么可以这样理解:生产力属于纯粹的经济问题,上层建筑属于纯粹的政治问题,而生产关系、经济基础则主要属于经济问题但也包含政治问题。

二、国际经济学和政治学的进展与相关性

(一)国际经济学进展

经济学源于古希腊哲学,以古希腊三贤[①]之一苏格拉底学生色诺芬(前440 年左右—前 355)的著作《经济论》算起,有 2400 多年的历史。色诺芬是最早使用"经济"一词的人,他所谓的经济乃指家庭经济而言。《经济论》是色诺芬研究奴隶主家庭经济问题的著作。有关色诺芬《经济论》《雅典的收入》更多内容,详见第四节。哲学家从人之本性思考经济问题,何正斌(2009)在其译著《经济学 300 年》前言中阐述,从"人有欲望、需要满足"这一人之本性的一般性规律入手,西方经济学可以分为两大流派,一类以满足个人欲望为依归的自由主义经济学,另一类以个人欲望服从社会利益的国家干预经济学说。前者的哲学思想是利己主义,包括被誉

[①] 古希腊三贤,指苏格拉底(前469—前399 年)、柏拉图(前427 年—前347 年)、亚里士多德(前384 年—前322 年)。苏格拉底是柏拉图的老师,柏拉图是亚里士多德的老师。他们在古希腊文学、艺术、哲学领域做出了非凡贡献,影响着世界文学艺术发展方向。

为"古典经济学之父"亚当·斯密（1723—1790）的"经济人"和"剑桥学派"的创始人阿弗里德·马歇尔[①]（1842—1924）追求个人最大效用的"消费选择"。后者的哲学原理与德国古典哲学吻合，从德国古典哲学创始人、《道德形而上学》[②]作者康德（1724—1804）到唯心主义哲学代表黑格尔[③]（1770—1831），承认追求个人利益的人性，同时认为有凌驾于个人之上的"绝对命令"，即社会的总体意志、道德意志。

（二）国际政治学进展

政治学研究对象是政治关系。政治关系是围绕国家公共权力而形成的一整套关系体系，包括阶级关系和经济关系。古希腊哲学家柏拉图（前427—前347）的《理想国》和亚里士多德（前384—前322）的《政治学》被认为是政治学的创始作。《理想国》共十卷，柏拉图设计并展望着心目中"公道正义"理想国度的蓝图，涉及政治、教育、伦理、哲学等多个领域。《理想国》是近代"乌托邦"思想的源头，柏拉图论述的理想的国家形态成为后世国家制度、政治统治的模本。《政治学》是第一部全面、系统地论述政治问题的著作，核心内容是关于城邦问题，亚里士多德以"人是天生的政治动物"为前提，分析了城邦的形成及基础，探讨了各种城邦理论、制度，研究了各政体的分类和变革，提出了他关于理想城邦的设想，被视为西方政治学研究的开山之作。

（三）国际经济学与政治学的相关性

政治学和经济学都属于社会科学的分支，两者均已经成为独立的学科。政治学和经济学的根本分野不合规律，交叉融合乃趋势所在。以政治经济学为例，来剖析政经关系，可见一斑。政治经济学涉政治学内容、从属于经济学范畴，更倾向于后者，以法国早期重商主义者蒙克莱田（1575—1621）

---

① 经济学家阿弗里德·马歇尔和马歇尔计划提出者、1947年出任美国国务卿的乔治·卡特利特·马歇尔（1880—1959）不是同一个人。

② 形而上学是指对世界本质的研究，研究存在现象的原因及本源。《道德形而上学》集中论述了德性是人的意志的道德力量而具有自主性的思想，是康德德性论的代表作。康德名言节选："三样东西有助于缓解生命的辛劳：希望，睡眠和微笑。""思想无内容则空，直观无概念则盲。"

③ 黑格尔名言："一个民族有一群仰望星空的人，他们才有希望。""凡是合理的都是存在的，凡是存在的都是合理的。"

1615 年上书路易王朝的《献给国王和王后的政治经济学》[1]为标志，政治经济学迄今已发展了 400 多年。政治经济学的核心是强调经济活动与政治事务、国家责任的统一，推崇国家干预与管理经济。红极一时的西方经济学，历经重商主义、古典经济学、新古典经济学、凯恩斯主义及 20 世纪 70 年代以后百家争鸣阶段，一直围绕经济与政治、市场与政府、财富增长与道德福利、公共选择学派（以经济学方法研究非市场决策问题）与宪制经济学（用经济学方法研究约束经济运行的宪法环境）的交织、分离、相融争论不休。西方经济学发展简史，详见本章第四节。历届诺贝尔经济学奖得主名单及主要贡献，详见附录 A1.2。在东方，20 世纪 80 年代，中国理论界也曾有对计划与市场、姓资姓社的争论。1987 年 2 月，邓小平在同几位中央负责人谈话时指出，计划和市场都只是经济手段，不能作为社会主义制度和资本主义制度区分的标准，方才使得计划与市场的争论尘埃落定。从政治经济学学科认知的流变和演进看，无论是前古典经济学时期重"政治"而轻"经济"，还是古典经济学时期亚当·斯密将"经济"从"政治"中解放出来，抑或后来不同历史时期诸多学派对该学科认知出现明显分流，然而围绕政治与经济关系始终是政治经济学人讨论不休的热点话题。

三、美国首届民主峰会的政治经济学思考

（一）美国"民主峰会"令"华盛顿共识"新自由主义走向衰落

在人类历史长河中，经济系统从来就不是孤立的，复杂的经济系统受制于内外部环境，与政治共生共荣。西方新自由主义过分强调市场"看不见的手"作用，尤其是 1989 年形成的"华盛顿共识"[2]将新自由主义及其政府观推高到鼎盛时期。"华盛顿共识"具体的 10 条共识，详见附录A1.3。然而，从现实看，审视包括 1994 年墨西哥金融危机、1997 年亚洲金融危机、2001 年阿根廷债务危机、2008 年美国次贷危机和 2019 年爆发

---

[1] 蒙克莱田的主要观点：商业是国家活动的基础，商业是获取金银的重要方法，国家应该保护三级地位的商人利益。商业尤其对外贸易是财富的源泉，国家应保护关税，以保护本国工业。反对外国商人插手法国商业，主张保护法国商人的海外利益，增强法国的海上力量，发展殖民地。

[2] 华盛顿共识（Washington Consensus），1989 年所出现的、一整套针对拉美国家和东欧转轨国家的、新自由主义的政治经济理论，是社会主义转向资本主义社会的最初级版本。当华盛顿共识逐渐走向失败，宏观经济理论界有人提出了与此相对的北京共识。

的新冠疫情导致全球经济低迷的种种事件，政府在其中的作用何其大焉。人们对新自由主义式的"小政府"提出了质疑。经济和政治是一脉相承的，经济离不开政治，经济服务于政治，政治依赖于经济，政治作用于经济。拜登政府 2021 年 12 月组织的"民主峰会"，属于"司马昭之心，路人皆知"，旨在回归政治经济学本源，阻止政治和经济的分离，强化政治"有形之手"对经济的影响力。2022 年 2 月，因俄罗斯乌克兰冲突，美国、英国、欧盟、加拿大、日本、澳大利亚等对俄罗斯实施金融和经济制裁，也印证了经济与地缘政治甚至军事息息相关。

（二）美国"民主峰会"政治经济企图明显

其一，美国"民主峰会"实为维护自身政治霸权。拜登上任后，精心策划了"民主峰会"。首届峰会于 2021 年 12 月 9 日至 10 日举办，计划一届一届办下去，办成全球公共产品。美国以所谓的"民主"为名，拉帮结派，强化同盟力量，排斥中国和俄罗斯，以巩固其全球政治影响力，其政治野心暴露无遗。美国主导的北约[①] 本是冷战时期的产物，本应随着华约的解散（1990 年）而解散。令俄罗斯没有想到的是，华约解散了，北约不但继续存在，而且越来越发展壮大了，成了威胁世界安全的军事集团。这个军事集团以保护所谓"民主"价值观和"基于规则的国际秩序"为名，越俎代庖担当联合国维和部队职责。2022 年美国主导的北约配合乌克兰，与俄罗斯打了一场代理人战争，下一步北约或挺进印太地区。美国盟友、英联邦名单，详见附录 A1.4。2023 年 3 月 29 日至 30 日，美国在线上举办了第二届"世界领导人民主峰会"。

其二，美国"民主峰会"实为维护自身经济利益。"二战"后，美国凭借美元地位和发达的金融市场循环透支信用，维护其高昂的社会福利、庞大的基础设施、高科技投入和全球军事扩张，一段时期美国制造业空心化严重。美国自 20 世纪 40 年代罗斯福新政开始就养成了靠发债"过日子"的习惯；70 年代卡特执政后，历届总统都试图压缩政府赤字，除克林顿有成效外，大多失败了；特朗普在位期间"自私性"增强，加速谋求财政赤

[①] 北大西洋公约组织，简称北约，是美国杜鲁门主义的军事实践，目的是对抗"铁幕"对欧洲和北美国家的战争威胁。1946 年 3 月 5 日，丘吉尔在美国威斯敏斯特学院发表题为《和平砥柱》的"铁幕演说"，"从波罗的海边的什切青到亚得里亚海边的的里雅斯特，已经拉下了横贯欧洲大陆的铁幕"。此演说的一年前，德国宣传部长戈培尔也曾说过："在苏联控制的大片领土上，一副铁幕即将降下。"

字货币化；拜登延续了量化宽松的货币政策，疯狂印钞，截至2021年末，美国联邦债务总量已突破29万亿美元。"二战"后的美国历届总统负债情况，详见第四节。美国债台高筑，美元信用支撑了美国科技和军事实力，但其经济"健康状况"遭到国际社会普遍质疑。美国为挽救数字货币时代美元日渐衰退窘境和掩盖国内经济颓势，组织所谓的"民主峰会"，其经济用意昭然若揭。

其三，美国"民主峰会"或影响中国对外经贸科技合作关系。美国是欠联合国会费大户（截至2022年4月底，美国在联合国拖欠的费用超过24亿美元）但不惜提供专项资金资助"民主峰会"（美国在首届会上高调宣布，将投入4.244亿美元用于"对外援助"，推进其他国家的"民主阵线"），其目的在于巩固其政治、经济、金融、军事同盟力量，以政治手段服务经济。美国以所谓的"民主"标准划分"朋友圈"，一定程度上可能影响了中国对外经贸科技合作关系。从美国邀请参会对象分析，足见其在全球的固有势力，也暴露了其近些年来一以贯之视中国为全面竞争对手的战略图谋。美国邀请了较广泛的参会对象，或意欲绕开中俄甚至联合国巩固其全球领导地位。美国发出首届会议邀请的国家和地区有111个，约占联合国承认国家总数的一半（截至2011年，联合国成员国有193个）。联合国五个常任理事国中，有英国、法国和美国三个国家参会。美国邀请了中国周边国家和地区（中国有14个陆上邻国和6个海上邻国），或意欲在政治经济上对中国挑拨离间。邀请了中国9个邻国，除巴基斯坦拒绝外，印度、印度尼西亚、日本、马来西亚、蒙古、尼泊尔、菲律宾、韩国参会。邀请了中国台湾地区参会，公然触碰中国主权"红线"。美国邀请了大多数主要经济体，或意欲维护以美为中心的全球产业、金融、经济联盟。参会对象包括：主要工业国家G7；除中国、俄罗斯、沙特、土耳其之外的G20国家；除土耳其、匈牙利之外的36个OECD成员国；100个WTO主要成员（累计成员164个）。美国邀请了除俄罗斯、匈牙利、土耳其之外的39个瓦森纳协定（《关于常规武器与两用产品和技术出口控制的瓦森纳协定》）成员国，或意欲强化与成员国科技合作，加强技术对外封锁。美国邀请了大多数盟友，或意欲强化军事和政治同盟。参会对象包括："五眼联盟"；除匈牙利之外的北约成员国；除巴基斯坦、泰国的东南亚盟友；大多数美洲国家组织成员；大多数英联邦国家等。

（三）中国削弱美国"民主峰会"战略图谋对策思考

一要统筹国内外资源应对美国战略图谋。政治利益和经济利益是相互交织的。美国视中国为长期战略竞争对手这一立场上，美国两党异常团结。2021年美国国会高票通过的《创新与竞争法案》，对中国进行全方位打压，其根本目的在于担心中国经济的崛起。2022年8月，美国国会高票通过了针对单一产业高额补贴的《2022年芯片和科学法案》（授权资金总额高达约2800亿美元），法案要求联邦财政援助的接受者加入一项禁止在中国等国家扩大半导体制造的协议，主要目的在于限制未来十年新建"非统半导体"工厂，以确保半导体制造商下一个投资周期集中于美国及其合作伙伴国家。美国金融大鳄索罗斯2019年9月9日在《华尔街日报》专栏文章中声称，"作为开放社会基金会的创始人，我对打败当下中国的兴趣，超过了对美国的国家利益的关心"，称特朗普的对华政策非常正确，美国对华为的封杀更不能解除等。面对外部环境的发展变化，需要进一步认清和把握新形势下政治经济学理论和实践动态，统筹国内政治经济等多方资源，广泛团结国际社会力量，有针对性地削弱美国"民主峰会"的政治经济战略图谋。

二要揭露美式虚假民主和霸道逻辑的真相。英国大政治家丘吉尔20世纪40年代曾经评价西方民主制度，"除了那些不断试用的治理形式之外，民主也是最差劲的治理制度"（Democracy is the worst form of government except for all those other forms that have been tried from time to time），通俗地讲，丘吉尔这句名言表达的意思是，世上很难找到理想的政府治理模式，民主制度虽是很糟糕的制度，但是它超越其他各种更糟糕的制度。对此，美国财长耶伦2023年4月21日在约翰·霍普金斯大学高级国际研究学院关于美中经济关系的讲话中也曾讲过类似的话，"尽管美国的民主制度并非完美，但这一制度为思想的自由交流和法治保驾护航，而思想的自由交流和法治正是可持续的经济增长的基石"。尽管如此，民主是全人类的共同价值，是世界各国人民的普遍权利，而不是美国的专利。美国用自身单一的标尺去衡量世界不尽相同的政治制度，用单调的眼光审视人类各具特色的政治文明，本身就是不民主的。当下的美国，将美式民主强加于他国，而忽视其国内只讲程序民主和形式民主的实质。美国不应该为一己私利，以有色眼光诋毁非美式民主的国家。

三要直面中美战略经济对话。目前全球经济除了受到疫情影响外，还受到气候变暖、发展鸿沟、单边主义、地缘政治等因素叠加的多重影响。中美应携手共克时艰，共同应对世纪疫情和环境问题，加强贸易、投资、金融领域合作，加强宏观政策的协调沟通，推行真正的多边主义，摒弃逆全球化恶潮。美国政府要有担当，美元已经成为事实的全球公共产品，不能违背国际法随意冻结他国主权财富美元资产，不能毫无节制地采取无限量化宽松的美元货币政策，要采取切实可行措施保持美元币值稳定，维护美元和美债的信用，要以负责任的姿态防范他国持有美元资产缩水和货币化。

四要强化大国间政治经济合作。除了防范化解中美经济、投资、金融等领域的合作分歧外，还应加强防范化解新型贸易壁垒增多风险和全球产业链供应链价值链重构风险。建议中国以大国外交为引领，深化中俄、中欧、中德、中法、中英、中日等双边合作。推动在联合国、WTO 和 G20 框架下，改革全球治理体系。推动改革国际货币体系和国际货币基金组织（IMF），升级 SDR 功能，促进数字经济时代形成信用货币"锚"的共识机制。积极应对美欧债务危机，坚持积极的财政政策和稳健的货币政策，加强资本项下的外汇管理，切实防范跨境资本异常流动风险，有效应对跨境资本流动冲击。

五要实施周边经贸优先发展战略。发展周边经贸，能发挥天然的地理和区位优势，发掘对外经贸潜力，促进沿边地区开放发展。周边经贸活跃，有助于深化双边多边利益融合，推动"一带一路"倡议在周边落地，提升中国在周边的政治影响力，减少美国及其盟友利用中国周边滋事的战略图谋。建议进一步改善与周边的贸易投资金融合作环境，优化周边区域产业链、价值链体系发展，推动内陆边境和沿边地区高质量开放，提高海峡两岸经贸合作热度。落实周边外交优先方针，深化周边经贸合作，提高周边国家（地区）对中国贸易、投资和金融的依存度。加强与周边国家（地区）抗疫合作，拓展数字贸易、数字经济、绿色经济等新兴领域合作。落实 2022 年 1 月 1 日生效的区域全面经济伙伴关系协定（RCEP），共享全球最大的自贸区贸易投资自由化便利化的成果。

六要切实提高中国科技创新实力。深度融入全球科技创新网络，积极寻求新的进口技术替代与合作伙伴，深度参与全球科技创新治理。跟踪美西方"瓦森纳协定"技术清单的动态变化，使之成为中国制造强国战略内容更新和科技计划重点任务选择的重要参考。根据"瓦森纳协定"成员国与中国地缘政治经济关系，积极与有合作意愿的成员国谋求更高层次科技合作，包括技术交流、人才互动、共同研发等。构建"政府引导、企业为主、多方联动"的出口管制合规体系，督促中国企业依据《出口管制法》及2021年4月修订发布的《商务部关于两用物项出口经营者建立出口管制内部合规机制的指导意见》和《两用物项出口管制内部合规指南》，建立健全内部合规制度，促进高水平对外开放。

第三节　国际经济学和政治学融合发展

人们关注政治往往高于关注经济的热情。中美贸易摩擦和国内存在GDP数据造假、以防疫为由不让农民下田种地均揭示了政治与经济的关系，反映了这些现象背后的政治学与经济学相互交织的逻辑问题，与美国民主峰会的案例有异曲同工之处，在此不一一赘述。可以印证的是，无论在哪个国度，绝大多数有正常心智的人是对经济和政治话题感兴趣的，而且有时人们对政治的关注热情超乎对经济的关注程度，这乃是人的天性使然。

政治和经济是一对孪生兄弟。政治和经济问题，伴随着人类诞生而诞生，谁先谁后，没有定论。只要有人类活动的地方，就得有"柴米油盐酱醋茶"，就得有"吃喝拉撒睡"，就得依靠经济增长来满足人类的生存与发展，满足人类物质和文化生活需求。再者，人是群居动物，人独处是一时的或个别的现象，群居是普遍的和必然的。所以，只要有人群的地方，就得有"左中右"，就得涉及复杂的人际关系，就少不了制度规则的约束和复杂的意识形态等政治领域因素。人类从原始社会、奴隶社会、封建社会步入资本主义社会、社会主义社会，以及未来迈向人类命运共同体，政经关系始终贯穿其发展全过程。

政治和经济属于难以分割的一个大的系统。政治子系统中涉及经济内容，经济子系统中离不开政治成分。政治子系统和经济子系统属于有相关关联的包含政治经济内容在内的大系统，人为地机械地将政治和经济分割下来，不符合科学原理，也破坏了大系统的稳定性。当然，政治和经济又各自自成子系统，表明它们各自具有不同的内涵与外延，各自拥有鲜明的特征。

政治力量和经济力量的对比是动态的、复杂的。无数的事实可以佐证,从历史长周期看,经济力量起决定性作用,经济力量终将战胜政治力量,这是由人类生存发展的内在规律所决定的。古代王朝的更迭,有由于民不聊生、斩木为兵、揭竿起义,而导致王朝灭亡的。隋朝(581—618年)存在仅37年,为什么是历史上最短的朝代? 史书记载,不顾国力,修建大运河、营建都城洛阳、对外发动战争,激化了本身就不平静的社会矛盾,为隋朝灭亡埋下了恶果。从短周期、中周期来看,有时政治力量也会占于经济力量之上风,政治人物、英雄人物是可以改变历史的。历史上不乏励精图治的明君和英雄豪杰,铲除政治腐败,扭转经济发展颓势,进而复兴大业的。

政治学和经济学相互交融、相互促进、相互补充代表着社会科学融合发展的方向。研究政治问题、经济问题、政经关系问题,可以明白人们身处一个复杂的政治经济环境之中,可以明智,可以明方向。由此明白诞生和发展了的政治学与经济学不是孤立的,而是相互交融、相互促进和相互补充的。为此,当代有志之士应当增加复杂系统的思维能力,当代学者应当丰富自己的知识面,整体而非部分、系统而非片面、复杂而非简单地去思考政治学、经济学、政治经济学、经济政治学等。

第四节 国际经济学和政治学的衍生思考

一、人类经济思想的每一次进步都来之不易

古代智者的思想如今还闪烁着时代的光芒。每次重温色诺芬《经济论》,我都有新的感慨。我平素想,人类的进化是缓慢的,不便说,从遥远的早期猿人、晚期猿人、早期智人到晚期智人的数千万年的演进,即便说,人类从有文字记载至今,亦有5000多年的历史。人类思想的进化也是需要长期实践、总结、再实践、再总结才能完成。我经常想,古代人也是非常有智慧的,虽有历史局限性,但他们的思想如今还闪烁着时代的光芒。2400多年之前的色诺芬《经济论》思想,在当下仍有经济应用价值可见一斑。

色诺芬其人。色诺芬(前440年左右—前355年),出生于雅典富人家庭,受过贵族教育,古希腊历史学家、思想家,苏格拉底的弟子。苏格

拉底的弟子大多对极端民主政治不满，而同情右翼人士，色诺芬基本上是站在贵族奴隶主的立场。在当时以斯巴达为首的联盟和以雅典为首的联盟的斗争中，他拥护斯巴达的贵族寡头政治而反对雅典的民主政治。公元前399年苏格拉底被处死，色诺芬加深了对极端民主政治的憎恶。前394年，色诺芬被雅典公民大会以"卖身投敌"罪缺席判处终身放逐。色诺芬以记录当时的希腊历史、苏格拉底语录而著称。因此，有学者称色诺芬是有史以来第一个新闻记者。色诺芬一生著作等身，其中多篇与苏格拉底有关。

《经济论》《雅典的收入》主要内容。《经济论》是一部语录体著作，作者色诺芬以苏格拉底的口吻讲述了其对于经济的认识和理解。《经济论》是研究奴隶主家庭经济问题的著作。色诺芬在结束从军生活以后，便在自己的领地上经营奴隶占有制的田庄。管理田庄的经验，加上他从苏格拉底那里听到的一些经济思想，便是他编写这部书的基础。《雅典的收入》是他晚期的作品，在这部著作中，他论述了雅典不依靠加重盟邦负担而自谋收入的方法。希望"有更多的人和我们贸易"，主张把"带来大批值钱商品因而有利于国家的商人和船主尊为上宾"。色诺芬的主要观点包括：

——巩固对奴隶的剥削是自然的和必要的。色诺芬《经济论》中专门有一章说明应该怎样对待奴隶。他说，适用于训练野兽的办法，也同样是训练奴隶使之驯服的有效的方法。在《雅典的收入》中，他还建议由国家购买奴隶，并把他们出租以增加国家的收入。

——财富是人们拥有且可以带来价值的东西。色诺芬认为物品有两种功能即使用和交换。"凡是有利的东西都是财富，而有害的东西就不是财富。财富是一个人能够从中得到利益的东西。"也就是说，"同一种东西是不是财富，要看人会不会使用它，例如，一只笛子对于会吹它的人是财富，而对于不会吹它的人，则无异于毫无用处的石头"。色诺芬对于一个人是否拥有财富的认知有两个关键点：第一个是这样东西是人们所拥有的，如果不是自己拥有的就不能为自己带来财富。第二个是，这样东西可以给自己带来价值，也就是说对自己有用，有使用价值或者交换价值。文中举例，如果一个人拥有马却不会骑马，那么即使拥有马，这也不是他的财富，但是当他将毫无用处的马进行买卖，这就获得了财富。

——供需关系影响价格和社会劳动的分配。色诺芬认为，商品的供给和需求的变动影响了价格的变化，同时社会劳动的分配也会依存于由于供求之间发生的变动而产生的价格变动。但是他并未对这些问题提出合理的解释。

——农业是财富最重要的来源。色诺芬对于农业十分看重，对于手工业非常鄙视。他认为农业是根基，是希腊自由民的最好的职业。"最好的学问和最好的职业，就是人们从中取得生活必需品的农业。""农业是其他技艺的母亲和保姆，因为农业繁荣的时候，其他一切技艺也都兴旺；但是在土地不得不荒废下来的时候，无论是从事水上工作或非水上工作的人的其他技艺都处于垂危的境地了。"法国重农学派的主要代表魁奈非常重视色诺芬关于农业的观点，曾引用上面这段话作为他的主要著作《经济表》的题词。色诺芬还将农业与国防结合起来，他认为国防是农业发展的保障，农业可以为国防提供兵源，农业是建设国家的基础，是各种公共物品的来源。

——必要的劳动分工存在具有合理性。在苏格拉底与克里托布勒斯的对话中提及"我们不必样样都搞，因为很难找到精通一切技艺的工人，而且也不可能变成一个精通一切技艺的专家"，由此引出分工的概念。分工的大小与城市的规模有着必然的联系，例如，在一个小城市，工人需要会制造床、门、桌子甚至是房子，而在大城市却只需要精通一项便可以获得财富。

——劳动分工的观念渗透在财富管理的各个方面。苏格拉底对于财富管理的问题主要由个人管理、家庭管理、人才管理、农业管理等方面构成。色诺芬认为，"财富是一个人能够从中得到利益的东西"。他说一个人如果能从朋友（或仇敌）身上得到好处，这种朋友（或仇敌）对他来说也是财富；反之，即使是钱，如果一个人不懂得怎样使用，钱对于他也不能算是财富。

——货币可以作为贮藏手段。色诺芬注意到货币有着不同的作用，色诺芬在文中提出："希腊银矿的增加，使开采他们的奴隶主得到大量的收入，有的大部分财产就是白银，白银可以随时购买到人们所需要的各种物品，如果他们拥有的白银太多，他们可以把白银储存起来。"他在书中描述人们对于白银数量的拥有愿望只多不少，人们之所以喜欢储藏白银是因为白银可以随时购买到有用的物品。色诺芬已经认识到了白银作为货币具有价值尺度、流通手段和贮藏手段的职能。马克思曾指出，色诺芬在当作货币和贮藏货币的特殊形式规定性上作了论述。

色诺芬经济思想评论。一是具有管理思想方面一定的先进性。家庭管理概念是现代管理理念的萌芽。色诺芬生活在奴隶社会时代，奴隶主对奴隶和生产资料私人占有的情况下，提出了家庭管理，即奴隶主如何管理好自己的财产，使财富不断增加。他从家庭经济管理出发，分析了人员管理与财物管理的关系，强调激励与惩罚相结合，物质奖励与精神奖励相结合的管理办法，对于当代激励管理政策仍有参考价值。

二是探究了商品的价值和商品交换的基础。商品价值是商品的重要属性之一，他通过对经济现象的分析初步建立了对于财富的认知，"同一种东西是不是财富，要看人会不会使用它"，"凡是有利的东西都是财富，而有害的东西就不是财富。财富是一个人能够从中得到利益的东西"。色诺芬在一定程度上认识到了交换的价值，为后来经济学家分析价值理论提供了一定的分析基础。但是，他还未能将商品价值与交换价值相区别，与现代价值理论中价值是交换价值的基础、交换价值是价值的重要表现这一概念相比存在一些弊端。

三是提出了增加国家经济收入的方式。色诺芬认为，增加国家经济收入的方式有三种：第一点是开发经济资源。在《雅典的收入》中，他建议开采矿产资源以增加收入。第二点是吸引外邦人到雅典定居。外邦人没有公民权，不能进行经营和拥有土地，所以要从事工商业活动，并且还要向城邦缴纳特别税。色诺芬认为这种税款是政府收入的主要来源。这种思想演化至今很类似于人才引进策略，将外国人才引进到本国，为本国经济发展作出贡献，以增加国内 GDP，促进经济发展。当代城镇化建设、乡村振兴政策也能从色诺芬那里找到原始思想，只不过色诺芬的宏观经济思想不够成熟，不够详尽。第三点是他建议营造良好的经济环境，促进商业发展，给予商人特权，甚至还提出来国家出租船只给私人或者国家购买奴隶出租给私人使用，这可以看作是国营经济的早期思想，对后世具有深远影响。

四是重农思想与现代经济理论框架相左，但可以为农业建设提供思想指南。色诺芬反复论述农业的重要性和优点，提倡人民从事农业，同时在大力发展农业生产的同时，鄙视手工艺，认为其粗俗的技艺，但也主张适

---

① 马克思：《政治经济学批制》，人民出版社 1955 年版，第 101 页。

当发展手工艺，尤其是外邦人从事商业和手工艺。在此论述中，色诺芬将经济学范畴限定在家庭经济和农业方面，具有时代局限性。在近现代，践行理性人假设，追求经济利润最大化框架下，农业产业虽然是基础产业，但是工业、商业、服务业等产业的贡献一定程度上已经逐步超过农业。同时当代经济更多依靠金融、科技等方面，与色诺芬所提倡的经济思想有所出入。色诺芬的农业思想启迪后人，农业基础稳固，才能更好地发展经济和巩固上层建筑。

五是劳动分工促进劳动者工作效率和技术的提高。色诺芬没有认识到劳动分工对商品价值的影响。马克思在《资本论》评述："色诺芬在此只注意使用价值的品质，虽然他已经知道分工的程度是依存于市场范围。"社会分工的深化和扩张，使社会劳动所创造的价值总量增加，也使得单个商品的价值减少。商品的价值量是由社会必要劳动时间（指在现有的社会正常的生产条件下，在社会平均的劳动熟练程度和劳动强度下制造某种使用价值所需要的劳动时间）所决定的，不由各个商品生产者生产商品所实际耗费的个别劳动时间所决定。社会劳动生产力提高，总生产量和总商品价值会增加，但生产单位产品的必要时间减少、单个商品的价值量会减少。

六是货币的不同职能和作用。色诺芬已经了解了货币的价值尺度、流通手段和贮藏手段的职能。色诺芬认识到了货币在国际贸易中的重要作用。

七是初步提出地租概念。色诺芬在文中提到："他从来不让我买已经耕种的很好的土地，而强迫我买由于原主懒怠或无能而未耕耘、未栽种过的土地，他总是说，耕种得很好的土地代价大，而且不能再改进了。"色诺芬已经初步认识到了地租的功能与作用，与美国当代著名经济学家保罗·萨缪尔森的观点"地租是为使用土地付出的代价"相吻合。

二、漫谈西方经济学发展

史学家对近现当代的时间划分，有两个流行版本。所谓的中国版本：1840 年鸦片战争至 1919 年"五四运动"（近代），自"五四运动"至1949 年新中国成立（现代），自新中国成立至今（当代）。所谓的世界版本：1640 年英国资产阶级革命至 1917 年俄国十月革命（近代）；横跨两次世界大战期间，"一战"时间为 1914—1918 年、"二战"时间为 1931—1945 年（现代）；"二战"结束后至今（当代）。

西方经济学属于主流经济学派之一。研究了解西方经济学有利于加深对国际经济学和政治学的理解。近现当代西方经济学简史，可以分为两个主要阶段。

一是从重商主义、古典经济学，到新古典经济学。古近代经济学可以分为重商主义，其产生于 15 世纪终止于 17 世纪中期，基本观点是金银即财富、财富来自外贸、主张国家干预，主要代表人物有英国的贸易差额说[a]的主要倡导者托马斯·孟（1571—1641 年）；古典经济学，从 17 世纪中期到 19 世纪 70 年代前为止，自由放任是古典经济学的核心，主要代表人物有英国的《赋税论》作者、被誉为古典政治经济学之父的威廉·配第（1623—1687 年），英国的《国富论》作者、被誉为古典经济学之父的亚当·斯密（1723—1790 年），英国的从证券交易所走出来的比较优势理论创立者大卫·李嘉图（1772—1823 年）；新古典经济学，从 19 世纪 70 年代的"边际革命"开始到 20 世纪 30 年代结束，是古典经济学的延续，是微观经济学的形成时期，其中心内容仍然是自由放任，主要代表人物有来自奥地利且创立了主观效用论的卡尔·门格尔（1840—1921 年）【他提出"所有事物都服从因果法则"（All things are subject to cause and effect.）】，英国的局部均衡分析（孤立地考察单个或部分市场的供求与价格之间的关系或均衡状态，不同于一般均衡考察所有市场上各种商品的供求与价格之间的关系或均衡状态）的创始者阿弗里德·马歇尔（1842—1924 年），美籍奥地利政治经济学家"创新理论"鼻祖、与凯恩斯有着"瑜亮情结"的约瑟夫·熊彼特（1883—1950 年）。其间，值得一提的是重农主义，重农主义是 18 世纪 50 年代至 70 年代法国古典经济学派。它诞生的背景在于法王路易十四和路易十五先后实行牺牲农业发展工商业的重商主义政策，使得农业遭到破坏而陷入困境。其代表人物是曾做过宫廷侍臣的弗朗斯瓦·魁奈（1694—1774 年）。

二是从凯恩斯革命、新古典综合派，到自由放任思潮复兴时期。现当代经济学可以分为凯恩斯革命，从 20 世纪 30 年代到 50 年代之前，主张国家干预经济，创立了宏观经济学体系，主要代表人物是凯恩斯（1883—1946）；凯恩斯主义，从 20 世纪 50 年代到 60 年代末，把凯恩斯的宏观

---

① 该学说认为：扩大商品输出，限制商品输入，通过调节商品运动，形成贸易差额，即可达到积累货币财富之目的。

经济学与新古典经济学的微观经济学结合起来，形成了新古典综合派，全面地发展了凯恩斯主义主要代表人物有第一个获得诺贝尔经济学奖的美国人、把数学分析引入经济学研究的麻省理工学院经济学教授保罗·萨缪尔森（1915—2009）。1970 年评奖委员会说："在提升经济学家理论的科学分析水平上，他（萨缪尔逊）的贡献要超过当代其他任何一位经济学家，他事实上以简单语言重写了经济学理论的相当部分。"奥地利经济学派代表人物、芝加哥学派、新自由主义"斗士"、奥地利出生的英国知名经济学家哈耶克（1899—1992 年）、他与他理论对手贡纳尔·默达尔一同获得了 1974 年诺贝尔经济学奖，以"表扬他们在货币政策和商业周期上的开创性研究，以及他们对于经济、社会和制度互动影响的敏锐分析"，以及自由放任思潮复兴时期（指 20 世纪 70 年代之后），主要代表人物有美国经济学家、货币学派的代表人物、1976 年诺贝尔经济学奖得主米尔顿·弗里德曼，美国"芝加哥学派"代表、现代"人力资本"论主要推手、1979 年诺贝尔经济学奖得主西奥多·舒尔茨，1981 年诺贝尔经济学奖得主、提出"不要将你的鸡蛋全都放在一只篮子里"的美国经济学家詹姆斯·托宾，1990 年诺贝尔经济学奖得主美国经济学家均值方差模型贡献者哈里·马科维茨，资本资产定价模型（CAPM）贡献者威廉·夏普，MM 定理[a]贡献者默顿·米勒，新制度经济学的鼻祖、美国芝加哥大学教授、"交易成本"提出者、1991 年诺贝尔经济学奖得主罗纳德·哈里·科斯等。

三、大国间"微妙"的政治经济关系

华为首席财务官孟晚舟于 2018 年 12 月 1 日在温哥华机场过境时被加拿大警方依据美国司法部的要求逮捕，当时美国指控她在华为的伊朗业务问题上误导汇丰银行，导致汇丰银行违反美国对伊朗的制裁令，以此要求加拿大逮捕孟晚舟并引渡至美国。

加拿大司法部随后于 2019 年 3 月 1 日就孟晚舟引渡案签发授权进行令，开启了超过两年的案件审讯过程，也掀起中国与美国、加拿大之间的司法

---

① 最初的 MM 理论由美国 Modigliani 和 Miller 教授于 1958 年提出。MM 定理一认为，在不考虑所得税情况下，且企业经营风险相同而只有资本结构不同时，公司的市场价值与公司的资本结构无关。MM 定理二认为，在考虑所得税情况下，企业价值受到公司杠杆结构的影响，因为企业债务的利息可以抵扣所得税，从而增加公司价值，即负债对公司经营有税收节约效应。

与外交博弈。

孟晚舟被捕后，加拿大原外交官康明凯（Michael Kovrig）和商人斯帕弗（Michael Spavor）同月因"涉嫌从事危害中国国家安全的活动"在中国被捕。

最终，经过近三年的博弈，加拿大法官 2021 年 9 月 24 日签署了孟晚舟的释放令，孟晚舟获准返回中国。中国同一天也释放了康明凯和斯帕弗。

以上内容摘自新加坡联合早报网站 2022 年 10 月 16 日之报道。国之外交、法律从属于国际政治层面，华为在伊朗业务以及和汇丰银行之间的业务属于国际经济范畴。由此可见，政治和经济是相关联的。

四、美国当代总统任期对内对外负债

（一）美国当代历经 15 位总统

截至 2023 年 7 月，美国共经历了 15 位总统，其中民主党派总统 8 人，共和党派总统 7 人。从第 32 任罗斯福至当下第 46 任拜登，每个总统任期的对内对外负债情况不尽相同。

（二）美国对内对外负债数据来源及监测口径

数据来源于美国财政部、美联储和 wind 数据库。这里的对内对外负债是指美国的国债余额。美国的国债余额由两个部分构成：①美国财政部的专司部门——财政服务局（Bureau of the Fiscal Service，BFS）管理的联邦债务；②由公众和某些联邦政府账户持有的国债。第二部分中的前者是由公众持有的债务主要代表联邦政府为弥补累积现金赤字而借入的资金，由联邦政府以外的投资者持有，包括个人、公司、州或地方政府、美联储和外国政府，被称为政府外部债务。后者是由联邦政府账户持有的国债，被称为政府内部债务。政府内部债务指的是联邦政府账户持有的国债余额，主要是社会保险和医疗保险等联邦信托基金，这些账户通常有义务将其多余的年度收入（包括利息收入）投资于联邦证券的支出。

（三）历任总统任前任后对内对外负债情况

1. 罗斯福

民主党人罗斯福（任期 1933 年 3 月至 1945 年 4 月）是美国历史上唯一一位任期达四届的总统，是"二战"期间和战后的第 1 位、总第 32 任总统。从 1933 年罗斯福新政开始，美国就开始大规模举债。彼时，美国放弃金本位制，美元与黄金脱钩，美元贬值。任期前，即 1932 年 6 月末，美国国债余额 195 亿美元, 1932 年 GDP 为 595 亿美元, 占比为 32.77%。任期后期, 即 1944 年 12 月末, 美国国债余额 2041 亿美元, 1944 年 GDP 为 2244 亿美元, 占比为 90.95%。其任期内, 负债率较高。

2. 杜鲁门

民主党人杜鲁门 (任期 1945 年 4 月至 1953 年 1 月), 因时任总统罗斯福病逝, 从时任副总统位上接任总统, 后连任成功。杜鲁门是 "二战" 后第 2 位、总第 33 任总统。在位时国债居高难下, 彼时美国国债比重仍居高不下。1952 年 12 月末, 美国国债余额 2591 亿美元, 1952 年 GDP 为 3673 亿美元, 比重为 70.54%。其任期内, 负债率较高。

3. 艾森豪威尔

艾森豪威尔 (任期 1953 年 1 月至 1961 年 1 月), 共和党人, "二战" 后第 3 位、总第 34 任总统。其继续推行冷战政策。任职末期, 即 1960 年 12 月末, 国债余额 2905 亿美元, 1960 年 GDP 为 5424 亿美元, 比重降至 53.56%。其任期内, 负债率不算高。

4. 肯尼迪

肯尼迪 (任期 1961 年 1 月至 1963 年 11 月), 民主党人, "二战" 后第 4 位、总第 35 任总统。任期内, 其不幸遇刺身亡。任职末期, 即 1962 年 12 月末, 国债余额 3029 亿美元, 1962 年 GDP 为 6039 亿美元, 比重为 50.16%。其任期内, 负债率不算高。

5. 约翰逊

约翰逊 (任期 1963 年 11 月至 1969 年 1 月), 民主党人, "二战" 后第 5 位、总第 36 任总统。其时任副总统, 因时任总统意外身亡而继任总统。任职末期, 即 1968 年 12 月末, 国债余额 3687 亿美元, 1968 年 GDP 为 9407 亿美元, 比重为 39.19%。其任期内, 负债率较低。

6. 尼克松

尼克松 (任期 1969 年 1 月至 1974 年 8 月), 共和党人, "二战" 后第 6 位、总第 37 任总统。1972 年 2 月, 其访华开启了 "破冰之旅", 中美上海联合公报发表, 中美两国关系走向正常化。其因 "水门事件" (1972 年尼克松竞选班子有成员潜入位于华盛顿水门大厦的民主党全国委员会办公室, 窃取民主党内部竞选策略情报) 卸任。任职末期, 即 1973 年 12 月末, 国债余额 4663 亿美元, 1973 年 GDP 为 14254 亿美元, 比重为 32.71%; 其中外国投资者持有负债 547 亿美元，占 GDP 的 3.84%。其任期内，负债率较低。

7. 福特

福特（任期 1974 年 8 月至 1977 年 1 月），共和党人，"二战"后第 7 位、总第 38 任总统。其执政期间，美国从越南撤军。任职末期，即 1976 年 12 月末，国债余额 6290 亿美元，1976 年 GDP 为 18734 亿美元，比重为 33.58%；其中外国投资者持有负债 781 亿美元，占 GDP 的 4.17%。其任期内，负债率较低。

8. 卡特

卡特（任期 1977 年 1 月至 1981 年 1 月），民主党人，"二战"后第 8 位、总第 39 任总统。其任期内，1979 年 1 月 1 日和中华人民共和国建立正式外交关系。任职末期，即 1980 年 12 月末，国债余额 9090 亿美元，1980 年 GDP 为 28573 亿美元，比重为 31.81%；其中外国投资者持有负债 1297 亿美元，占 GDP 的 4.54%。其任期内，负债率较低。

9. 里根

里根（任期 1981 年 1 月至 1989 年 1 月），共和党人，"二战"后第 9 位、总第 40 任总统。其主张实行自由企业制度，美国从全球最大债权国转为最大债务国。任职末期，即 1988 年 12 月末国债余额高达 26011 亿美元，1988 年 GDP 为 52364 亿美元，比重为 49.67%；其中外国投资者持有负债 3622 亿美元，占 GDP 的 6.92%。其任期内，负债率不算高。

10. 老布什

老布什（任期 1989 年 1 月至 1993 年 1 月），共和党人，"二战"后第 10 位、总第 41 任总统。其任期内，经联合国授权发动了第一次海湾战争，恢复了科威特主权。该战是冷战期间第一场大规模武装冲突的热战。其任职末期，即 1992 年 12 月末，国债余额高达 40018 亿美元，1992 年 GDP 为 65203 亿美元，比重为 61.37%；其中外国投资者持有的负债为 5767 亿美元，占 GDP 的 8.84%。其任期内，负债率渐高。

11. 克林顿

克林顿（任期 1993 年 1 月至 2001 年 1 月），民主党人，"二战"后第 11 位、总第 42 任总统。1999 年越过联合国安全理事会发动科索沃战争，轰炸了中国驻南联盟大使馆。其任职期末，即 2000 年 12 月国债余额高达

56622 亿美元,2008 年 GDP 为 102510 亿美元,比重为 55.24%;其中对国外负债 10152 亿美元,占 GDP 的 9.90%,其中由中国政府持有 603 亿美元、占外国投资者持有的 5.94%。其任期内,负债率不算高。

12. 小布什

小布什(任期 2001 年 1 月至 2009 年 1 月),共和党人,"二战"后第 12 位、总第 43 任总统。2003 年未经联合国授权发动了第二次海湾战争,推翻了伊萨达姆政权。任职期末,即 2008 年 12 月,国债余额高达 106998 亿美元,2020 年 GDP 为 147699 亿美元,比重为 72.44%;其中外国投资者持有负债 30772 亿美元,占 GDP 的 20.83%,其中中国政府持有 7274 亿美元、占外国投资者持有的 23.64%。其任期内,负债率较高。

13. 奥巴马

奥巴马(任期 2009 年 1 月至 2017 年 1 月),民主党人,"二战"后第 13 位、总第 44 任总统。美国历史上第一位非裔美国人总统,2010 年 8 月宣告驻伊拉克美军作战部队完成撤离。2016 年 12 月美国国债余额高达 199768.3 亿美元,2016 年 GDP 为 186951 亿美元,比重为 106.86%;其中外国投资者持有负债 60028 亿美元,占 GDP 的 32.11%,其中中国政府持有 10584.2 亿美元,占外国投资者持有的 17.63%。其任期内,负债率高。

14. 特朗普

特朗普(任期 2017 年 1 月至 2021 年 1 月),共和党人,"二战"后第 14 位、总第 45 任总统。其任期内"动作"频繁,挑起中美贸易摩擦,对内对外负债继续增加。2020 年 12 月末,美国国债余额高达 296172.2 亿美元,2020 年 GDP 为 208937 亿美元,比重 141.75%;其中外国投资者持有负债为 77477 亿美元,占 GDP 的 37.08%,其中中国政府持有 10722.8 亿美元、占外国投资者持有的 13.84%。其任期内,负债率高。

15. 拜登

拜登(任期 2021 年 1 月至今),民主党人,"二战"后第 15 位、总第 46 任总统。任期内,对内对外负债和前两任总统相比,有过之而无不及。截至 2022 年 7 月,美国国债余额高达 305951.1 亿美元,2021 年 GDP 为 229961 亿美元,比重为 133.04%;其中外国投资者持有负债为 75011 亿美元,占 GDP 的 32.62%,其中中国政府持有 9700 亿美元,占外国投资者持有的 12.93%。其任期内,负债率高。

关键词

美国民主峰会　中美贸易摩擦　GDP　GNI　生产力　生产关系
经济基础　上层建筑　色诺芬　亚当·斯密　威廉·配第
大卫·李嘉图　苏格拉底　柏拉图　亚里士多德　康德　黑格尔
重商主义　重农主义　古典经济学　新古典经济学　凯恩斯主义
华盛顿共识　北大西洋公约组织　瓦森纳协定　五眼联盟　美国盟友
英联邦国家

附 录

A1.1 GDP 与 GNI 核算及其区别

GDP 概念。国内生产总值（Gross Domestic Product，GDP）是国民经济核算中常用的概念。GDP 是指一个国家和地区所有常住单位在一定时期内生产活动的全部最终成果。GDP 是个时期指标，而非时点指标。GDP 强调的是国内生产，是反映生产成果的概念，指一定时期内的增加值。

GDP 核算。GDP 的核算主要有三种方法，从理论上讲，核算方式虽不一，但核算结果应是相同的。①生产法。GDP 等于一定时期内各行业扣除中间投入后的最终产出之和，此从创造价值的生产端核算，其计算公式为：GDP=Σ 各行业总产出 − Σ 各行业中间投入。②收入法。GDP 是参加经济活动中个人、企业、政府创造价值之和，此从创造价值的分配者核算，其计算公式为：GDP ＝劳动者报酬（个人）＋生产税净额（政府得到企业支付的不含所得税的税金，并扣除政府反哺企业的各种补贴）＋固定资产折旧（企业）＋营业盈余（含企业所得税部分）。③支出法。GDP 是常住单位对货物和服务最终使用的价值之和，此从创造价值的使用者核算，其计算公式为：GDP=最终消费支出（常住个人和企业非生产经营部分的消费品）＋资本形成总额（常住单位的企业投资）＋货物和服务净出口（源自国外的消费），此三个模块经济学上常称之为"三驾马车"。

GDP 和 GNI 区别。①GNI 统计的范畴比 GDP 广，除了国内生产总值外，增加了来自境外的要素（资本利得和劳动报酬）净收入。国民总收入（Gross National Income，GNI）是反映收入总量的概念，从收入初次分配的角度去衡量，指一个国家或地区所有常住单位在一定时期内收入初次分配的最终结果，等于所有常住单位的初次分配收入之和。GNI ＝ GDP ＋来自境外的要素收入（从国外获得的资本利得和劳务收入，包括本国对外投资的收入以及本国居民在国外工作的劳动报酬）—付给境外的要素收入（对国外支付的资本利得和劳务收入，包括外国来投资的收入以及本国支付给外籍员工的劳动报酬）。②衡量一国经济增长水平、常用 GDP；衡量一国经济贫富程度、常用 GNI。联合国根据一国连续 6 年的 GNI 和人均 GNI 来决定该国的联合国常规会费，世界银行将人均 GNI 作为划分高收入、中等收入、低收入国家的标准。2022 年 7 月 1 日，世界银行公布了最新的世界收入标准分级数据。高收入国家为居民人均 GNI 达到 13205 美元以上，中等偏上收入水平为居民人均 GNI 在 4256 美元到 13205 美元之间，低收入国家为居民人均 GNI 小于 1085 美元。2021 年中国的 GDP 规模达到 17.7 万亿美元，占世界比重达 18.5%，人均 GDP 达到 1.26 万美元；而全年 GNI 为 113.32 万亿人民币，大约是 17.566 万亿美元，人均 GNI 达到 1.24 万美元。

A1.2 历届诺贝尔经济学奖得主及其主要贡献

1968 年，瑞典中央银行于其成立 300 周年时，为纪念阿尔弗雷德·贝恩哈德·诺贝尔而增设"致力纪念阿尔弗雷德·诺贝尔的经济科学奖"（Prize in Economic Science dedicated to the memory of Alfred Nobel）。诺贝尔经济学奖自 1969 年开始。

表 1.1 历届诺贝尔经济学奖得主及其主要特点与贡献

序号	获奖时间	获奖者	生平起止年	国籍	所在单位	主要特点	主要贡献
1	1969年	朗纳·弗里施	1895–1973	挪威	奥斯陆大学	认为经济学应该像其他科学，特别是物理学那样，走定量分析的道路	发展了动态模型，并将其应用到经济进程分析中
2		扬·廷贝亨	1903–1994	荷兰	荷兰经济学院	最早提出国家综合宏观经济模型	
3	1970年	保罗·萨缪尔森	1915–2009	美国	麻省理工学院	凯恩斯流派，是能够和普通大众进行交流的为数极少的科学家之一，经济学的通才，研究内容广泛	发展了静态和动态经济理论，并积极促进经济学分析水平的提高
4	1971年	西蒙·史密斯·库兹涅茨	1901–1985	俄裔美国	哈佛大学	1926年开始逐渐远离制度学派，创建经验统计学。"二战"期间游历中国，1950年游历印度，8年东方之行中亲眼看见贫穷落后国家的经济状况；强调经验主义	在研究人口发展趋势及人口结构对经济增长和收入分配关系方面做出了巨大贡献
5	1972年	约翰·希克斯	1904–1989	英国	牛津大学	凯恩斯流派	是微观经济学中一般均衡理论的创建者；是宏观经济学微观化的最早开拓者（IS-LM 分析）；深入研究经济史，福利经济学
6		肯尼斯·约瑟夫·阿罗	1921–2017	美国	哈佛大学	新古典流派	福利经济学：帕累托最优＆不可能性定理；在经济增长理论也有重大建树
7	1973年	瓦西里·列昂季耶夫	1905–1999	苏联、美国	哈佛大学	高度评价了新中国建国以来的经济恢复和发展	建立的投入产出分析理论体系为研究社会生产各部门之间的相互依赖关系，特别是系统地分析了经济内部各产业之间错综复杂的交易提供了一种实用的经济分析方法。不只在各种场得到了广泛的应用，而且适用于不同经济制度下的预测和计划，无论是自由竞争的市场经济还是中央计划经济

续表

序号	获奖时间	获奖者	生平起止年	国籍	所在单位	主要特点	主要贡献
8	1974年	纲纳·缪达尔	1898—1987	瑞典	纽约市大学荣誉客座教授	瑞典学派、斯德哥尔摩学派	缪达尔寻求把经济分析联系到社会的、人口的和制度的条件。由于在货币和经济波动理论方面的开创性贡献以及对经济社会和制度现象的内在依赖性进行的精辟分析，荣获诺贝尔经济学奖
9		弗里德里希·哈耶克	1899—1992	奥地利、英国	—	奥地利、芝加哥经济学派。坚持自由市场资本主义、自由主义；1930年代，经济理论和当时新崛起的凯恩斯学派格格不入；认为受凯恩斯影响的经济整制制度会导致集体主义，相同而建立的极权主义政府产生，研究领域广阔，在社会科学有很大建树心理学、神经科学	哈耶克把研究领域扩大到包括像经济制度的法律构架之类的因素，以及有关个人、组织和不同社会制度发挥作用的方式问题。深入研究了货币理论和经济波动，社会和制度现象的相互依赖
10	1975年	列奥尼德·康托罗维奇	1912—1986	苏联	俄罗斯科学院	运用数学为经济学的系谱创造了一强大的分支。年轻有为，在数学领域做出卓越贡献。数学家、诗人、发明家	通过建立资源最优利用的线性数学模型求解乘数来得出衡量资源稀缺程度的尺度，1939年创立的线形规划理论做出了贡献
11		佳林·库普曼斯	1910—1985	荷兰、美国	耶鲁大学	数理系出身，实践经验丰富地气，担任过日内瓦国际联盟财政秘书，商学院教师，保险公司经济员等职务	线性规划经济分析法的创立者，将数理统计学成功地运用于经济计量学

续表

序号	获奖时间	获奖者	生平起止年	国籍	所在单位	主要特点	主要贡献
12	1976年	米尔顿·弗里德曼	1912–2006	美国（犹太人）	芝加哥大学	芝加哥货币学派。从彻底的凯恩斯主义者转变为抨击凯恩斯主义的重要性；金融政策对经济周期及通货膨胀的重要性；领导多名芝加哥学派的成员表达最艰深的经济学理论，擅长辩论、演说	主张自由放任资本主义，对1980年代开始美国的里根以及许多其他国家的经济政策及历史都有极大影响。在消费分析、货币供应理论及历史、稳定政策复杂性等范畴做出了卓越贡献。创立了货币主义理论，提出了永久性收入性假说
13	1977年	戈特哈德·贝蒂·俄林	1899–1979	瑞典	斯德哥尔摩经济学院	斯德哥尔摩学派。研究已不做上有理论的奴求，勇于探索和创新；政治活动家，雄心勃勃，希望能担任瑞典首相	创立俄林生产要素禀赋说，莫定了现代国际贸易理论的基石
14		詹姆斯·爱德华·米德	1907–1995	英国	剑桥大学	凯恩斯流派。经济学界的多产作家，著述丰富	完成了《国际经济政策理论》，第一卷《国际收支》以凯恩斯主义和新古典的一般均衡理论为基础，系统地探讨了一个国家的国内平衡与国外平衡的关系。第二卷《贸易与福利》重新考察了贸易管制问题的论据，并从中发现了"次优理论"，这是对福利经济学文献的重要补充
15	1978年	赫伯特·亚历山大·西蒙	1916–2001	美国	卡内基梅隆大学	卡内基学派（有限理性假设）。通才，学识渊博，兴趣广泛，研究工作涉及经济学、政治学、运筹学、心理学、社会学、管理学、认知科学、人工智能、计算机科学等广大领域，1975年获得图灵奖	对于经济组织内的决策程序进行了研究，这一有关决策程序的基本理论被公认为关于公司企业实际决策决策的创造性见解

续表

序号	获奖时间	获奖者	生平起止年	国籍	所在单位	主要特点	主要贡献
16	1979年	西奥多·舒尔茨	1902—1998	美国	芝加哥大学	芝加哥学派。关注穷人；与一般发展经济学家的观点不一样，他在经济发展战略上强调的不是工业，而是农业	研究农业经济学，使农业经济学成为现代经济学中不可分割的一部分，同时摈弃了把农业问题局限在农业范围内的传统；提出并倡导了人力资本论，被西方资产阶级经济学界称为"人力资本概念之父"
17		威廉·阿瑟·刘易斯	1915—1991	圣卢西亚、英国	普林斯顿大学	反帝国主义，关心与同情贫穷国家的人民，不推崇自由放任政策	是研究发展中国家经济问题的领导者和先驱。从二十世纪五十年代中期开始了对发展中国家贫困及经济发展速度缓慢的内在原因的研究。"二元经济"模型理论赢得了极大的声誉，该模型亦被运用于简单实际以验证其理论，有趣的是刘易斯的根本原因，也有助于表明了发展中国家贫困的历史和统计分析不只表明了对第三世界各国发展模式做多方面的透视
18	1980年	劳伦斯·克莱因	1920—2013	美国	宾夕法尼亚大学	凯恩斯流派。计量经济学之父	以经济学说为基础，根据现实经济中实有数据所作的经验性估计，并用其分析经济波动和经济政策，预测经济趋势。将计量经济分析和凯恩斯主义宏观经济学分析结合起来，创立了宏观经济计量学
19	1981年	詹姆斯·托宾	1918—2002	美国	耶鲁大学	凯恩斯流派	贡献涵盖经济学研究的多个领域，在诸如经济学方法（econometric methods）、风险理论（risk theory）等内容上均有建树，尤其是在家庭和企业行为（household and firm behaviour）以及在宏观经济学纯理论和经济政策方面独辟蹊径的应用分析方面

续表

序号	获奖时间	获奖者	生平起止年	国籍	所在单位	主要特点	主要贡献
20	1982年	乔治·斯蒂格勒	1911–1991	美国	芝加哥大学	芝加哥学派。经常对公共政策发表意见；幽默、温和、实事求是	研究工作涉及范围非常广泛，其中尤以在市场活动研究和产业结构分析中所做的贡献最为重要。调查经济立法如何影响市场。对经济立法效力的研究使得管制立法学产生，并为经济学研究开创了一个全新的领域。是"信息经济学"和"管制经济学"的创始人，同时也是经济学和法学交叉研究的带头人之一
21	1983年	杰拉德·德布鲁	1921–2004	美籍法国人	加州大学伯克利分校	新古典学学派。数学转向经济学；用词准确优美，分析有说服力	主要学术成就是对一般经济均衡理论所做的贡献。这集中反映在他1959年出版的仅102页的代表作《价值理论：对经济均衡的公理分析》一书中。就是这本篇幅极小的著作，帮助他摘取了诺贝尔经济学的桂冠。他的学术贡献不在于理论本身，而在于分析方法上的改进
22	1984年	约翰·理查德·尼古拉斯·斯通	1913–1991	英国	剑桥大学	半路出家，法学改学经济学，本科毕业任职保险经纪人、统计师，凯恩斯助手，建立国民经济核算体系；从实务中学习经济学	国民经济统计之父，在国民账户体系的发展中做出了奠基性贡献，极大地改进了经济实证分析的基础
23	1985年	弗兰科·莫迪利安尼	1918–2003	意大利籍美国人，犹太人	麻省理工学院	凯恩斯流派。早年亡父；反法西斯	一是提出储蓄的生命周期假设，这一假设在研究家庭和企业储蓄中得到了广泛应用；二是提出决定公司及资本成本的莫迪利安尼—米勒定理，提出了在不确定条件下分析资本结构和资本成本之间关系的新见解，并在此基础上发展了投资决策理论

续表

序号	获奖时间	获奖者	生平起止年	国籍	所在单位	主要特点	主要贡献
24	1986年	詹姆·M·布坎南	1919—2013	美国	公共选择研究中心	芝加哥学派。祖父曾任田纳西州州长，却家境清贫，早起务农赚取学费；被迫参加过"二战"；通常都挑战了学界传统上低调，对于政治决策中人类追求私利的影响力的忽视	创立了公共选择理论，将政治决策的分析同经济理论结合起来，使经济分析扩大和应用到社会—政治法规的选择
25	1987年	罗伯特·索洛	1924—	美国	麻省理工学院	凯恩斯流派。认为把经济学视为"科学"是错误的，认为经济学是门"忧郁的科学"	对增长理论做出贡献，提出长期的经济增长主要依靠技术进步，而不是依靠资本积累贝尔林德认为，投入。诺贝尔奖金委员会主席正是索洛的理论，使工业国家愿意投更多的资源投放大学和科学研究事业，这些方面是促使经济发展的"突击队"
26	1988年	莫里斯·阿莱	1911—2010	法国	国立巴黎高等矿业学院	新古典学派。迄今唯一位法国籍的获奖者；立志解决大萧条中出现的社会经济问题，工程师出身，从矿业角度研究微观经济	曾经提出阿莱悖论，在市场理论及资源有效利用方面做出了开创性贡献，对一般均衡理论重新做了系统阐述
27	1989年	特里夫·哈维默	1911—1999	挪威	奥斯陆大学	凯恩斯流派	哈维默在其1941年的若干研究论文集及后来的若干研究结果中都有力地说明，只要运用概率论系统地表述经济理论，上述两个基本问题就可以迎刃而解。于是，数理统计方法便能应用，以从"随机样本"的经验观测中取得有关潜在关系的严密结论。哈维默对于经济理论的估计、检验及经济预测，何能被应用于计量经济关系进行估算时有了更高的准确度

续表

序号	获奖时间	获奖者	生平起止年	国籍	所在单位	主要特点	主要贡献
28	1990年	哈里·马科维茨	1927–	美国	纽约城市大学	芝加哥学派。硕士转读经济学，对不确定经济学最感兴趣	马科维茨关于资产选择理论的分析方法——现代资产组合理论，有助于投资者选择最有利的投资，以求得最佳的资产组合，使投资报酬最高，而其风险最小。发展了资产选择理论
29		默顿·米勒	1923–	美国	芝加哥大学	芝加哥学派。	米勒的公司财务理论，解释了什么因素决定公司在应计债务和分配资产方面的选择。与莫迪利安尼合作提出了关于公司理财的MM理论
30		威廉·夏普	1934	美国	斯坦福大学	和哈里·马克维茨关系密切	对经济学的主要贡献是在有价证券理论方面对不确定条件下金融决策的规范分析，以及资本市场均衡理论方面关于以不确定性为特征的金融市场的实证性均衡理论。在二十世纪六十年代，将马克维茨的分析方法进一步发展为著名的"资本资产定价模型"，用来说明在收益和潜在收益证券价格上如何确立反映风险证券价格
31	1991年	罗纳德·科斯	1910–2013	英国	芝加哥大学	芝加哥学派、新制度经济学鼻祖，关心中国经济，对中国经济学影响力大	现代产权理论和交易成本理论的鼻祖，对法律经济学与新制度经济学的发展做出了巨大贡献。揭示并澄清了经济制度结构和函数中交易成本和财产权的重要性
32	1992年	加里·贝克	1930–2014	美国	芝加哥大学	芝加哥学派。富有独创思维，开拓新的学术领域	将微观经济学的理论扩展到对于人类行为的分析上，包括社会学家、人类学家和心理学家关心的研究领域，他在扩展经济学的疆界方面所做的一切是经济学所不及的，是新学术领域的开拓者

续表

序号	获奖时间	获奖者	生平起止年	国籍	所在单位	主要特点	主要贡献
33	1993年	罗伯特·福格尔	1926–	美国	芝加哥大学	芝加哥学派。遵循的研究方法或范式与众不同，彻底抛弃了传统史学的"历史不能假设"这一叙事实假，高高举起了"反事实主义"的旗帜	研究领域是死亡率的经济解释、营养、劳动福利，劳动生产力的长期变化，对美国经济增长进行长期观察，对两代人不同的家庭行为数据的分析。通过运用经济学理论及数量的方法来解释经济发展和制度变迁，从而刷新了经济史的研究
34		道格拉斯·诺思	1920-2015	美国	圣路易斯华盛顿大学	新制度学派	是新经济史的先驱者，开拓者和抗议者。建立了包括产权理论、国家理论、制度变迁理论在内的"制度变迁理论"。主要贡献在于研究方法上的创新，运用新古典经济学和经济计量学来研究经济史的问题
35		约翰·豪尔绍尼	1920-2000	美国	加州大学伯克利分校	药学、哲学出身；差点被纳粹杀死，死于集中营；逃过历经坎坷，做工养家，改学经济学；悉尼期间学位不受认可	解决了博弈理论在分析不完全信息博弈时的困难，将不完全信息博弈纳入博弈理论的分析框架之中，极大地拓展了博弈理论的应用范围，从而完成了博弈理论发展中的一个里程碑式的成就。除了在博弈和福利经济学哲学方面获得了重要的研究成果
36	1994年	约翰·纳什	1928-2015	美国	普林斯顿大学	《美丽心灵》男主角原型；有社交障碍，特立独行；儿时未展现数学才智，不受重视；以古怪偏执傲慢为自豪资本；常年受精神分裂症的折磨；骨子里挑战权威，藐视权威	两篇关于非合作博弈论的重要论文，证明了人们对竞争和市场的看法，彻底改变了人们对竞争和市场的看法，并证明了均衡解的存在性，即纳什均衡及其均衡解，著名的纳什均衡
37		赖因哈德·泽尔腾	1930–	德国	波恩大学	身体不佳保持自信快乐	因在"非合作博弈论中开创性的均衡分析"方面的杰出贡献而荣获贝尔经济学奖

续表

序号	获奖时间	获奖者	生平起止年	国籍	所在单位	主要特点	主要贡献
38	1995年	罗伯特·卢卡斯	1937—	美国	芝加哥大学	新兴古典、芝加哥学派	倡导和发展了理性预期与宏观经济学研究的运用理论，深化了人们对经济政策的理解，并对经济周期理论提出了独到的见解
39	1996年	詹姆斯·米尔利斯	1936—2018	英国	剑桥大学		在信息经济学理论领域做出了重大贡献，尤其是不对称信息条件下的经济激励理论的论述，在发展经济学领域，提出了低收入经济的发展模型
40		威廉·维克里	1914—1996	加拿大、美国	哥伦比亚大学	凯恩斯流派。学识渊博，善于思考，具有敏锐的嗅觉，以理论著名于经济学界，实践性强把眼光投光向于大众关心的现实问题	在二十世纪四十年代中期就关于个人的激励作用，指出设计税收制度会面临两个方面问题的动机问题。对不对称资讯取得了很大的拍的进展，并创立了第一价格拍卖法即维克里拍卖与喊价的研究可以说是维克里最重要的学术贡献
41	1997年	罗伯特·默顿	1944—	美国	哈佛大学	关注金融市场，形成了对金融市场交易过程的直觉；师从萨缪尔森	对布莱克—斯科尔斯公式所依赖的假设条件做了进一步的减弱，在许多方面对其做了推广
42		迈伦·斯科尔斯	1941—	加拿大、美国	美国长期资本管理公司	芝加哥学派。舍养优厚的薪酬投向麻省理工助教岗位，学术研究兴趣浓厚	给出了著名的布莱克—斯科尔斯期权定价公式，该公式则已成为金融机构定价及金融新产品的思想方法
43	1998年	阿马蒂亚·森	1933—	印度	剑桥大学三一学院	幼承家学，发蒙很早；爱好广泛，志趣几变，最终专注于经济学；研究经济学的动机之一是帮助祖国摆脱经济贫困；为了保证对于国内公众事务的发言权一直保持印度国籍	对福利经济学几个重大问题做出了贡献，包括社会选择理论，对福利和贫穷标准的定义，选择的研究等。在1970年出版的专著《集体选择和社会福利》影响深远，对个人权利、多数裁定原则，意在促使研究者格外注意力集中在社会基本福利的程度上。他设计了若干方法，用以测算贫穷的程度，算后所得的数据，可以为改进穷人的经济状况提供有效的帮助

续表

序号	获奖时间	获奖者	生平起止年	国籍	所在单位	主要特点	主要贡献
44	1999年	罗伯特·芒德尔	1932–2021	加拿大	哥伦比亚大学	凯恩斯流派。随性、潇洒、不修边幅；对政策的制定产生过直接影响；长期关注中国的改革（包括中南财经政法大学多所高校的荣誉教授）	在最佳货币区域理论奠定了基础，这项理论在开放经济体中考虑制订货币而政策和财政政策时居于主导主导地位
45	2000年	詹姆斯·赫克曼	1944–	美国	芝加哥大学	芝加哥学派	开创微观计量经济学，对分析选择性抽样的原理和方法做出了发展和贡献；在劳动供给、失业期间、劳动市场辅导计划的效益评估、生育多寡、性别歧视等课题上，获得相当丰硕的实证研究结果
46		丹尼尔·麦克法登	1937–	美国	加州大学伯克利分校		建立和发展了个体计量经济学的理论和方法的发展，开发出微观计量模型，这些模型可以用于诸如预测将在总体中选择不同变换方案的占有份额
47	2001年	乔治·阿克尔洛夫	1940–	美国	加州大学伯克利分校	凯恩斯流派。敏锐洞察力，涉及领域广泛	提出了劣势选择理论 柠檬市场
48		迈克尔·斯彭斯	1943–	美国	斯坦福大学		最重要的研究成果是逆向选择相关的一些问题发生，如何能够将其信息优势的个体上具有劣势的个体
49		约瑟夫·斯蒂格利茨	1943–	美国	哥伦比亚大学	凯恩斯流派。注重发展中国家的状况，关注贫困人群的利益；著书经典教材《经济学》；提倡突出政府在宏观调控中的作用，对社会活动人和善，天性乐观，对社会活动很感兴趣	提出了逆向选择和道德风险，在当年的三位经济学奖者中，斯蒂格利茨博士不对称信息理论的贡献最大

续表

序号	获奖时间	获奖者	生平起止年	国籍	所在单位	主要特点	主要贡献
50	2002年	丹尼尔·卡尼曼	1934–	以色列、美国	普林斯顿大学	心理学博士学位	把心理学分析法与经济学研究结合在一起，为创立一个新的经济学研究领域奠定了基础。发现了人类决策的不确定性，即发现人类根据标准经济理论假设所作出的预测大相径庭
51		弗农·史密斯	1927–	美国	乔治·梅森大学	新兴古典学派。实验经济学之父	建立了用于经验经济分析尤其是可变换市场机制的工具——实验室测试方法。开创了一系列实验室实验，为通过实验室实验进行可靠的经济学研究确定了标准
52	2003年	罗伯特·恩格尔	1942–	美国	纽约大学	多产；物理学出身	建立了描述经济时间序列数据时变波动性的关键概念：自回归条件异方差(ARCH)，并发展了一系列动性波动模型及统计分析方法，不仅为研究员们提供了不可或缺的工具，还为分析家们在资产定价、资产配置和风险评估方面找到了捷径
53		克莱夫·格兰杰	1934–2009	英国	加州大学圣地亚哥分校	文学水平非常出色；2003年表示看好中国股市	格兰杰的工作改变了经济学家处理时间序列数据的方法，对研究财富与消费、汇率与短期利率之间的关系具有非常重要意义；因"协整理论"在时间序列数据分析上做出的杰出贡献而获 2003 年诺贝尔经济学奖

续表

序号	获奖时间	获奖者	生平起止年	国籍	所在单位	主要特点	主要贡献
54	2004年	芬恩·基德兰德	1943–	挪威	卡内基·梅隆大学，加州大学圣芭芭拉分校	新兴古典学派	两位学者的获奖成果主要集中在两个方面：一是通过对宏观经济政策运用中"时间一致性难题"的分析研究，为经济政策特别是货币政策的实际有效运用提供了思路；二是在对商业周期的研究中，通过对引起商业周期波动的各种因素和各因素间相互关系的分析，使人们对于这一现象的认识更加深入。同时，他们的分析方法也为后来者开展更广泛的研究提供了基础
55		爱德华·普雷斯科特	1940–	美国	亚利桑那州立大学，明尼阿波利斯联邦储备银行	新兴古典学派。曾建言中国经济；平易近人	
56	2005年	罗伯特·奥曼	1930–	以色列、美国	耶路撒冷希伯来大学	挑战凯恩斯主义	通过博弈论分析促进了对冲突与合作的理解
57		托马斯·谢林	1921–	美国	马里兰大学	涉及许多领域	
58	2006年	埃德蒙·费尔普斯	1933–	美国	哥伦比亚大学	新凯恩斯主义的领军人物；关注中国经济，多次访华	提出了经济增长的"黄金分割律"；对"宏观经济政策中的跨期权衡"进行了深入研究，加深了人们对经济政策长期、短期影响之间关系的理解

续表

序号	获奖时间	获奖者	生平起止年	国籍	所在单位	主要特点	主要贡献
59	2007年	莱昂尼德·赫维奇	1917–2008	美国、波兰	明尼苏达大学	从未获得经济学学位，自修学习经济学严谨；治学严谨；对中国的经济改革有兴趣	奠定了机制设计理论的基础，"机制设计理论"的一个重要目标就是要解释何种制度或动机制能够最大限度地减少经济损失。作为一个重要应用领域，这一理论为最优贸易政策研究提供了重要的理论依据
60		埃里克·马斯金	1950–	美国	普林斯顿高等研究院	谦逊热情，严谨治学，关注中国改革	
61		罗杰·迈尔森	1951–	美国	芝加哥大学	让抽象的经济学理论变得很实用	
62	2008年	保罗·克鲁格曼	1953–	美国（犹太人）	普林斯顿大学	凯恩斯学派。性格强势；成功预言了"1997年亚洲金融危机"	因对自由贸易与全球化研究贡献而获奖。自由贸易与全球化有什么影响？全世界范围内城市化背后的驱动力是什么？保罗·克鲁格曼创立并阐明了一套全新理论，可以回答此前所有这些问题。全面整合此前全异前的国际贸易学与经济地理学研究领域
63	2009年	埃莉诺·奥斯特罗姆	1933–2012	美国	印第安纳大学，亚利桑那州立大学	新制度经济学派。第一个获得诺贝尔经济学奖的女性	因为"在经济管理方面的分析，特别是对公共资源管理上的分析"获奖；将对经济治理的研究充从边缘推进到了科学关注的前沿
64		奥利弗·威廉森	1932–2020	美国	加州大学伯克利分校	新制度经济学派。"新制度经济学"的命名者；学业起步不高	因为"在经济管理方面的分析，特别是对公司边界问题的分析"获奖；将对经济治理的研究从边缘推进到了科学关注的前沿

续表

序号	获奖时间	获奖者	生平起止年	国籍	所在单位	主要特点	主要贡献
65	2010年	彼得·戴蒙德	1940–	美国	麻省理工学院	是世代交叠模型的提出者，社会保障、养老金和税收问题专家	"市场大部分交易都是为贸易而进行的，当然会出现一些贸易摩擦，买卖者很难得到想要买的买品，而卖者也很难找到消费者。在劳动力市场上许多公司也发现会有许多工作空缺，而一些失业人员找不到适合的工作岗位。"彼特—戴蒙德等人所开发的理论是解释了市场上这种冲突，他们的理论是基于微观经济学理论的，也就是市场合理产出，他们的工作也意味着雇佣工人要更加合理，在招聘人员方面应该提供合理的机制
66		戴尔·莫滕森	1939–2014	美国	奥胡斯大学、西北大学	最知名之处是在摩擦性失业理论方面的开创性工作，进一步研究了劳工移动率和再安置等方面的问题	
67		克里斯托弗·皮萨里季斯	1948–	塞浦路斯	伦敦政治经济学院	针对劳动力市场和宏观经济交互作用的搜寻匹配理论。还推动了匹配函数概念的确立	
68	2011年	托马斯·萨金特	1943–	美国	纽约大学	新古典学派	在宏观经济学中对成因及其影响的实证研究，在解释政策与经济的相互影响方面的突出贡献
69		克里斯托弗·西姆斯	1942–	美国	普林斯顿大学	新古典学派	
70	2012年	阿尔文·罗思	1951–	犹太裔美国人	哈佛商学院	最为著名的设计是"全国住院医生配对程序"；少年得志	创建稳定分配理论，并进行市场设计的实践
71		劳埃德·沙普利	1923–	美国	加州大学洛杉矶分校	与中国军民并肩抗击过日本侵略军；破解气象密码；科学"老顽童"	

续表

序号	获奖时间	获奖者	生平起止年	国籍	所在单位	主要特点	主要贡献
72	2013年	尤金·法马	1939–	美国	芝加哥大学	芝加哥学派	提出了著名的"有效市场假说"；提出"经理市场竞争"作为激励机制的开创性想法，将财务概念与方法应用到国外兑换市场的研究中
73	2013年	拉尔斯·彼得·汉森	1952–	美国	芝加哥大学	芝加哥学派。妻子是中国人	发现了在经济和金融研究中极为重要的广义矩方法，利用稳定控制理论和递归经济学理论研究风险在定价和决策中的作用
74		罗伯特·席勒	1946–	美国	耶鲁大学	凯恩斯流派。与中国关系密切，曾多次到访中国，指出中国房地产泡沫问题；治学著书	在资产定价实证分析领域有重要贡献
75	2014年	让·梯若尔	1953–	法国	图卢兹经济学院	非凡的概括与综合能力，扎实的数学功底	对市场力量和监管的分析
76	2015年	安格斯·迪顿	1945–	英国、美国	普林斯顿大学		研究金钱和幸福之间有着微妙关系，可将幸福分为两类：日常生活质量（情感上的幸福）和整体的"生活满意度"，也就是一个人对自己在世界上的位置的总体满意度。因对消费、贫困和福利的分析而获奖
77	2016年	奥利弗·哈特	1948–	英国、美国	哈佛大学		关注契约理论、企业理论、公司金融和法律经济学等研究领域，是合同理论的创立者之一、现代广商理论和公司财务理论，进一步发展了产权理论 提出了"不完全合同"理论
78		本特·霍尔姆斯特伦	1949–	芬兰	麻省理工学院		创建的新契约理论工具对于理解现实生活中的契约与制度，以及契约设计中的潜在缺陷十分具有价值

续表

序号	获奖时间	获奖者	生平起止年	国籍	所在单位	主要特点	主要贡献
79	2017年	理查德·塞勒	1945-	美国	芝加哥大学		在行为金融学方面，塞勒研究人的有限理性行为对金融市场的影响；将心理上的现实假设性纳入对人经济决策分析中。通过探索有限理性、社会偏好和缺乏自我控制的后果，他展示了这些人格特质如何系统地影响个人决策以及市场成果；开发了精神会计理论，解释了人们如何通过自己的头脑中创建单独的账户来简化财务决策，重点关注每个决策的具体影响，而不是整体效应
80	2018年	威廉·诺德豪斯	不详	美国	耶鲁大学		将气候变化纳入长期的宏观经济分析
81		保罗·罗默	1955-	美国	纽约大学	芝加哥学派	将整合技术创新纳入长期的宏观经济分析；在内生增长领域做出了杰出贡献，导致了经济增长分析的全面复兴
82	2019年	阿比吉特·班纳吉	1961-	印度、美国	麻省理工学院	关注贫穷人群	在减轻全球贫困方面的实验性做法
83		艾丝特·杜芙若	1972-	法国、美国	麻省理工学院	与班纳吉是从事贫困研究的夫妻档	
84		迈克尔·克雷默	1964-	美国	哈佛大学	将研究重点放在慈善事业上，帮助全世界的受苦受难	

续表

序号	获奖时间	获奖者	生平起止年	国籍	所在单位	主要特点	主要贡献
85	2020年	保罗·米尔格罗姆	1948–	美国	斯坦福大学	其提出的"相关评价""联系原理",以及对于"同时向上叫价拍卖"的设计都极大丰富了拍卖理论的内容	对拍卖理论的改进和发明了新拍卖形式
86		罗伯特·威尔逊	1937–	美国	斯坦福大学	是石油、通信和电力行业的拍卖设计和竞价策略以及创新定价方案设计的主要贡献者。他在电力优先服务定价方面的工作已在公用事业行业得到实施	
87	2021年	戴维·卡德	1956–	美国	加州大学伯克利分校		对劳动经济学实证研究的贡献;提供了有关劳动力市场的新见解,并展示了可以从自然实验中得出结论。对因果动力学分析的新见解。对因果动力分析中得出有关劳动力因果关系的新见解;提供了有关劳动力市场关于因果动力的方法论方法可以从自然实验中得出结论。他们的方法已经改变了实证研究。他们的结论。他们可以从自然实验中得出关于其他实验已经扩展到其他领域关系的结论。他们的方法底改变了实证研究。获奖者"对银行和金融危机的研究"。表彰"提高了人们的救助的能力"
88		乔舒亚·D·安格里斯特	1960–	美国、以色列	麻省理工学院		
89		吉·W·因本斯	1963–	美国	斯坦福大学商学院		
90	2022年	伯南克		美国	美联储前主席		
91		Douglas W. Diamond 道格拉斯·w·戴蒙德		美国	芝加哥大学布斯商学院		

序号	获奖时间	获奖者	生平起止年	国籍	所在单位	主要特点	主要贡献
92		Philip H. Dybvig 菲利普·H·迪布维格		美国	圣路易斯华盛顿大学		

A1.3 华盛顿共识的十条政策措施

1989 年，深陷债务危机的拉美国家急需国内经济改革。美国著名智库机构国际经济研究所邀请国际货币基金组织、世界银行、美洲开发银行和美国财政部的有关研究人员，以及拉美国家代表在华盛顿召开研讨会，旨在为拉美国家经济改革提供方案。美国国际经济研究所（Institute for International Economics，IIE）的约翰·威廉姆森（John Williamson）对拉美国家的国内经济改革提出了已与上述各机构达成共识的十条政策措施，史称华盛顿共识。

该共识包括十条政策措施：

①加强财政纪律，压缩财政赤字，降低通货膨胀率，稳定宏观经济形势；

②把政府开支的重点转向经济效益高的领域和有利于改善收入分配的领域，如文教卫生和基础设施；

③开展税制改革，降低边际税率，扩大税基；

④实施利率市场化；

⑤采用一种具有竞争力的汇率制度；

⑥实施贸易自由化，开放市场；

⑦放松对外资的限制；

⑧对国有企业实施私有化；

⑨放松政府的管制；

⑩保护私人财产权。

A1.4 美国盟友及其联邦名单

表 1.2 美国盟友一览表

盟友类别	数量（个）	欧洲	亚洲	大洋洲	美洲	非洲
1. 北约体系	30	英国、法国、意大利、荷兰、比利时、卢森堡、挪威、冰岛、葡萄牙、希腊、德国、西班牙、匈牙利、波兰、捷克、爱沙尼亚、拉脱维亚、立陶宛、斯洛伐克、斯洛文尼亚、罗马尼亚、保加利亚、克罗地亚、黑山、阿尔巴尼亚、北马其顿（27）	土耳其（1）		美国、加拿大（2）	
2. 附庸体系	15		日本、韩国、以色列、阿富汗（4）	斐济群岛、基里巴斯、马绍尔群岛、密克罗尼西亚联邦、瑙鲁、帕劳、萨摩亚、所罗门群岛、汤加、图瓦卢、瓦努阿图（11）		
3. 同盟体系	9		新加坡、沙特阿拉伯、科威特、阿联酋、卡塔尔、约旦、巴林（7）	澳大利亚、新西兰（2）		
4. 潜在盟友体系	14		格鲁吉亚、印度、泰国、越南、菲律宾（5）		巴拿马、墨西哥、哥伦比亚、智利、秘鲁（5）	南非、吉布提、塞舌尔、埃及（4）
小计	68	27	17	13	7	4

资料来源：

① 世界上美国所有的盟友 [EB/OL].(2021-09-21).https://www.bilibili.com/read/cv13257289.

② 北约官网 https://www.nato.int/cps/en/natohq/index.htm.

注：北约 5 次东扩指：① 1999 年，匈牙利、波兰、捷克加入；② 2004 年，保加利亚、拉脱维亚、立陶宛、罗马尼亚、斯洛伐克、斯洛文尼亚、爱沙尼亚加入；③ 2009 年，阿尔巴尼亚、克罗地亚加入；④ 2017 年，黑山加入；⑤ 2020 年，北马其顿加入。此外，2022 年 5 月，北欧的两个中立国芬兰、瑞典宣布正式申请加入北约，7 月北约盟国签署芬兰和瑞典加入议定书。截至 2022 年 9 月，只剩下了三个国家尚未批准芬、瑞两国加入北约，这三个国家是：匈牙利、斯洛伐克和土耳其。

表 1.3 英联邦名单一览表

序号	英联邦名单	是否同属一个国王	所处大洲
1	大不列颠及北爱尔兰联合王国	是	欧洲
2	加拿大	是	北美洲
3	澳大利亚	是	大洋洲
4	新西兰	是	大洋洲
5	安提瓜和巴布达	是	北美洲
6	巴哈马	是	北美洲
7	巴巴多斯	是	北美洲
8	伯利兹	是	北美洲
9	格林纳达	是	北美洲
10	牙买加	是	北美洲
11	圣基茨和尼维斯	是	北美洲
12	圣文森特和格林纳丁斯	是	北美洲
13	圣卢西亚岛	是	北美洲
14	巴布亚新几内亚	是	大洋洲
15	所罗门群岛	是	大洋洲
16	图瓦卢	是	大洋洲
	（1—16：尊英王为元首的君主立宪政体国家）		
17	文莱达鲁萨兰国	否	亚洲
18	马来西亚联邦	否	亚洲

序号	英联邦名单	是否同属一个国王	所处大洲
19	莱索托王国	否	非洲
20	斯威士兰王国	否	非洲
21	汤加王国	否	大洋洲
	（17—21：拥有自己君主的君主制国家）		
22	塞浦路斯共和国	否	亚洲
23	孟加拉人民共和国	否	亚洲
24	印度共和国	否	亚洲
25	巴基斯坦伊斯兰共和国	否	亚洲
26	马尔代夫共和国	否	亚洲
27	新加坡共和国	否	亚洲
28	斯里兰卡民主社会主义共和国	否	亚洲
29	博茨瓦纳共和国	否	非洲
30	喀麦隆共和国	否	非洲
31	加蓬共和国	否	非洲
32	冈比亚共和国	否	非洲
33	加纳共和国	否	非洲
34	肯尼亚共和国	否	非洲
35	马拉维共和国	否	非洲
36	毛里求斯共和国	否	非洲
37	莫桑比克共和国	否	非洲
38	纳米比亚共和国	否	非洲
39	尼日利亚联邦共和国	否	非洲
40	卢旺达共和国	否	非洲
41	塞舌尔共和国	否	非洲
42	塞拉利昂共和国	否	非洲
43	南非共和国	否	非洲
44	多哥共和国	否	非洲
45	坦桑尼亚联合共和国	否	非洲

续表

序号	英联邦名单	是否同属一个国王	所处大洲
46	乌干达共和国	否	非洲
47	赞比亚共和国	否	非洲
48	多米尼加共和国	否	北美洲
49	圭亚那合作共和国	否	南美洲
50	特立尼达和多巴哥共和国	否	北美洲
51	斐济群岛共和国	否	大洋洲
52	基里巴斯共和国	否	大洋洲
53	瑙鲁共和国	否	大洋洲
54	萨摩亚独立国	否	大洋洲
55	瓦努阿图共和国	否	大洋洲
56	马耳他共和国	否	欧洲
（22—56：有自己国家元首的共和国）			

资料来源：The Commonwealth 官网。

注：截至 2022 年 8 月，英联邦共计 56 个国家。国家分布为：欧洲 2 个；北美洲 12 个；南美洲 1 个；大洋洲 11 个；亚洲 9 个；非洲 21 个。

第二章

为什么说世界经济金融秩序面临『二战』后再调整再平衡？

战争是政治和外交的极端手段，是对人类和平与稳态的破坏。战争有正义和非正义之分，战争的引发原因是复杂多样的，矛盾激化、利益失衡是根本。当今世界，虽不太平，但和平与发展的时代主题没有变，全球经济金融秩序正面临"二战"以来的再调整再平衡。

第一节　国际政要和学者如何看待"百年未有之变局"

中方领导人近些年来在多种公开场合经常提"世界面临百年未有之变局"。以日本宣布投降（1945 年 8 月 15 日）为"二战"结束标志，"二战"以来迄今（2023 年）已有 78 年了。"二战"结束后的近百年来，经过"二战"洗礼后而确定了的世界经济和政治秩序对世界对人类有哪些贡献？原先的那套国际制度和规则体系是不是如今已经过时或即将要退出历史的舞台了？是哪些因素与动力驱使这些国际制度和规则的变更？外国政要和专家学者有哪些观点？世界向何处去？中国如何应对？这些问题值得深思与讨论。以下是外国政要和专家学者的相关观点。

俄罗斯总统普京于 2022 年 9 月在第七届东方经济论坛发表演讲。普京认为，"美国在全球经济和政治中的主导地位正在不断减弱"，"整个国际关系体系最近经历了不可逆转的变化，或者说是结构性的变化。世界各地的新兴国家和地区，当然主要是亚太地区，现在正发挥相当大的作用"。

美国总统拜登于 2021 年 9 月在第 76 届联合国大会上发表讲话。拜登认为，"我们正处在历史的一个转折点"，"我们将继续维护长期存在的规则和规范。数十年来，这些规则和规范为国际交往提供了保护框架，对世界各国的发展至关重要，其中的基本承诺包括自由航行、遵守国际法和条约、支持军备控制措施以降低风险和提高透明度"，"虽然没有任何民主制度是完美的，……但是民主制度仍然是我们拥有的能够释放人类全部潜力的最佳手段"。

德国总理朔尔茨于 2022 年 9 月在联合国大会发表演讲。朔尔茨认为，国际社会的任务是确保日益多极化的世界团结一致。

世界经济论坛于 2022 年 5 月发布 *Chief Economists Outlook*。报告认为，世界经济正在遭受乌克兰危机和新一轮新冠疫情的冲击，面临增长前景黯淡、通胀压力恶化以及绿色转型与能源安全间的平衡变得复杂等问题。

哈佛大学教授柯伟林（*William C. Kirby*）于 2022 年 8 月发表 *On Academic Engagement with China*。文章认为，当前人们生活在一个去全球化的世界，美国和中国都将自身的利益置于公共关切之上，意图寻求一种"自给自足"的未来。

西方领导人及学者鲜有直接就"世界面临百年未有之变局"判断发表评论，但从他们对当前全球政治经济形势的看法，也能得出相关的结论，世界政治经济格局正面临调整之中，新冠疫情和乌克兰危机无疑加速了这一进程。

第二节　"二战"后世界经济金融秩序面临再调整再平衡

一、"二战"后全球政治经济格局演变是导致世界经济金融秩序再调整再平衡的主因

"二战"爆发的根本原因在于大国政治经济军事发展的不平衡加剧。史学家普遍认为，"二战"（1939—1945 年）爆发的原因是多方面的，包括英、法、美等国"祸水东引"和苏联"祸水西纵"的绥靖政策纵容了法西斯的侵略。从政治经济学视角看，国际体系和政治经济军事发展的不平衡，导致了"二战"的爆发。

首先，"一战"（1914—1918 年）后，德国、日本对新建立的凡尔赛－华盛顿体系 ① 中受惩治受遏制的国际地位不满，德国的不满是因为苛刻的

---

① "一战"后，通过巴黎和会和华盛顿会议，建立了"凡尔赛－华盛顿体系"，确立了在欧洲、西亚、非洲，及东亚、太平洋地区的统治秩序，主要是由战胜国英国、法国、美国等建立的一种新的国际关系制度。

战败赔偿和约束，日本的不满是由于没有得到心中想要的胜利回报。中国作为战胜国（协约国）也是受到了不公待遇并引发了著名的"五四运动"，使得时人乃至今人不禁感慨"自古弱国无外交"、所谓的"公理战胜强权"抑或只是美丽的童话。凡尔赛 – 华盛顿体系并没有消除大国之间的矛盾，而且还埋下了更大冲突的种子，特别是激起了德国人的复仇心理。

其次，第二次工业革命①以后，让西方经济、科技、军事等得到了长足发展，德国和日本的工业、军事崛起，英国、法国的经济相对停滞，世界经济力量对比发生变化。美国的综合实力日渐超过英国成为头号强国，但没有承担起大国应有的责任，使得世界陷入"金德尔伯格陷阱"。这个"陷阱"基于 2017 年 1 月美国政治学家约瑟夫·奈提出了"金德尔伯格陷阱理论"，即国际公共产品的供给问题。

再次，1929—1933 年爆发的严重世界经济危机，催化了各国国内和国际间经济与政治矛盾。1929 年 10 月 29 日（星期二），当日道·琼斯指数一泻千里，股价指数从最高点 386 点跌至 298 点，跌幅达 22%，并迅速由股市传导到银行业和实业。当时纽约流行民谣"梅隆（美国著名企业家、工业巨头）拉响汽笛，胡佛（总统）敲起钟，华尔街发出信号，美国往地狱里冲"（Mellon pulled the whistle, Hoover rang the bell, Wall Street gave the signal and the country went to hell）。笔者根据历史资料研究认为，这场世界经济危机的根源在于经济结构性矛盾和供需结构不平衡，即生产过度、消费过度、投机过度且相互间供需失衡。

最后，以复杂系统观分析，全球政治经济系统受到了政治失衡、经济失衡等奇异吸引子、混沌因子的扰动、震荡与破坏，使得复杂政治经济巨系统的旧平衡要为新平衡所替代。

"二战"后形成了新的世界经济格局与秩序。一是形成了雅尔塔体系。"二战"即将结束之际，1945 年 2 月，美、英、苏三巨头首脑（罗斯福、丘吉尔、斯大林）在雅尔塔（今属克里米亚）召开会议，讨论战后处置德国、波兰、远东问题，并决定成立联合国，由美、英、法、苏、中五国为安理会常任理事国主导制定战后世界新秩序。

---

① 十九世纪六七十年代开始，以内燃机、发电机、电影放映机、电话、电灯、电报、电车等广泛应用最为显著。如：1866 年，德国人西门子制成了发电机；19 世纪 70 年代，美国人贝尔发明了电话；19 世纪 90 年代意大利人马可尼试验无线电报取得了成功。

二是美国经济独占鳌头。"二战"后，德国、意大利、日本三国战败，经济陷入崩溃；英国、法国、苏联和中国的经济在战争中遭到了严重破坏；"二战"期间，美国本土并未受到轴心国破坏，主要经济体中也唯有美国经济实力雄厚，1945 年，美国 GDP 约占全球 GDP 的 56%，美国的黄金储备约 20 万吨，约占全球的 75%。

三是形成了布雷顿森林体系。1944 年以美国"怀特计划"为蓝本的布雷顿森林会议确立了"二战"后以美元为中心的国际货币体系，35 美元可兑换 1 盎司黄金，美国的主权货币美元等同于黄金充当了"超主权货币"，而其他各国的货币则可以和美元挂钩。1945 年两大国际金融机构即国际货币基金组织（IMF）和世界银行（WB）也宣告成立。IMF 成立之初的宗旨是促进国际货币合作，稳定国际汇率，消除妨碍世界贸易的外汇管制，促进成员国国际收支平衡等。WB 成立之初的宗旨是向成员国提供贷款和投资，推进国际贸易均衡发展。随着时间的推移，世行的使命，已从通过国际复兴开发银行促进战后重建和发展，演变为通过与其下属机构国际开发协会（IDA）和其他成员机构国际金融公司（IFC）、多边投资担保机构（MIGA）、国际投资争端解决中心（ICSID）密切协调推进世界各国减贫事业。1948 年 1 月 1 日生效的《关税及贸易总协定》（GATT），由包括中国在内的 23 个国家发起，旨在削减关税和其他贸易壁垒，消除国际贸易差别待遇。雅尔塔体系和布雷顿森林体系等构成了"二战"后世界政治经济格局的总规则与总秩序，一定程度上对稳定全球经济金融发展、促进人类和平与文明进步起到了积极贡献。有关雅尔塔体系和布雷顿森林体系内容，详见本章第四节。

"二战"后形成的世界经济格局与秩序不断演变。一是世界逐步走向多极化。"二战"后的冷战时期，形成了两极格局烙印特征明显的雅尔塔体系，后由于 1989 年东欧剧变和 1991 年苏联解体而终结。"二战"结束后的 70 余年来，全球除了以美国为中心的北美洲、以英德法为中心的欧洲两大经济中心外，日本、韩国、中国、印度、印度尼西亚等东亚南亚国家和巴西、墨西哥等南北美洲国家的经济表现抢眼。2021 年世界主要经济体 GDP 情况，详见附录 A2.1。

二是国际货币日益多元化。1971 年尼克松政府宣告美元与黄金脱钩，导致布雷顿森林体系瓦解，但由于美国的超强金融实力、全球美元计价的路径依赖和货币清算系统的使用惯性，当今美元仍属于第一大主要国际货币。2002年1月1日起正式流通的欧元，经过短短20年的发展，已经成为第二大主要国际货币。英镑、人民币、日元，也占有一定的国际地位。环球银行金融电信协会（SWIFT）数据显示，2021年12月，美元、欧元、英镑、人民币、日元的支付份额，分别为40.51%、36.65%、5.89%、2.70%和2.58%。

三是世界贸易组织（WTO）取代了GATT，但WTO及争端解决机制改革面临挑战。1995年1月1日成立的WTO，在制定和规范多边贸易规则、组织多边贸易谈判、解决成员间贸易纠纷方面发挥了重要作用。中国虽为GATT初始缔约国，但由于种种历史原因游离于世界贸易组织体系之外，于2001年12月11日正式加入WTO。世界少不了中国，少了人口大国中国的世界很不完整、不能称之为世界；中国也需要世界，拥抱了世界的中国才能知天下和明不足。中国加入WTO后，既发展了自己，也造福了世界。WTO和世界银行2020—2021年有关数据表明，中国的经济总量居世界第二，货物贸易总额、制造业增加值居世界第一，服务贸易、消费市场居世界第二。详见附录A2.2—A2.6。

四是美西方仍基本掌控全球大宗商品、金融市场定价权和国际货币金融规则话语权，在国际货币基金组织（IMF）、世界银行和国际清算银行中尚处于主导地位。①美西方控制全球大宗商品的定价权。主要体现在两个方面：第一，垄断了一些现货市场源头商品的议价能力；第二，垄断了一些期货市场商品的价格生成能力；笔者2021年调研数据和信息显示，以大宗农商品的大豆为例，中国是全球最大的大豆消费国，消费量占全球的三分之一（有数据资料显示，2019年中国、美国、阿根廷、巴西大豆消费占全球的比例分别为29.6%、17.4%、14.5%、13.3%），但由于全球四大粮商A、B、C、D（美国ADM、美国邦吉、美国嘉吉、法国路易达孚，中粮集团为第五大）垄断了世界粮食交易量约80%，有的粮商在国际投行、资本大鳄的支持合作下，掌控了大豆生产的源头农户资源，为农户提供种子技术、信息服务，渗透甚至控制了产业链供应链全过程，致使作为进口大国的中国在大豆贸易合同中议价能力不足。再如，世界粮商在源头上采购农户大豆时大多是依据芝加哥商品交易所（CME）期货基准价格使用美元计价，CME和美元对大豆价格产生影响巨大。②美西方基本控制金融市场定价权。包含但不限于体现在：美联储操控美元汇率，美元的升值贬值深度影响着全球美元资产价格和全球金融市场的基础价格；美西方实际控制的三大评级机构，标普、穆迪、惠誉公司对发债主体和债项的信用评级行为与结果深度影响着债券的发行价格。③美西方有较强的国际货币金融规则话语权。世界银行（WB）和国际货币基金组织（IMF）建立之初，美、欧对这两个重要国际金融机构的领导人选就达成了默契，WB行长由美国提名，IMF的总裁由欧洲国家提名。这些年来，这一不成文的定律从未突破。WB、IMF还规定："重大事项的决策，须经85%以上的投票权通过。"而美国长期以来，在这两个重要国际金融机构中占有的投票权均超过了15%（WB和IMF于2010年最新调整了份额，美国分别占比为16%到17%）。美国对WB和IMF的重大决策有一票否决权，美国深度影响这两家金融机构的重大决策。国际清算银行（BIS）成立之初的职责是为了处理"一战"后德国的赔偿支付及其有关清算等业务问题，根据1944年布雷顿森林会议的决议，BIS使命已经完成，理应解散，但美国推动把它保留下来，作为国际货币基金组织和世界银行的附属机构。BIS作为国际清算的受让人或代理人，其宗旨是促进各国中央银行合作并为国际金融业务提供便利，其虽以股份公司形式治理，但经营决策权被西方国家掌控。

二、"乌克兰危机"加快催动世界经济格局和秩序再调整再平衡

"乌克兰危机"源于综合因素。2022年2月24日，俄罗斯对乌克兰采取军事行动。2022年3月20日，中国国务委员兼外长王毅同阿尔及利亚外长拉马拉在会谈后共同会见记者。王外长讲，乌克兰问题走到今天并非偶然，是各种因素综合作用的结果，也是多年积累矛盾的爆发，根子在于欧洲的安全问题，北约无限制东扩的做法值得反思；从长远计，欧洲各方还是应本着安全不可分割原则，在尊重彼此合理关切基础上，通过对话谈判，构建起平衡、有效、可持续的地区安全架构。有关北约扩张，详见本章第四节。

"乌克兰危机"暴露了世界经济金融体制问题。其一，有人质疑WTO规则的约束力与例外。2022年3月，美欧日取消了俄贸易最惠国待遇；美国宣布停止进口俄罗斯石油、天然气和煤炭，欧盟称计划2022年年底

前对俄罗斯天然气需求减少三分之二；美欧日禁止向俄出口一些高端技术和相关产品；美欧限制向俄出口炼油技术和设备，限制对俄能源领域投资。这些贸易投资限制措施，无疑加剧了疫情下包括能源在内的全球价值链、产业链的危机。其二，美国违反了国际公法中的国家主权豁免原则。美国冻结俄罗斯央行约 6400 亿美元的黄金和约 3000 亿美元的外汇储备（约占俄罗斯国际储备总额的一半）。有关主权豁免原则，详见本章第四节。其三，别国恐慌在美资产。由于美元仍是世界坚挺通用避险和结算货币，许多国家出于资产安全、贸易结算、国际投资的需求，将部分资产存放于美国，这本是美元信用、美国公信力的重要体现。然而，美国动辄冻结甚至分配他国主权财富美元资产，引起了别的国家对其在美资产的恐慌。其四，业内增加对国际货币体系的担忧。美国牵头将多家俄罗斯银行排除在 SWIFT 报文系统之外，破坏了国际支付清算体系的重要基础设施和作为全球公共金融产品 SWIFT 的公信力，威胁全球系统性金融安全。其五，美国损害了美元的信誉。美国以国内法优先和长臂管辖的做法，绕开了联合国，单方面不择手段地制裁俄罗斯，将俄罗斯逼入债务违约边缘的同时，动摇了"二战"后建立起来的以联合国为核心的国际政治体系和以世界银行、国际货币基金组织、美元为支柱的世界经济金融秩序。除了经济金融问题外，美国还驱逐了俄罗斯驻联合国纽约总部外交人员、对俄飞机关闭领空等涉政治军事问题。

"乌克兰危机"是世界经济格局与秩序再调整再平衡的催化剂。针对美西方的制裁，俄罗斯采取了反制措施。俄罗斯将不友好国家的债务一律用卢布结算，让其分担卢布贬值所带来的经济损失。抛弃"私人财产神圣不可侵犯"的契约精神，冻结欧美国家在俄罗斯拥有的 11000 亿美元资产，其中企业投资类 6000 多亿美元。对专利持有人来自不友好国家和地区，其发明、实用新型或工业设计在未经授权的情况下被使用，无须为非授权使用专利做出任何赔偿。此外，俄罗斯还对美关闭领空，宣布对拜登总统等人实施制裁。"乌克兰危机"引发的美西方对俄罗斯的制裁，加剧了世界经济格局与秩序再调整再平衡的进程。

第三节 中国何以应对"百年未有之变局"

复杂的政治利益和复杂的经济利益是交织发展的。从"一战"后100多年、"二战"后70多年的全球政治经济格局演变来看,复杂的政治经济利益是相互融合、交织发展的。政治经济是个大系统,政治子系统与经济子系统相互作用、相互影响。政治利益的不平衡,影响经济利益的不平衡。反过来,经济利益的不平衡,也作用于政治利益的不平衡。如果政治、经济两个子系统不能自求动态平衡,就有可能引起突变,就有可能上升到通过军事手段再造新的平衡态。而且军事子系统,又与经济子系统、政治子系统息息相关。一国的军事力量受制于其经济实力,一国的军事手段的动用听命于政治人物的决策。中国何以应对"百年未有之变局",以下是笔者的一些思考。

第一,奉行独立自主的和平外交政策是经济发展的保障。政治和经济关系是相互促进、相互补充的。2022年3月11日,中国总理李克强答记者会问时表示,中国奉行独立自主的和平外交政策,主张各国主权和领土完整都应该得到尊重,联合国宪章宗旨和原则都应该得到遵守,各国合理安全关切也应该得到重视,中方愿意和国际社会一道为重返和平发挥积极作用。2022年3月17日,商务部发言人表示,中方将继续本着相互尊重、平等互利的原则,与俄罗斯和乌克兰开展正常的经贸合作。

第二,维护"二战"后建立起来的国际政治经济基本秩序。2021年7月3日,王毅外长在第九届世界和平论坛开幕式上发表主旨演讲时提出,纵观当今世界发生的各种对抗冲突和治理困境,追根究底,还是在于多边主义的理念没有得到有效维护,以联合国宪章为基础的国际准则没有得到充分尊重。中国维护以联合国为核心的国际体系,维护以联合国宪章宗旨和原则为基础的国际关系基本准则,维护以国际法为基础的国际秩序。

第三,推动世界经济格局和秩序朝着多边化多极化方向再平衡再调整再发展。一是WTO、国际货币基金组织、世界银行、国际清算银行等国际组织需要照顾到广大成员国的切实利益,大家的事情大家商量着办,不能由少数国家说了算。二是各国应加强货币政策的沟通与协调,防止主要国际货币注水,共同抵制全球通胀。三是探索超主权货币的诞生与发展,改变由主权货币替代超主权货币的不公平不合理现状。研究SDR的升级版,研究各国数字货币的合作与超主权数字货币的可能性。四是完善国际货币清算体系的决策机制与争端解决机制，把全球公共产品办成真正的公共产品，防止沦为少数国家制裁他国的政治工具。五是支持 WTO 及其争端解决机制的改革与完善，维护真正的多边主义，促进全球贸易和投资便利化自由化。六是增强构建人类命运共同体意识，共同应对全球疫情、气候变化、发展鸿沟等问题。

第四，练好"内功"做强做优中国经济就是对世界对人类的莫大贡献。从当前看，建议中国重点做好以下工作。一是稳定宏观经济大盘，保持经济运行在合理区间。二是坚持对外开放，强化产业链、供应链、价值链在全球框架下的"稳固""补充"与"改进"。三是贯彻"双循环"发展战略，把这项应对错综复杂国际环境变化的战略举措落到实处，逐步形成以国内大循环为主体、国内国际双循环相互促进的新发展格局。四是瞄准"双碳"目标，推进中国经济绿色发展和高质量发展。五是继续做好人民币国际化工作，加快探索数字人民币的跨境使用与国际合作。抓住当前难得的战略机遇，加快人民币国际化进程。人民币国际化不是为了取代美元和欧元，而是为了推动国际贸易投资便利化自由化，促进全球经济恢复与增长，找回世界的公平与正义。六是加强全球经贸、金融和数字领域国际规则的沟通、协调与合作，提高中国制度开放力度、在规则制定中的国际话语权和在大宗商品市场与金融市场的定价权。

第四节　世界"百年未有之变局"衍生的思考

一、雅尔塔体系对世界政治经济的影响

首先，展现了大国强权政治的烙印。在第二次世界大战即将结束前，1945 年 2 月 4 日至 2 月 11 日，由美国、苏联和英国在雅尔塔召开的三方会议，经过讨价还价共同制定了战后国际新秩序。雅尔塔体系的建立，基于美英苏三大国的政治经济军事实力，较少顾及弱小国家利益，展现了世界由少数国家说了算的大国强权政治烙印。

其次，体现了强权下的妥协。英美的特殊关系，甚至同属盎格鲁－撒

克逊血脉,造就了美英牢不可破的政治经济军事同盟。所以,三方力量实质变成了美苏两方力量,雅尔塔体系某种程度上来看是强权下的妥协,变成了美苏双方在划分势力范围。美国和苏联基于各自意识形态拉拢盟友,最终导致了四十多年的美苏冷战对峙。

最后,促进了世界的和平与发展。雅尔塔体系成功地将美英和苏联联系了起来,这种求同存异的和平共处原则对美苏乃至世界都产生了深刻的影响。雅尔塔体系对战后世界的和平、民主、独立、平等和发展都起到了极大的作用,成功地确定了后来世界和平与发展两大主题。

20世纪冷战的终结和如今多极化趋势的形成,也正是从这个体系当中孕育而出的。笔者认为,尽管当今世界并不太平,但和平与发展仍是世界两大主题。

二、布雷顿森林体系对世界经济金融的影响

布雷顿森林体系未瓦解前,该体系对世界经济金融贡献较大但遇到了难题。1944年布雷顿森林协议确立了美元国际货币地位,美元成为固定汇率体系中的关键货币,成为衡量其他货币的工具。伴随着国际贸易和商业的发展,世界对美元的需求也与日俱增。在战后初期,世界资本流动主要由美国资本构成,美国官方和私人资本出口在20世纪50年代达到顶峰。以美元为特征的资本国际化在"二战"后世界经济的腾飞过程中起到了重要作用。这中间包括著名的马歇尔计划(The Marshall Plan),亦称之为欧洲复兴计划(European Recovery Program),是二战后美国对被战争破坏的西欧各国进行经济援助、协助重建的计划。该计划于1947年7月启动,持续了4个财政年度,西欧各国通过参加欧洲经济合作与发展组织(OECD的前身),接受了美国援助的131.5亿美元,其中90%是赠予,10%为贷款。在美元的支持下,欧洲逐渐走向经济联合和一体化。

布雷顿森林体系瓦解后,该体系还深度影响世界经济金融,表现为美元依旧发挥主要国际货币的职能。随着美元作为国际货币的应用,美元遇到了"特里芬难题"(1960年美国经济学家罗伯特·特里芬提出),即国际贸易的扩大一方面需要美国流出美元、美国保持国际贸易顺差,而美元币值的稳定需要美国流入美元、美国保持国际贸易逆差,导致美元陷入两难境地。1971年尼克松政府宣布美元与黄金脱钩,布雷顿森林体系开始瓦

解。国际货币体系进入了后布雷顿森林体系时期，也有人称之为牙买加体系阶段，即实行浮动汇率制度、推行黄金非货币化、提高特别提款权（SDR）作用。这段时期，包括当下，尽管美元与黄金脱钩，欧元、英镑、日元、人民币也日益成为国际货币并发挥作用，但美元在世界经济运行中依然承担主要国际货币的作用。

三、起底北约扩张之路

北约成立至 1982 年的军事同盟力量。"北大西洋公约组织"（North Atlantic Treaty Organization，NATO）简称北约，是欧洲和北美某些国家为了实现"防卫合作"而建立的国际组织，成立于 1949 年 8 月 25 日，总部位于比利时首都布鲁塞尔。北约宪章第 5 条规定：缔约国任何一方遭到武装攻击时，就可以视为对全体缔约国的攻击，缔约各方都应行使《联合国宪章》第五十一条承认的独立或集体自卫权。北约建立之初，只有 12 个成员国：美国、英国、法国、荷兰、比利时、卢森堡、加拿大、丹麦、挪威、冰岛、意大利、葡萄牙。1952 年希腊、土耳其加入。1955 年联邦德国加入。1982 年西班牙加入。截至 1982 年，北约组织共拥有了 16 个成员国。

与北约相对应的华约成立与终结。华约全称《华沙条约》，是为了抵御北约，于 1955 年 5 月在波兰首都华沙签订，成员国有 8 个，分别是：苏联、德意志民主共和国、波兰人民共和国、捷克斯洛伐克、匈牙利、罗马尼亚社会主义共和国、保加利亚、阿尔巴尼亚人民共和国。1991 年华约解散。

华约解散后，北约并未收缩，而是不断扩张。从 1999 年至 2022 年，北约经历了 5 次东扩，向东推进了 1000 多公里，吸收了 14 个国家，发展到了 30 个国家。第一轮发生在 1999 年，吸收了匈牙利、波兰和捷克 3 国。第二次发生在 2004 年，吸收了保加利亚、拉脱维亚、立陶宛、罗马尼亚、斯洛伐克、斯洛文尼亚、爱沙尼亚 7 国。第三次发生在 2009 年，吸收了阿尔巴尼亚、克罗地亚。第四次发生在 2017 年，吸收了黑山。第五次发生在 2020 年，吸收了北马其顿。北约东扩之后，又开始了北扩之路，2022 年 7 月芬兰、瑞典加入，北约成员国累计 32 个。2022 年 9 月，乌克兰签署加入北约申请。

北约的东扩，激起了俄罗斯的强烈不满。终于 2022 年 2 月，爆发了乌克兰危机。

以美为首的北约未经联合国授权，擅自攻打他国。1999 年未经联合国授权，北约炮轰南斯拉夫，支持科索沃独立，中国驻南使馆的 3 名记者遇难，时任美国总统是克林顿。2001 年 9 月 11 日，美国遭受了恐怖袭击，2003 年美国以伊拉克藏有大规模杀伤性武器并暗中支持恐怖分子为由，未经联合国授权，时任总统小布什发动了推翻萨达姆政权的伊拉克战争，史称第二次海湾战争。1991 年的第一次海湾战争是经联合国授权的，阻止了伊拉克入侵科威特，时任美国总统是老布什。

北约在全球军事势力的不断扩张，对全球安全带来威胁。北约军事实力的存在，支撑了美国在全球的霸权。美国军事霸权是继美国政治霸权、经济霸权、金融霸权、科技霸权后的最有力的一种霸权。北约亚太化的举动，引起东方大国和世界的关注。

四、主权豁免原则的来龙去脉

主权豁免原则起源于罗马法。主权豁免原则是指国家的行为及其财产不受他国管辖，这是从"平等者之间无管辖权"这一罗马法概念中引申出来的习惯国际法规则。也就是说，由于存在主权国家的司法豁免，一国国内法院非经外国同意，不得受理以外国国家为被告的诉讼，不得擅自处置他国主权资产。

大陆法系的特质。大陆法系是从 19 世纪初以罗马法为基础建立起来的。大陆法系与罗马法在精神上一脉相承，重视编写法典，具有详细的成文法，判例一般不被作为正式法律渊源。中国大陆目前的法律体系主要师于大陆体系。

英美法系的特质。英美法系是指以英国中世纪①以来的法律，主要指从 11 世纪起主要以源于日耳曼习惯法的普通法为基础。英美法系属于判例之法，而非制定之法，具有适应性和开放性特点。这或许就是美国长臂管辖、国内法经常充当国际法的缘由所在，体现了美国习惯于所谓的自由、开放、创新之精神在法律领域的传承。也就是说，美国或不执行主权豁免

---

① 英国的中世纪与整个欧洲的中世纪有所区别，英国的中世纪普遍认为是从诺曼征服（1066 年）到 1485 年玫瑰战争，而整个欧洲的中世纪是指自公元 476 年西罗马帝国灭亡至文艺复兴开始的 1000 年间。

原则，只要有国内法依据，就可以处置他国主权资产。

两大法系有相容趋势。从"二战"后的若干判例来分析，大陆法系也重视应用判例，英美法系也重视依据成文，两者有相容发展之趋势。

关键词

百年未有之变局 凡尔赛－华盛顿体系 五四运动 第二次工业革命
金德尔伯格陷阱 雅尔塔体系 布雷顿森林体系 东欧剧变
乌克兰危机 中国"双循环"发展战略 中国"双碳"目标
马歇尔计划（欧洲复兴计划） "特里芬难题" "北大西洋公约组织"
华沙条约 主权豁免原则 大陆法系 英美法系

附 录

A2.1 世界主要经济体 GDP 情况（2021 年度）

G20 国家 （地区）	GDP/ 亿美元	总量名次	前 20 名国家	GDP/ 亿美元	总量名次
美国	219215.85	1	美国	219215.85	1
欧盟	170463.69	2	中国	164928.1	2
中国	164928.13	3	日本	51031.75	3
日本	51031.75	4	德国	43184.85	4
德国	43184.85	5	法国	29176.68	5
法国	29176.68	6	英国	28556.71	6
英国	28556.71	7	印度	28338.74	7
印度	28338.74	8	意大利	21116.49	8
意大利	21116.49	9	加拿大	17630.46	9
加拿大	17630.46	10	韩国	16741.12	10
韩国	16741.12	11	俄罗斯联邦	15842.16	11
俄罗斯联邦	15842.16	12	澳大利亚	14803.55	12
澳大利亚	14803.55	13	西班牙	14508.82	13
巴西	14316.24	14	巴西	14316.24	14
印度尼西亚	11671.8	15	印度尼西亚	11671.8	15
墨西哥	10945.28	16	墨西哥	10945.28	16
沙特阿拉伯	7354.83	17	荷兰	10057.11	17
土耳其	6524.08	18	瑞士	7906.55	18
阿根廷	4169.38	19	沙特阿拉伯	7354.83	19
南非	3171.91	20	土耳其	6524.08	20

资料来源：EPS 数据库。

A2.2 世界主要经济体货物贸易情况（2021 年度）

前 20 名国家（地区）	货物贸易 / 亿美元	总量名次	占比份额 /%
中国	60515	1	19%
美国	46917	2	15%
德国	30512	3	10%
荷兰	15931	4	5%
日本	15250	5	5%
中国香港	13823	6	4%
法国	12993	7	4%
韩国	12595	8	4%
英国	11625	9	4%
意大利	11607	10	4%
比利时	10525	11	3%
墨西哥	10167	12	3%
加拿大	10026	13	3%
印度	9679	14	3%
新加坡	8636	15	3%
中国台湾	8298	16	3%
西班牙	8027	17	3%
俄罗斯联邦	7980	18	2%
阿联酋	7445	19	2%
瑞士	7025	20	2%
总计	319576		100%

资料来源：世界贸易组织（https://stats.wto.org/）。

A2.3 世界主要经济体服务贸易情况（2021 年度）

前20名国家（地区）	服务贸易 / 亿美元	总量名次	占比份额 /%
美国	13453	1	15%
中国	8335	2	10%
德国	7583	3	9%
爱尔兰	6792	4	8%
英国	6605	5	8%
法国	5613	6	6%
荷兰	4843	7	6%
新加坡	4534	8	5%
印度	4366	9	5%
日本	3752	10	4%
瑞士	2771	11	3%
比利时	2711	12	3%
卢森堡公国	2506	13	3%
韩国	2499	14	3%
意大利	2159	15	2%
加拿大	2087	16	2%
西班牙	1921	17	2%
阿联酋	1779	18	2%
丹麦	1751	19	2%
瑞典	1590	20	2%
总计	87650	--	100%

资料来源：世界贸易组织（https://stats.wto.org/）。

A2.4 世界主要经济体制造业增加值情况（2020 年度）

前20名国家（地区）	制造业增加值 / 亿美元	总量名次	占比份额 /%
中国	38607	1	35%
美国	23375	2	21%
日本	9953	3	9%
德国	6989	4	6%
韩国	4064	5	4%
印度	3650	6	3%
意大利	2808	7	3%
法国	2470	8	2%
英国	2398	9	2%
印尼	2104	10	2%
俄罗斯联邦	1999	11	2%
墨西哥	1874	12	2%
爱尔兰	1470	13	1%
西班牙	1413	14	1%
巴西	1400	15	1%
土耳其	1377	16	1%
瑞士	1365	17	1%
泰国	1274	18	1%
荷兰	984	19	1%
波兰	956	20	1%
总计	110530	--	100%

资料来源：世界银行（https://data.worldbank.org/indicator/NV.IND.MANF.CD?view=chart）。

A2.5 世界主要经济体私人部门消费支出情况（2020 年度）

前20名国家（地区）	私人部门消费支出 / 亿美元	总量名次	占比份额 /%
美国	140476	1	37%
中国	56107	2	15%
日本	27113	3	7%
德国	19508	4	5%
英国	16790	5	4%
印度	16211	6	4%
法国	13977	7	4%
意大利	10953	8	3%
加拿大	9404	9	2%
巴西	9110	10	2%
韩国	7604	11	2%
俄罗斯联邦	7569	12	2%
西班牙	7173	13	2%
澳大利亚	7030	14	2%
墨西哥	6860	15	2%
印尼	6241	16	2%
土耳其	4086	17	1%
瑞士	3835	18	1%
荷兰	3829	19	1%
波兰	3386	20	1%
总计	377262	--	100%

资料来源：世界银行（https://data.worldbank.org/indicator/NE.CON.PRVT.CD?view=chart）。

A2.6 世界主要经济体总消费支出情况（2020 年度）

前20名国家（地区）	总消费支出 / 亿美元	总量名次	占比份额 /%
美国	171256	1	34%
中国	81268	2	16%
日本	37713	3	8%
德国	28127	4	6%
英国	22917	5	5%
法国	20571	6	4%
印度	19436	7	4%
意大利	14882	8	3%
加拿大	13132	9	3%
巴西	12077	10	2%
韩国	10562	11	2%
俄罗斯联邦	10551	12	2%
西班牙	9975	13	2%
澳大利亚	9800	14	2%
墨西哥	8226	15	2%
印尼	7252	16	1%
荷兰	6201	17	1%
土耳其	5178	18	1%
沙特阿拉伯	5070	19	1%
瑞士	4728	20	1%
总计	498922	--	100%

资料来源：世界银行（https://data.worldbank.org/indicator/NE.CON.TOTL.CD?view=chart）。

注：总消费支出 = 私人部门消费支出 + 政府部门消费支出

第三章 WTO 争端解决机制效率缘何这么低?

世界贸易组织是推动国际贸易便利化、自由化和维护国际贸易公平竞争发展的国际组织，素有"经济联合国"之称，属于"二战"后维护国际经济秩序的成果。WTO所涉知识包罗万象，尤其需要国际经济学、国际贸易学和国际法学专业支撑。WTO争端解决机制（DSB）被誉为"皇冠上的明珠"，其发展并不平稳，一波三折，集中体现了成员国的利益关切，折射出权力趋向与规则趋向在争斗，反映了实践中公平兼顾效率的难度。当下，DSB效率低下，实乃大国博弈和各国利益难以平衡的结果。揭示DSB效率低下的原因，有助于了解国际贸易争端案例的表象与内在机理，有利于平衡WTO成员方之间利益博弈、推动WTO朝着照顾更广泛国家利益方向改革与发展。

第一节　WTO及其争端解决机制的历史演变

争端解决是WTO三大基本职能之一。世界贸易组织（WTO）前身是1947年签订的关税与贸易总协定（GATT），中国是初始成员。1995年1月1日，WTO正式开始运作。1996年1月1日，WTO正式取代GATT临时机构。2001年12月11日，中国正式加入WTO。WTO被视为"经济联合国"，主要有三大职能，即制定多边贸易规则、组织多边贸易谈判和解决成员间贸易争端。2022年10月2日WTO官网显示，WTO有160个成员，占全球96%的贸易额，且有超过20个国家正在申请加入WTO。

现行WTO争端解决机制受到来自美方的阻力。WTO争端解决机制被誉为"皇冠上的明珠"，为解决WTO成员间的贸易摩擦做出了重要贡献。争端解决机制（Dispute Settlement Body，DSB）由GATT框架下争端解决机制演变而来，美国从组局到搅局。现行WTO争端解决机制的存在价值、独立性和权威性受到严峻挑战，美国妨碍上诉机构法官遴选，造成WTO争端解决机制停摆。美国在特朗普执政期间持续阻挠上诉机构大法官遴选，其实早在奥巴马政府时期就表达了类似关切。自2019年12月11日起，本应由 7 名成员组成的 WTO 上诉机构仅剩 1 人（中国籍大法官赵宏女士），致使上诉机构无法审理案件。2020 年 11 月 30 日，上诉机构最后一名成员期满卸任。上诉机构成员全部离任导致了上诉机构瘫痪，影响了 WTO 争端解决机制的正常运转，对多边贸易体制造成了沉重打击。拜登政府上台后，美国驻日内瓦团队一直表示美国对于上诉机构仍有"系统性担忧"，但是美国新任驻 WTO 大使裴亘（Maria Luisa Pagan）之前明确表示，"希望该机构能够重振"。2022 年 2 月 28 日，在 WTO 争端解决机制例会上，美国第 51 次否决了令上诉机构结束瘫痪状态的提议。美国的做法，本质上是质疑上诉机构的功能与作用。美中贸易全国委员会会长艾伦（Craig Allen）2022 年坦言，"以下几个问题是非常根本性的：上诉机构的权力是什么？它能对 WTO 成员所同意的规则做解释吗？它能在多大程度上做解释？"为了防止 DSB 上诉机构瘫痪状态条件下国际贸易冲突的激化与升级，欧盟、中国等 21 个世贸组织成员于 2020 年 4 月共同发起建立了"多方临时上诉仲裁安排"（MPIA），成功组建了由 10 人组成的仲裁员库，10 名仲裁员体现一定的涵盖性和代表性，有发达国家成员，也有发展中国家成员。MPIA 严格遵循《关于争端解决规则与程序的谅解》的仲裁程序，运行以来也产生了实质性成果，包括土耳其与欧盟的药品纠纷案、哥伦比亚与欧盟的冷冻薯条纠纷案就是在 MPIA 作用机制下成功解决的。截至 2023 年 3 月，共有 25 个 MPIA 成员，只占 WTO 成员总数的 15.6%，说明更多的 WTO 成员对 MPIA 的信心并不充分，而且 MPIA 做出的判决效力只对加入的成员有约束力。

WTO 争端解决机制受阻的制度原因在于 WTO 协商一致的原则。WTO 决策奉行协商一致的原则，任何一个决定都要 WTO 所有成员同意，或至少无人反对。WTO 这种决策机制兼顾了大国和弱小国家的利益，发挥了重要作用，也达成了很多重要的协议。但由于种种因素，甚至来自政治和意识形态的分歧，导致 WTO 某些成员之间互相不信任、缺乏合作的意愿，也给了更多成员投否决票的机会。美国的一票否决，导致 WTO 上诉机构停摆。一些发展中国家，也利用一票否决制阻挡一些新议题的讨论。一票否决制已经让 WTO 不堪重负，这种僵局严重削弱了多边贸易体制。诸边谈判或是弥补多边体制的有益举措。如：中国牵头并联合一些主要的发展中成员，以联合声明倡议（Joint Statement Initiative，JSI）方式启动了投资便利化议题，开创了新的谈判模式，力求先诸边再多边。2021年12月，中国商务部网站报道已有112个成员就"促进发展投资便利化"发布联合声明，"目标是在2022年底前结束文本谈判，推动最终达成投资便利化多边协定"。2023年7月，世贸组织成员成功结束《投资便利化协定》文本谈判。该谈判由发展中成员发起，100多个谈判参加方中有70多个为发展中成员，包括中国、巴西、印尼、柬埔寨、尼日利亚、塞拉利昂等，这一现象表明发展中成员已经成为国际规则制定的重要力量。

WTO争端解决机制的"反向协商一致"原则也是饱受争议的。得益于美国的坚持，WTO争端解决机制改变了GATT专家组报告"协商一致"原则，转而实施"反向协商一致"原则，并通过了在争端解决机制中设立常设上诉机构、增加交叉报复等规则。反向协商一致原则，指只有当所有成员国协商一致表示不通过某项议案，该议案才能被否决，否则，该议案就应通过。毫无疑问，美国在世贸组织DSB完善过程中发挥了决定性作用。"反向协商一致"原则的运用，克服了传统GATT争端解决机制的缺陷，为成员间争端能够得到及时有效地解决奠定了基础。然而，"反向协商一致"原则也不是尽善尽美的，违背了公正性的要求，使表决机制形同虚设等。由于"反向协商一致"是一条自动通过的决策规则，它很容易滋生争端国滥用手中的权力，导致专家小组的大量设立和有问题的报告通过。详见本章第四节内容。

WTO争端解决机制宜早日恢复正常运行。WTO争端解决机制除了来自美国的阻力外，也受到多国质疑，在实践中暴露出了机制本身存在的一些问题，越来越难以适应现今的国际贸易，对WTO进行必要的改革已成为主要成员的共识。2021年3月1日，新任世贸组织总干事恩戈齐·奥孔乔-伊维拉（尼日利亚籍国际金融专家、经济学家和国际发展事务专家）上任，期望在伊维拉总干事的带领下WTO争端机制早日走出危机。WTO发展任重而道远。新冠疫情的全球肆虐、乌克兰危机等黑天鹅事件，使得本就面临严峻危机的世贸组织功能发挥雪上加霜，俄罗斯曾有要退出WTO的声音，WTO的局限性进一步凸显。关于WTO改革，经过4年多的讨论酝酿，各成员在第 12 届部长级会议（MC12）^①上首次达成共识，同意对 WTO 进行必要改革并在 MC13 上审议进展，这是未来 WTO 的核心工作之一。

第二节 WTO 争端解决机制的运行现状

一、WTO 争端解决机制的既有实践

（一）发达成员为争端案件主要参与方

发达成员既是 DSB 的主要使用者，也是 DSB 的主要违反者。2022 年 10 月 5 日 WTO 官网显示，WTO 争端案例累计有 614 起。考虑到前期研究成果的连续性，仍使用截至 2020 年末的案例样本。更何况 2020 年末至今两年多，WTO 争端解决机制基本停摆中，新增加的投诉案例仅 16 起，故对争端案例总体的研究影响不大。1995—2020 年间，WTO 争端解决机制共受理了 598 起争端案件。图 3.1 展示了 WTO 争端案件主要参与方情况和起诉情况。美国和欧盟对该机制的使用最为频繁，两大经济体作为起诉方的案件数分别占案件总数的 20.74% 和 17.39%，起诉案件数量均超过排名第三位的加拿大起诉案件数的两倍。从被诉情况看，美国和欧盟也是被诉最多的成员，两大经济体作为被诉方的案件数分别占案件总数的 26.09% 和 14.55%，美国的被诉案件数约为第三位中国的 3.5 倍。在发达经济体中，仅美国、欧盟、加拿大和日本四大经济体作为起诉方的案件数占案件总数中的比重就将近一半，达 49.33%，而且这四大经济体的被诉案件数占案件总数的比重也高达 47.16%。监测分析发现，发展中成员越发注重利用 DSB 机制平台处理贸易争端，排名起诉方第四位的巴西是主动发起最多的发展中成员，起诉案件数占案件总数的 5.52%。

---

① MC12 达成了一系列成果，还包括：同意将电子传输临时免征关税的做法延续至下一届部长级会议；《关于〈与贸易有关的知识产权协定〉非违反之诉和情景之诉的部长决定》，明确了在《与贸易有关的知识产权协定》即《TRIPS 协定》项下继续暂缓适用非违反之诉和情景之诉，TRIPS 理事会继续审查非违反之诉和情景之诉的范围和模式，并向下届部长级会议提交建议，在此期间，成员不得在《TRIPS 协定》项下提起此类诉讼。

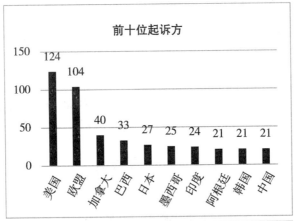

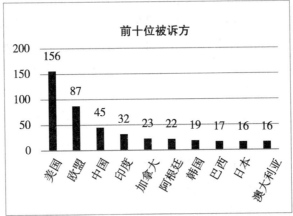

图 3.1 WTO 争端案件主要参与方

　　尽管发展中成员逐渐注重利用 DSB 平台处理贸易争端，但与发达成员相比仍处于劣势。和发达成员相比，许多发展中成员处于劣势地位。一是发展中成员的经济实力较弱。虽然当代社会不属于"丛林法则"年代，但经济实力仍是一国综合实力的根本。WTO 诉讼成本高且收益的不确定性，大大减弱了发展中成员参与的动机，特别是非洲许多低收入国家主动参与的情形比较罕见。据统计，前十位起诉方案件数加总占案件总数比例高达73.58%。二是发展中成员诉讼能力较弱。发展中成员的国际法律人才缺乏，国际综合诉讼能力与发达成员相比存在差距。三是有的发展中成员碍于规则话语权和经济实力的不足主动放弃权利。一些发展中成员担心强国的贸易报复和政治胁迫，有可能会放弃合理的法律主张。

（二）争端案件主要涉及货物贸易

争端案件主要涉及货物贸易。截至 2020 年底，WTO 审理了 557 起涉及货物贸易的案件，占案件总数的 93.14%，其中又以初级产品贸易案件居多。涉及知识产权贸易和服务贸易的案件分别有 39 起和 29 起，占案件总数的 6.52% 和 4.85%。

争端案件呈现向服务贸易转移的趋势。随着时间的推移，WTO 贸易争端呈现出从初级产品向工业制成品、高技术产品转移，并呈现从货物贸易向服务贸易转移的趋势。

（三）争端案件违反 WTO 规则分布

之所以发生争端案件，主要是因为违反了 WTO 相关规则。图 3.2 罗列了到 2020 年底的 598 起争端案件违反 WTO 规则的具体情况，涉 20 个规则。由于一个案件可能会违反多个 WTO 规则，所以，违反规则的数量大于争端案件的数量。从已有的争端案件看，所涉规则的面广、集中。排名前三的分别是：违反《关贸总协定》（GATT）494 起，违反《反倾销协定》135 起，违反《补贴与反补贴措施协定》131 起。非违反之诉和情景之诉是保护缔约方举措，但尚未发现此类案例。有关非违反之诉和情景之诉的释义，详见附录 A3.1。

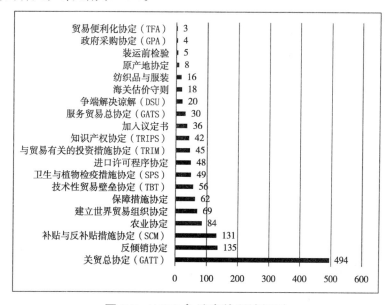

图 3.2　WTO 争端案件所涉规则

（四）争端案件解决耗时长

实际争端处理中持续时间可能会远远超出规定时间。WTO 争端解决机制对处理案件各环节的时间进行了限制，从提出诉讼到专家组确定最终裁决一般控制在 15 个月内，但实际处理的时间远远长于规定时间。据估算，2000 年之前，大多数案件在 2 年内得到解决，约 31% 的案件在 2～3 年内得到解决，在 3～4 年内解决的案件约占 9%。2000 年之后，不超过 32% 的案件在 2 年内得到解决，约 50% 的案件需要 2～3 年得到解决，约 13% 的案件需要 3～4 年解决，超过 5% 的案件需要 4～5 年解决。有的案件争议方对争端裁决情况还存在异议。2019 年 12 月 11 日起，随着上诉机构的瘫痪，争端案件进一步积压。

部分外国学者的研究结论。Reich（2017）对争端案件的用时情况进行了测算，发现该机制成立之初就存在未能在规定时限内解决的案件，1995—1999 年之间发生的争端案件平均用时持续 23.21 个月，2007—2011 年之间发生的争端平均用时持续 28 个月。Hoekman 等（2021）对 1995—2020 年间案件的平均用时情况进行了测算，发现磋商阶段的用时平均 5.4 个月，专家组阶段用时平均 17.1 个月，上诉阶段用时平均 4.3 个月，案件的实际用时大多超过规定时间。

二、中国与 WTO 争端解决机制

（一）中国在 WTO 争端解决机制中的影响力提升

中国作为贸易大国，在 WTO 争端解决机制中的影响力越来越重要，其间所涉案件为 66 起。以 2001 年中国入世、2008 年国际金融危机爆发和 2018 年中美贸易摩擦三个标志性事件为分界点，1995—2020 年 WTO 争端解决机制发展可以划分为四个阶段。

第一阶段，缺失中国的 DSB，为 1995 年 1 月 1 日至 2001 年 12 月 10 日，案件范围为 DS001—DS242，共计 242 起。

第二阶段，中国初入的 DSB，为 2001 年 12 月 11 日（中国正式加入世界贸易组织）至 2008 年 9 月 14 日，案件范围为 DS243—DS378，共计 136 起，其中涉中国案例 16 起，占 12%。

第三阶段，中国在 DSB 中逐渐有影响力，为 2008 年 9 月 15 日（雷曼兄弟破产标志着金融危机的全面爆发）至 2018 年 3 月 21 日，案件范围为

DS379—DS541，共计 163 起，其中涉中国案例 38 起，占 23%。

第四阶段，中国在 DSB 中的影响力持续扩大，为 2018 年 3 月 22 日（美国总统特朗普在白宫签署对中国输美产品加征关税的总统备忘录）至 2020 年 12 月 31 日，案件范围为 DS542—DS598，共计 57 起，其中涉中国案例 12 起，占 21%。

（二）中国的争端对象集中于美欧发达国家

中国自入世以来的三个阶段被诉案件数始终位于前三名，这在一定程度上与中国的货物贸易大国地位相匹配。国际贸易生意多了，产生纠纷的概率自然会增加。同时，也提醒中国要做好国际争端防范工作。

表 3.1 整理了中国自 2001 年入世以来所涉案件的争端对象分布情况。在中国被诉案件中，美国发起 23 起诉讼，高达中国被诉总数的一半以上，占比 51%；欧盟发起 9 起诉讼，占被诉总数的 20%；加拿大和墨西哥各发起 4 起诉讼，各占 9%。中国作为起诉方，诉讼美国 16 起，占起诉总数的 76%；诉讼欧盟 5 起，占起诉总数的 24%。

表 3.1 中国所涉案件的争端对象分布

争端对象	中国作为被诉方案件		中国作为起诉方案件	
	数量	案件号	数量	案件号
美国	23	DS309, DS340, DS358, DS362, DS363, DS373, DS387, DS394, DS413, DS414, DS419, DS427, DS431, DS440, DS450, DS489, DS501, DS508, DS511, DS517, DS519, DS542, DS558	16	DS252, DS368, DS379, DS392, DS399, DS422, DS437, DS449, DS471, DS515, DS543, DS544, DS562, DS563, DS565, DS587
欧盟	9	DS339, DS372, DS395, DS407, DS425, DS432, DS460, DS509, DS549	5	DS397, DS405, DS452, DS492, DS516
加拿大	4	DS342, DS378, DS483, DS589		
墨西哥	4	DS359, DS388, DS398, DS451		
日本	2	DS433, DS454		
危地马拉	1	DS390		
巴西	1	DS568		
澳大利亚	1	DS598		

（三）中国参与争端解决由被动渐变主动

总体看，中国被诉案件远高于主动起诉案件。入世前五年，中国涉诉案件很少，起诉和被诉案件均只有 1 起。2006 年后涉华争端案件增加，特别是在 2012 年，中国被诉案件数达到顶峰。截至 2020 年底，中国共参与了 66 起争端案件，其中有 21 起为起诉方，45 起为被诉方，被诉案件数量超过主动起诉的两倍。

进入第三阶段后，中国起诉案件明显增加。中国在第二阶段发起的起诉数排名靠后，在第三和第四阶段，中国主动发起的起诉数均位列第三位，较第二阶段有了大幅度的上升。这表明自 2008 年国际金融危机以来，尤其是特朗普政府加征关税、挑起贸易争端期间，中国以更加积极主动的姿态参与 WTO 争端解决，主动维权的意愿加强。中国应用 WTO 争端解决机制的主动性方面仍具提升空间。日本和巴西起诉案件数要明显多于被诉案件数，欧盟和印度的起诉和被诉案件数大致相当。详见图 3.3。

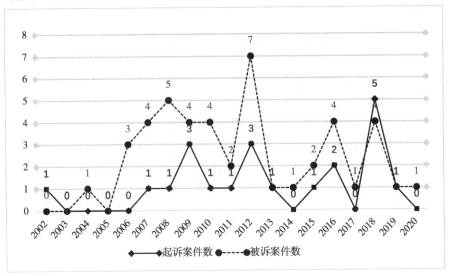

图 3.3　中国自入世以来参与争端案件情况

（四）中国应诉案件屡遭多国联合起诉

美国和欧盟是对中国发起联合起诉最多的国家和地区。在 WTO 联合起诉案件中，中国被诉案件数排第三位，对中国联合发起起诉的成员数与案件数都居于前列。截至 2020 年底，中国的被诉案件中有 21 起为多个

WTO 成员联合起诉，占被诉案件总数的 46.67%。这些案件的起诉方大多以美国、欧盟为核心，由美欧率先发案，其他成员"跟随"发案。详见表 3.2。

中国发起的联合起诉案件较少。中国主动发起的联合起诉案件远少于联合被诉案件。截至 2020 年底，中国仅发起过三起联合起诉案件，且三起案件都是针对美国。

美西方协作诉讼特征明显。美国、欧盟、加拿大和日本主动参与了多起联合起诉案件，且具有较强的协作意识。尤其是美国和欧盟表现出明显的小团体特征。

表 3.2　中国应诉多成员联合起诉情况

案件名	起诉方（按时间顺序）	案件号
中国影响汽车零部件进口措施案	欧盟、美国、加拿大	DS339, DS340, DS342
中国对关税及其他支付款项的退款或减免措施案	美国、墨西哥	DS358, DS359
中国影响金融信息服务和外国金融信息供应商的措施案	欧盟、美国、加拿大	DS372, DS373, DS378
中国的补贴、贷款及其他鼓励措施案	美国、墨西哥、危地马拉	DS387, DS388, DS390
中国对原材料出口的限制措施案	美国、欧盟、墨西哥	DS394, DS395, DS398
中国关于稀土、钨和钼的出口限制措施案	美国、欧盟、日本	DS431, DS432, DS433
中国对高性能不锈钢无缝钢管征收反倾销税的措施案	日本、欧盟	DS454, DS460
中国对某些原材料的出口关税及其他限制措施案	美国、欧盟	DS508, DS509

（五）中国起诉案件类型集中、被诉案件类型多样

起诉案件的类型集中。中国起诉案件中，主要涉及反倾销反补贴措施领域。其中，10 起案件涉及《反倾销协定》，7 起案件涉及《补贴和反补贴措施协定》。这表明中国的诉讼能力有待提升。

中国被诉案件事由多样。中国被诉案件中，有 17 起涉及《补贴和反补贴措施协定》，9 起涉及《反倾销协定》，各有 6 起涉及《农业协定》和《服务贸易总协定》，5 起涉及《与贸易有关的投资措施协定》。除此之外，还涉及了知识产权、进口许可、保障措施、原产地规则、卫生与植

物检疫措施、贸易便利化等方面。详见图3.4。

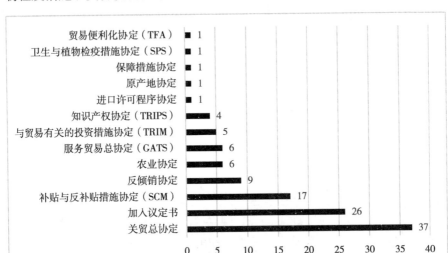

图3.4 中国被诉案件涉及协定情况

第三节 WTO争端解决机制的未来思考

一、WTO争端解决机制的特征与困惑

（一）WTO争端解决机制"门槛"高、效率低特征明显

受资金和人才等因素制约，发达成员是争端案件的主要参与方，发展中成员主动发起的诉讼要少于发达成员，低收入成员主动参与的情形则更为少见。WTO解决争端案件耗时长且成本高，导致一些案件长期悬而未决。WTO争端案件解决的效率并未随着后期纠纷数量的相对减少而提高，甚至耗时情况越发严重。

（二）WTO争端解决机制复杂性特征明显

美国阻碍上诉机构成员遴选的突变性，影响了WTO争端解决机制运行。美国、欧盟、中国长期维持在WTO争端网络核心地带，WTO争端网络存在向少数成员集中的倾向。以欧美为代表的发达国家表现出明显的小团体特征，出于某些共同利益甚至政治利益的考虑，美国、欧盟经常联合起诉他国。针对中国的案件，频见欧美联合起诉现象。

（三）WTO 争端案件内容多元化特征明显

WTO 贸易争端以货物贸易案件为主，涉及服务贸易的案件逐渐增多，呈现出从初级产品向工业制成品、高技术产品转移，从货物贸易向服务贸易转移的趋势。被诉案件涉及协议类型呈现多样性，反倾销反补贴案件纠纷占据多数，涉及服务贸易、知识产权等一些新的规则领域的案件较早年有所增多。

（四）WTO 争端解决机制面临困惑

1. 美国"双标"思想严重

美国既想要利用争端解决机制，指责别人包括指责中国做错了，但又不想被别人质疑自己错了。美国利用争端解决机制指出别人的错误，就是为了对其他国家采取制裁措施找理由。但另一方面，美国又不希望受到争端解决机制规则的约束。

2. WTO 裁定缺乏强制约束力

倘若一成员败诉但坚持不改，WTO 也无奈，因为 WTO 缺失对违约成员处罚的硬措施。从以往经验看，各成员基于诚实守信原则并积极维护国际形象，总体执行较好，但发现美国常例外，常不在乎自身形象。

3. WTO 有些规则比较含糊

例如，补贴怎么界定与计算，弹性较大。当然，要科学界定和符合客观现实去计算补贴，难度也较大。WTO 规则说明，除政府以外，还有一种类型的机构即"公共实体"也会给补贴,但 WTO 现有规则中没有准确定义"公共实体"。实践中，一些成员简单化认为，国有企业也是公共实体，这显失公平。

4. 维护多边贸易体制仍是主流

美国特朗普政府曾扬言要退出 WTO，世界为之愕然，绝大多数的成员很难想象和接受没有美国参加的多边贸易体制。在此重要关口，中国和欧洲站在一起，在各个层面加强了协调，共同引领 WTO 成员渡过了美国可能要退群的危机[①]。世界由各国构成，大国在国际规则和秩序体系中扮演着重要角色，维护多边贸易体制仍是国际经贸发展主流。

[①] 易小准：加入 WTO 二十年，中国改变了什么？载《中国外经贸改革与发展（2021）》中国商务出版社 2022 年版。

二、中国拥抱 WTO 争端解决机制的思考

（一）强化多主体联合应对争端能力

强化先期通过谈判磋商化解贸易纠纷的能力，尽可能低成本地维护中国企业合法权益。加强政府、企业、协商会和智库的协作配合，完善"四体联动"机制，提高中国在 WTO 争端解决中的诉讼能力。加强与 WTO 其他成员的合作，积极寻求共同利益点，增强联合应对贸易争端解决的对抗能力。

（二）提升国际争端风险防范水平

提高企业的国别风险识别能力，支持行业协商会搭建信息交流平台，关注国际争端发展动态，提高贸易争端预警水平。增强中国企业诚信与契约精神，促进涉外企业市场准入前就守牢国际法律和国际规则的底线。完善对外贸易投资金融等法律法规，以制度做保障，并与国际规则接轨。

（三）积极参与推进 WTO 改革

支持协商一致的决策机制，寻求绝大多数成员普遍关切问题的最大公约数，促使 WTO 去"政治化"，早日走出生存危机。在 WTO 改革进程中，应尊重发展中成员享受特殊与差别待遇的权利，坚持贸易和投资的公平竞争原则，对来自不同所有制企业的贸易和投资提供非歧视性待遇，增强多边贸易体制的包容性。秉承善意和克制原则援引安全例外条款，摒弃贸易霸凌主义和贸易保护主义。改进反倾销反补贴调查透明度和正当程序，完善贸易救济领域的相关规则。改革争端解决机制（DSB），使得国际贸易争端解决更加"高效、简洁、低成本"，可引入线上磋商、线上仲裁等便利化手段，可扩容上诉机构、提高争端解决的工作效率。探索提升 WTO 和 DSB 对成员的硬约束措施。

第四节　对反向协商一致原则的进一步思考

一、反向协商一致原则的适用范围

反向协商一致原则的适用范围。WTO 争端解决机制对这一规则的运

用主要体现在专家小组的设立、专家小组的报告、上诉机构的报告以及授权中止减让或其他义务的通过上。《世界贸易组织争端解决规则及程序的谅解》第 6 条第 1 款规定：专家小组应予以设立，除非成员以协商一致的方式决定不通过；第 16 条第 4 款规定：除非争端一方通知争端解决机构其上诉决定，或争端解决机构经协商一致决定不通过专家小组的报告，否则报告通过；第 17 条第 14 款规定：除非争端解决机构在向各成员散发上诉机构报告后在 30 天内以协商一致的方式决定不通过，否则该报告应由争端解决机构通过并由争端当事方无条件接受；第 22 条第 6 款规定：争端解决机构根据请求应在合理期限到期后 30 天内授权中止减让或其他义务，除非争端解决机构协商一致驳回该请求。

反向协商一致原则的作用和意义。在上述四个方面适用反向协商一致原则，使争端解决机构或专家组的决策更加流畅地通过，使争端解决机制对各个程序所需的时间有了确定的可能，从而使纠纷能在可预见的时间内得到处理，缩短争端解决程序的时间。更重要的意义在于，它实际上确立了对争端的强制管辖权，增强了争端解决机制的强制性，提高了国际会谈中争端解决机制的有效性，有利于争端解决程序迅速、顺利地进行，确立和保持专家小组程序在贸易争端解决方面的权威和威慑力。

二、反向协商一致原则的适应时效

反向协商一致原则仍在有效期内。反向协商一致原则属于乌拉圭回合谈判成果，于 1994 年生效，目前仍在有效期内。

反向协商一致原则是对协商一致原则的补充。1994 年乌拉圭回合谈判[①]中达成了《关于争端解决规则与程序的谅解》（Understanding On Rules and Procedures Governing the Settlement of Disputes），它是 WTO 协定的重要组成部分，在 DSU 中确立了"反向协商一致"的决策规则，是对原来 GATT 所坚持的"协商一致"的重大变革与补充完善。

[①] 1986 年 9 月，关贸总协定组织在乌拉圭的埃斯特角城举行了部长级会议，会议决定进行一场旨在全面改革多边贸易体制的新一轮谈判，故命名为"乌拉圭回合谈判"。这是迄今为止最大的一次贸易谈判，历时 7 年半，于 1994 年 4 月在摩洛哥的马拉喀什结束。谈判几乎涉及所有贸易，从牙刷到游艇，从银行到电信，从野生水稻基因到艾滋病治疗。参加方从最初的 103 个，增至谈判结束时的 125 个。

三、对反向协商一致原则的客观评价

DSB 决策规则是乌拉圭回合谈判争论最激烈的焦点之一。建立一套有效运行的 WTO 争端解决机制成了乌拉圭回合谈判中各成员贸易代表努力的方向。由于传统的 GATT "协商一致" 规则仍是一种权力趋向①的方法，它过偏重于考虑缔约成员的意志，使得 GATT 争端解决机制最后成了 "国家显示权力地位的争议，而非法律裁定之正义表示"。GATT 争端解决机制在争端处理上软弱无力，贸易代表们一致认为有必要建立一套新的决策规则。美国是 "反向协商一致" 规则的鼓吹者，但 "反向协商一致" 却因涉及主权问题，在谈判初期遭到了一些成员（以欧洲成员为代表）的反对。

"反向协商一致" 规则的通过比较艰辛。在乌拉圭回合中期协议中，对当事方是否拥有对建立专家小组的否决权仍模棱两可，并且还保留着 "协商一致" 原则对专家小组报告采纳的适用。在谈判中，也曾有贸易代表提出 "减二的协商一致" 规则，即在专家小组的设立、专家小组的报告通过等问题上争端双方不参加协商，但这种方法只是换汤不换药，争端双方很容易通过其盟国或一些政治交易阻止专家小组的设立和报告的通过。谈判的最后，由于美国的强烈要求，以及各成员对二十世纪七八十年代贸易保护战再次发生的担忧，谈判者们终于达成了妥协，将 "反向协商一致" 规则写入了《关于争端解决规则与程序的谅解》中。

反向协商一致原则的优势。"反向协商一致" 原则使 WTO 争端解决机制更具司法性和可预见性，而且在争端解决的效率和争端解决机构的威慑力方面也发挥了不小的作用。"反向协商一致" 规则的运用，克服了传统 GATT 争端解决机制的缺陷，这为成员间的争端能够得到及时、有效的解决奠定了基础。

反向协商一致原则的不足。反向协商一致原则也不是尽善尽美的，违背了公正性的要求，使表决机制形同虚设等。由于反向协商一致是一条自动通过的决策规则，它很容易滋生争端成员滥用手中的权力，导致专家小

---

① 国际和平解决争端的方法在实践中有两种：一种是权力趋向（power oriented）的方法，另一种是规则趋向（rule oriented）的方法。权力趋向的方法是指争端由争端各方通过协商解决，这种方法与各国的政治和经济实力休戚相关，协商解决的结果往往有利于实力上强大的一方；规则趋向的方法则主要取决于争端双方对规则的运用，一般是由争端双方将争端提交给公正的第三方，由它根据事先存在的规则予以裁决。

组的大量设立和有问题的报告通过。乌拉圭回合谈判经过激烈的争辩，在最后的《关于争端解决规则与程序的谅解》中规定了对反向协商一致原则的补救和完善。例如该《谅解》第 3 条第 7 款要求，争端当事方必须审查一下行为是否有效；第 17 条第 4 款规定败诉方有权就专家小组的报告向上诉机构上诉；第 22 条第 6 款规定败诉方有权通过仲裁反对胜诉方请求报复的幅度或水平和违反有关原则和程序的行为。当然，这些补救本身也是有缺憾的，如第 3 条第 7 款言语含糊缺少可操作性，第 17 条第 4 款仅仅规定了对专家小组报告的救济。

　　呼唤 WTO 上诉机构合理的制度设计。反向协商一致原则会增加败诉方的不满，从而导致执行难的问题。在传统 GATT 争端解决机制中，裁决是通过协商一致方式作出的，是经过败诉方同意的，因此败诉方一般都能够执行。而反向协商一致原则忽略了败诉方的意志，因此容易使败诉方产生不满情绪。所以，虽然已经产生了有效的裁决，但是败诉方为了表达自己的反对意见，会在执行阶段加以阻挠，从而造成执行难的问题。

关键词

世界贸易组织（WTO）　WTO 争端解决机制（DSB）
关税与贸易总协定（GATT）　"多方临时上诉仲裁安排"（MPIA）
联合声明倡议（JSI）　投资便利化协定　WTO 协商一致原则
WTO 反向协商一致原则　伊维拉　非违反之诉　情景之诉
反倾销协定　补贴与反补贴措施协定　农业协定
技术性贸易壁垒协定　与贸易有关的知识产权协定
与贸易有关的投资措施协定　服务贸易总协定　自由贸易区（FTA）
自由贸易试验区（FTZ）　区域贸易协定（RTA）　优惠贸易安排（PTA）
WTO 争端解决机制"三步骤"　关于争端解决规则与程序的谅解

附　录

A3.1 追踪"非违反之诉"和"情景之诉"

非违反之诉（Non-violation complaint）是 WTO 争端解决机制中比较有特色的一项规则。非违反之诉是指：如果一成员方实施了某项措施，并致使另一成员方依照 WTO 协定而合理预期的利益受到抵消或损害，即使该项措施并没有违反 WTO 协定，利益受到抵消或损害的成员方仍然有权依照 WTO 争端解决程序提起申诉，如果裁定非违反之诉成立，被诉方虽然没有义务撤销被诉的措施，但有义务与申诉方达成满意的调整或进行补偿。

非违反之诉在实践中不断完善。非违反之诉在 GATT 签订时就规定在 GATT1947 第 23 条 1（b）中，在 GATT 近 50 年的争端解决实践中，专家小组通过具体案件裁决对非违反之诉做出了一定程度的阐明，乌拉圭回合谈判又进一步将其适用领域扩展到"服务贸易总协定"（GATS）和"与贸易有关的知识产权协定"（TRIPS）以及其他多边贸易协定。

下文是关于"非违反之诉"的英文释义。

This is called a non-violation complaint. It is allowed if one government can show that it has been deprived of an expected benefit because of another government's action, or because of any other situation that exists. The aim is to help preserve the balance of benefits struck during multilateral negotiations.

中文拟翻译成：这被称为非违反之诉。如果一成员政府能够证明，由于另一成员政府的行动，或由于存在的任何其他情况，它被剥夺了预期的利益，则允许提出诉讼。其目的是帮助维护多边谈判期间达成的利益平衡。

情景之诉可以涵盖缔约一方任何影响和损害缔约另一方履行 WTO 协定所获直接或间接利益的情形。情景之诉是最大限度考虑到维护成员的利益，但在实践中鲜现案例。

下文是关于"情景之诉"的英文释义。

The third type of complaint is the so-called "situation complaint" pursuant to Article XXIII: 1 (c) of GATT 1994. Literally understood, it could cover any situation whatsoever, as long as it results in "nullification or impairment".

中文拟翻译成:第三种类型的投诉是所谓的"情景之诉"。根据 1994 年《关贸总协定》第二十三条第 1 款 (c) 项,第三类申诉是所谓的"情况诉讼"。从字面上理解,它可以涵盖任何情况,只要它导致"无效或损害"。

下文是关于 GATT 1947 第 23 条内容的英文释义。

Article XXIII: Nullification or Impairment

1. If any contracting party should consider that any benefit accruing to it directly or indirectly under this Agreement is being nullified or impaired or that the attainment of any objective of the Agreement is being impeded as the result of

(a) the failure of another contracting party to carry out its obligations under this Agreement, or

(b) the application by another contracting party of any measure, whether or not it conflicts with the provisions of this Agreement, or

(c) the existence of any other situation,

The contracting party may, with a view to the satisfactory adjustment of the matter, make written representations or proposals to the other contracting party or parties which it considers to be concerned. Any contracting party thus approached shall give sympathetic consideration to the representations or proposals made to it.

中文拟翻译成:第二十三条 无效或损害

1. 如果任何缔约方认为,根据本协定直接或间接获得的任何利益正在被取消或损害,或由于以下原因,本协定的任何目标的实现受到阻碍:

a) 另一缔约方未能履行其在本协定项下的义务,或

b) 另一缔约方适用任何措施,无论是否与本协定的规定相抵触,或

c) 存在任何其他情况,

为使此事作出令人满意的调整,缔约一方可向其认为有关的另一方或多方提出书面陈述或建议。以这种方式接触的任何缔约方均应对向其提出的陈述或建议给予同情的考虑。

A3.2 比较分析重要贸易协定

表 3.3　重要贸易协定比较分析

协定名称（中英文）	生效时间	主要核心内容	其他重要说明
关税与贸易总协定（General Agreement on Tariffs and Trade, GATT）	1948 年 1 月 1 日开始临时适用	适用最惠国待遇；关税减让；取消进口数量限制	由于未能达到规定的生效条件，GATT 从未正式生效，而是一直通过《临时适用议定书》的形式产生临时适用的效力
关税与贸易总协定 1994（General Agreement on Tariffs and Trade 1994, GATT 1994）	1994 年 4 月 15 日	为货物贸易贸易自由化的规则；达成互惠互利的协议；大幅度地削减关税，取消贸易壁垒，消除国际贸易上的歧视待遇	
反倾销协定（Anti-dumping Agreement）	1995 年 1 月 1 日	如何认定倾销；如何认定倾销所造成的损害；反倾销的程序	
补贴与反补贴措施协定（Agreement on Subsidies and Countervailing Measures, SCM Agreement）	1979 年 4 月 12 日	主要涉及补贴的定义、禁止性补贴、可诉性补贴、不可诉性补贴，反补贴措施等方面的内容	该协定的内容还涉及 GATT 1994 第 6 条和第 16 条的规定
农业协定（The Agreement of Agriculture）	1995 年 1 月 1 日	农产品市场准入；农业国内支持；出口补贴以及卫生检疫问题	
技术性贸易壁垒协定（Agreement on Technical Barriers to Trade, TBT）	1995 年 1 月 1 日	规范各成员实施技术性贸易法规与措施的行为；指导成员制定、采用和实施合理的技术贸易措施；鼓励采用国际标准和合格评定程序等	

续表

协定名称（中英文）	生效时间	主要核心内容	其他重要说明
实施卫生与植物检疫措施协定（Agreement on the Application of Sanitary and Phytosanitary Measures, SPS）	1995 年 1 月 1 日	适用范围包括食品安全、动物卫生和植物卫生三个领域，采取"必需的检疫措施"界定，有害生物风险性分析、对发展中成员的特殊或差别待遇等	
保障措施协议（Agreement on Safeguards）	1995 年 1 月 1 日	包括采取非歧视原则、发展中成员最低限度条款、临时保障措施、补偿措施、禁止使用灰色区域措施等	
进口许可程序协定（Agreement on Import Licensing Procedures）	1995 年 1 月 1 日	包括进口许可制度的一般规则、自动进口许可规则和非自动进口许可制度的特殊规则	
与贸易有关的知识产权协定（Agreement on Trade-Related Aspects of Intellectual Property Rights, TRIPS）	1995 年 1 月 1 日	适用于知识产权领域的国民待遇原则和最惠国待遇原则；明确知识产权保护的实际标准、知识产权保护制度等	基本上是仿照美国"特别 301 条款"而制定的，是美国"特别 301 条款"的国际化和系统化
与贸易有关的投资措施协定（Agreement on Trade-Related Investment Measures, TRIMs）	1995 年 1 月 1 日	适用于国民待遇原则、取消数量限制原则、发展中成员获得特殊差别待遇等	该协定只适用于货物贸易，不适用于知识产权和服务贸易
服务贸易总协定（General Agreement on Trade in Services, GATS）	1995 年 1 月 1 日	适用于最惠国待遇、国民待遇、市场准入、透明度及支付的款项和转拨的资金的自由流动	

A3.3 FTA/FTZ/RTA 区别与联系

FTA（Free Trade Agreement）自由贸易协定，是指两个或两个以上的国家（包括单独关税区）为实现相互之间的贸易自由化所作的贸易安排。

FTZ（Free Trade Zone）自由贸易区，是指在主权国家或地区的关境以外，划出特定的区域，准许外国商品豁免关税自由进出，是采取自由港政策的关税隔离区。根据 1973 年《京都公约》的解释："自由区（FREE ZONE）系指缔约方境内的一部分，进入这一部分的任何货物，就进口税费而言，通常视为在关境之外，并免于实施通常的海关监管措施。"如：中国的上海和天津自贸区等。

RTA（Regional Trade Arrangements）区域贸易协定，是指两个及两个以上国家或不同关税地区之间签署的旨在消除贸易壁垒、规范贸易合作关系的国际条约。FTA 属于 RTA 的一种形式。RTA 除了 FTA 之外，还包括优惠贸易安排（Preferential Trade Arrangement，PTA）、关税同盟（Customs Union，CU）、共同市场（Common Market）、经济同盟（Economic Union）等。

A3.4 WTO 争端解决案例监测

（一）WTO 争端解决活动涉事方情况

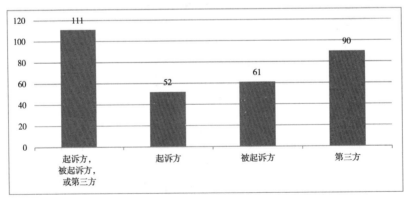

图 3.5 WTO 成员参与争端解决的情况（1995–2021）

注：WTO 官网中图 3.5 的数据和文字叙述有些出入，综合考虑决定采用文字叙述中的数据并重新做了图。

自 1995 年 1 月 1 日世贸组织生效至 2021 年 12 月 31 日，世贸组织成员共发起了 607 份磋商请求。在此期间，52 个世贸组织成员至少发起了一次争端，61 个成员是至少一个争端的被告。此外，共有 90 个成员作为第三方参加了两个或两个以上其他世贸组织成员之间的诉讼。总体而言，共有 111 名成员作为一方或第三方积极参与争端解决。这表明争端解决机制涉及的成员多，约占 160 个总成员数的 70%。

（二）WTO 发起磋商请求情况

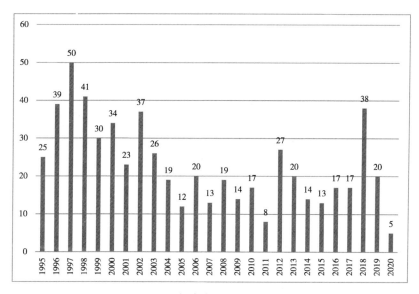

图 3.6　磋商请求（1995–2021）

由图 3.6 可以看出：1997 年磋商请求数量最多，达到了 50 起，占案件总数的 8.24%；2011 年和 2020 年提出的磋商请求数量较少，分别为 8 起和 5 起，占案件总数的 1.32% 和 0.82%。近年来的磋商请求数量较早年间有回落趋势，或是 WTO 争端解决机制弱化甚至停摆的缘故。

（三）WTO 争端涉及的协定规则

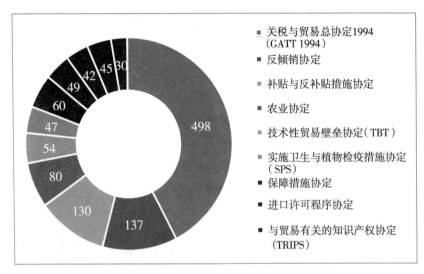

图 3.7　WTO 争端中涉及的协定（1995–2021）

注：WTO 官网中图 3.7 的数据和文字叙述有些出入，综合考虑决定采用文字叙述中的数据并重新做了图。

世贸组织的争端解决制度是"一体化的"，因此在同一争端中可能会涉及若干协定。因此，图 3.7 中协定的总数超过了发起的不同争议的总数。在涉及货物贸易的案件中，GATT 1994 经常与更具体的协议一起被引用，这解释了为什么它在 1995 年至 2021 年间引发的 607 起争端中有 498 起提到 GATT 1994（which explains why it appears in 498 of the 607 disputes initiated between 1995 and 2021）。

从图 3.7 来看，关贸总协定（GATT 1994）是诉诸最多次的协定，此外依据《反倾销协定》和《补贴措施协定》提出的申诉数量也超过了 100，分别占案件总数的 22.57% 和 21.42%，排在其后的为依据《农业协定》提出的申诉数量，占案件总数的 13.18%。从数据来看，依据《服务贸易总协定》（GATS）提出的申诉数量较少，仅占案件总数的 4.94%。

（四）WTO 争端解决"三步骤"

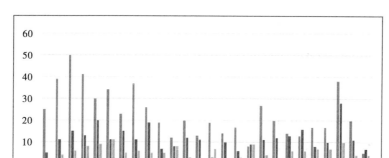

图 3.8 原诉讼中提起的争议、成立的原始专家组和上诉通知的数量

注：时间跨度为 1995 年 1 月 1 日至 2021 年 12 月 31 日；Requests for consultations（磋商请求）、Panels established by DSB（争端解决机构设立的专家小组）、Appeals notified（上诉通知）

图 3.8 显示了从 1995 年到 2021 年每年向 WTO 提交并诉诸专家组和上诉机构的争议数量。

截至 2021 年 12 月 31 日，已有 365 起争议（即占所有争议的 60%）成立了专家小组，其中 277 起争议中提交了专家组报告（并非所有设立专家组的案件都会产生专家组报告，因为即使专家组成立，当事方也可能解决其争端）。随后对 277 起中的 189 起提出了上诉，也就是说，在原诉讼程序提交了专家组报告的案件中，有 68% 的案件都提出了上诉。换句话讲，第一步的案件中有 60% 的案件进入了第二步，第二步继续有效的案件中有 68% 的案件进入第三步。

自 2019 年 12 月以来，上诉机构无法组成 3 名上诉机构成员来审理进一步的上诉，因为上诉机构的成员任期届满尚未有替换。截至 2021 年 12 月，上诉机构正在审理的 21 个诉讼在任命新成员之前无法进一步推进。

（五）WTO 历年仲裁执行期限情况

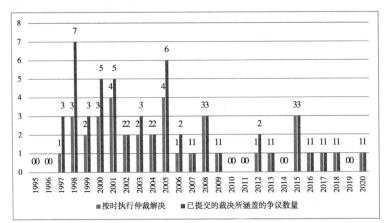

图 3.9　关于执行期限的仲裁数量（《争端解决谅解》第 21.3（c）条）

图 3.9 显示了从 1995 年 1 月 1 日至 2021 年 12 月 31 日每年为确定执行期限（根据《争端解决谅解》[1]第 21 条第 3 款（c）项[2]）而进行仲裁的争议数量。

如果由程序导致的确定受到质疑的措施不符合世贸组织协定，争端解决机构建议有关成员使措施符合其义务。在该阶段，有关成员可要求缓一段合理时间来执行这些建议。当事人可以约定应给予成员多长时间来消除分歧，如果当事人未达成协议，可以进行仲裁以确定什么是合理的实施期限。截至 2021 年 12 月 31 日，仲裁员已确定了 53 起争议的执行期限。

---

[1]《关于争端解决规则与程序的谅解》简称《争端解决谅解》。

[2]《争端解决谅解》第 21.3（c）项：在通过建议和裁决之日起 90 天内通过有约束力的仲裁确定的期限。在该仲裁中，如果当事人在将问题提交仲裁后十天内不能与仲裁员达成一致意见，总干事应在与各方协商后十天内指定仲裁员。仲裁的指导方针应为执行专家组或上诉机构建议的合理期限不超过自专家组或上诉机构报告通过之日起 15 个月。但是，此时间可视具体情况缩短或延长。

（六）WTO 合规程序诉求情况

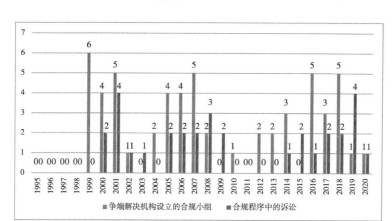

图 3.10　合规程序（专家组和上诉机构程序）数目

资料来源：《争端解决谅解》第 21.5 条。

图 3.10 显示了从 1995 年 1 月 1 日至 2020 年 12 月 31 日每年提起履约程序（根据《争端解决谅解》第 21.5 条[①]）的争端数量。

截至 2020 年 12 月 31 日，已就 51 起争议成立了合规小组，占导致专家组报告传播的争议总数的 19%。在其中 33 起争议中，即在几乎 65% 的已设立遵约小组的案件中，遵约小组的报告得到上诉。

[①]《争端解决谅解》第 21.5 条：如在是否存在为遵守建议和裁决所采取的措施或此类措施是否与适用协定相一致的问题上存在分歧，则此争端也应通过援用这些争端解决程序加以决定，包括只要可能即求助于原专家组。专家组应在此事项提交其后 90 天内散发其报告。如专家组认为在此时限内不能提交其报告，则应书面通知 DSB 迟延的原因和提交报告的估计期限。

（七）WTO 中止义务程度的仲裁情况

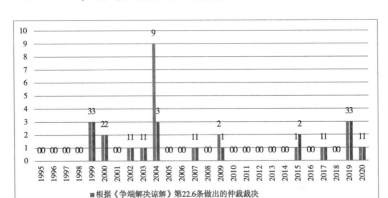

图 3.11　中止义务程度的仲裁裁决数目

资料来源：《争端解决谅解》第 22.6 条。

图 3.11 显示了从 1995 年 1 月 1 日至 2020 年 12 月 31 日（根据《争端解决谅解》第 22.6 条[①]）作出报复程度仲裁裁决的争议数量。如果在合理的执行期限结束时仍未遵守，并且双方未就赔偿达成一致，则可授权投诉方暂时中止其根据协议对有关成员的部分义务（报复）。如果当事人对可授权的报复程度存在分歧，可以进行仲裁以确定允许的中止义务的程度。在大多数情况下，无须达到诉讼的这一阶段即可实现。截至 2020 年 12 月 31 日，已在 37 起争议中启动了确定允许的报复程度的仲裁，其中 19 起至少产生了一项仲裁裁决。

---

①《争端解决谅解》第 22.6 条：如发生第 2 款所述情况，则应请求，DSB 应在合理期限结束后 30 天内，给予中止减让或其他义务的授权，除非 DSB 经协商一致决定拒绝该请求。但是，如有关成员反对提议的中止程度，或声称在一起诉方提出请求根据第 3 款（b）项或（c）项授权中止减让或其他义务时，第 3 款所列原则和程序未得到遵守，则该事项应提交仲裁。如原专家组成员仍可请到，则此类仲裁应由原专家组作出，或由经总干事任命的仲裁人作出，仲裁应在合理期限结束之日起 60 天内完成。减让或其他义务不得在仲裁过程中予以中止。

（八）WTO 历年平均每月的诉讼程序数量

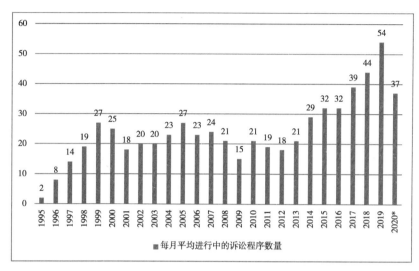

图 3.12 1995—2020 年每月平均进行中的诉讼程序数量

注：2020* 表示上诉程序被排除在 2020 年的计算之外。

图 3.12 显示了从 1995 年到 2019 年平均每个月设立的专家小组、上诉和进行仲裁程序的数量。2020 年，该数字仅包括专家小组和仲裁程序，上诉机构由于离任的上诉机构成员尚未被替换而无法审理上诉案件，诉讼数量整体呈现上升趋势。

第四章

美国推出『印太经济框架』和『美洲经济繁荣伙伴关系』意欲何为？

1890 年以来，包括"二战"以来，美国一直是全球第一大经济体和头号资本强国。美国在全球政治经济系统中常扮演混沌系统中"奇异吸引子"角色，这是美国利益的本能，也是导致世界政治经济稳态受到影响的主要诱因之一。美国推出"印太经济框架"和"美洲经济繁荣伙伴关系"也掀起了不小的风浪，与其说美国的这两项举措是为了印太地区和美洲地区的繁荣，毋宁说是为了"美国优先"和维护美国自身的霸权利益。

第一节　美国推出 IPEF 和 APEP

美国启动"印太经济框架"。美国声称要建立"一个适应 21 世纪要求的多边伙伴关系"，2021 年 10 月，美国总统拜登以视频方式出席第九次东盟—美国峰会时，提出了"印太经济框架"（Indo-Pacific Economic Framework，IPEF）的概念，是美国重返亚太地区的组成部分。2022 年 5 月，拜登在日本访问期间高调宣布启动"印太经济框架"，美国、韩国、日本、印度、澳大利亚、新西兰、印度尼西亚、泰国、马来西亚、菲律宾、新加坡、越南、文莱 13 个国家成为初始成员。日本首相岸田文雄和印度总理莫迪在东京出席启动仪式，其他初始成员国领导人或部长级官员通过视频方式远程参会。历届东盟—美国峰会，详见附录 A4.1。

细说 IPEF 的 13 个成员国。美日印澳四方是 IPEF 基石，也是支点国家。新西兰是"五眼联盟"（澳大利亚也是）。韩国是美国在东亚的重要盟友。东盟 10 国，除缅甸、老挝、柬埔寨不参加外，其他 7 国均参加了。美国试图邀请中国台湾，但东盟共同拒绝接纳之。自古以来，邻国缅甸和中国人民就以"胞波"（兄弟）相称，两国于 1950 年 6 月建交。长期以来，邻国老挝坚持对华友好，将中国视为老大哥，1961 年 4 月与中国建交。柬埔寨对中国非常友好，西哈努克亲王是中国的朋友，此后历届柬埔寨首相对中国都非常友好，中柬两国 1958 年 7 月建交。有人在网络文章中写道，"柬埔寨人说：中国朋友请记住，你们除了巴铁，还有柬铁"，虽然不代表官方声音，但在一定程度上反映了民意。

美国启动"美洲经济繁荣伙伴关系"。2022 年 6 月，美国总统拜登在第九届美洲国家首脑峰会（Summits of the Americas，亦简称美洲峰会）发表演讲时，宣布了"美洲经济繁荣伙伴关系"（Americas Partnership for Economic Prosperity，APEP）的计划，承诺美国将增加在美洲经济参与、促进新冠疫情后地区经济"公平复苏"。拜登表示，该计划将促进经济发展并给美洲各国带来收入和就业机会。

再说美洲国家首脑峰会。美洲国家首脑峰会源于时任美国总统老布什的倡议。1990 年 6 月，美国总统布什提出了建立一个从美国阿拉斯加①（美国海外最大的飞地）到阿根廷火地岛（最南点是闻名世界的合恩角）、覆盖整个美洲的自由贸易区。克林顿担任总统后，继承了"美洲倡议"计划并加以具体化，于 1994 年 12 月在美国迈阿密举行第一届美洲国家首脑会议，来自美洲大陆和加勒比地区 34 个国家的领导人一致同意建立美洲自由贸易区（Free Trade Area of Americas，FTAA）。FTAA 涉 8 亿人口，几乎覆盖西半球所有国家，但由于拉美一些国家与美国在建立自由贸易区问题上分歧较大，故谈判进展缓慢。

美国拜登总统上任后，先后推出了 IPEF 和 APEP，其用意何在？这两个框架协议的出台，对美国、区域乃至全球有哪些影响？中国应该如何面对？

第二节　美国推出 IPEF 和 APEP 对中国的影响

一、美国推出 IPEF，意在巩固其在亚太地区利益

IPEF 是拜登 2022 年 5 月亚洲之行的核心议程。"印太经济框架"作为服务美国重返亚太的工具，目的是通过拉拢部分国家巩固美国在本地区的经济军事利益，提升美国在本地区的政治影响力，以便于美国在全球产

---

① 1853 年克里米亚战争爆发后，沙俄害怕阿拉斯加殖民地被英国夺走，提议将阿拉斯加卖给美国。1867 年 3 月，美国以 700 万美元外加 20 万美元手续费的价格从沙俄手中买下了近 170 万平方千米的阿拉斯加，平均每英亩土地仅值两美分。

业链、供应链、价值链中掌握主动权。同时，尽管美国官方不承认，但实际上美方也试图达到"围堵中国"、阻止中国崛起之企图。

二、美国智库战略与国际研究中心评析 IPEF

美国著名智库机构、战略与国际研究中心（CSIS）智库全面评析了 IPEF。2022 年 4 月 11 日，CSIS 发布了高级副总裁 Matthew P. Goodman 领衔的研究报告，题为《"印太经济框架"的区域愿景》。作者声称，该报告的完成，得到了东亚、东南亚、南亚和太平洋岛国等若干国家驻美大使官员，印太地区伙伴国首都的政府代表，美国在印太地区伙伴国的外交官，美国国家安全部、商务部、贸易代表办公室的多名在任或已退休的政府官员或相关专家，以及日本贸易振兴会（JETRO）的支持。顺便提一句，美国学者广泛调研的治学精神，也值得中国智库学者学习。该报告解剖了 IPEF "四大支柱"内容，分析了调研对话中频繁出现的热点话题，并提出了解决问题的具体建议。有关国际智库机构情况，详见附录 A4.2。

印太地区国家普遍期望 IPEF 更多包容性。报告认为，自 2021 年 10 月拜登在第 16 届东亚峰会上提出 IPEF 构想后，美国将其作为对印太地区的经济战略核心，计划 18 个月内与潜在合作国就各个支柱的谈判达成协议。美国在印太地区合作伙伴对 IPEF 总体持支持态度，但一些国家特别是全面与进步跨太平洋伙伴关系协定（CPTPP）成员国，认为 IPEF 是美国直接加入 CPTPP[①] 的次优选择。印太地区国家普遍期望，IPEF 更具包容性。一是期望 IPEF 允许所有印太地区国家参加，而不仅是如日本、韩国、澳大利亚、新西兰和新加坡等美国的亲密合作伙伴。二是一些东亚、东南亚国家对印度加入 IPEF 稍显抵触但也感到无奈。印度经历了长达八年的谈判，最终还是退出区域全面经济伙伴关系协定（RCEP），遭人唾弃。印度被认为不是理想合作国，但若将其排除在外，将引发外界对该框架概念上的质疑。印度自身似乎更倾向于与美国建立双边经济论坛，或小范围的"四方机制"。三是 IPEF 排斥了部分国家。因政治和人权问题，美国不会邀请老挝、柬

---

① CPTPP 是亚太国家组成的自由贸易区，是美国退出跨太平洋伙伴关系协定（TPP）后该协定的新名字。在 2022 年 10 月 27 日商务部例行新闻发布会上，新闻发言人介绍，2021 年 9 月 16 日，中国正式提出申请加入《全面与进步跨太平洋伙伴关系协定》（CPTPP）。目前，中国正按照 CPTPP 加入程序，与各成员进行接触、沟通和磋商。

埔寨等东盟国家。美国也没有计划邀请美洲靠太平洋国家进入 IPEF，例如加拿大、墨西哥、秘鲁和智利，尽管它们都是 CPTPP 和亚太经贸合作组织（APEC）成员。美国贸易代表戴琪曾公开宣称"IPEF 是独立于中国之外的"，一些国家对美国试图邀请中国台湾加入表示了担忧。

印太地区多数国家抱怨 IPEF 框架的形式和功能目前尚不明确。印太地区多数国家代表认为，IPEF 不像严密的经济政策整合倡议，更像是旨在对抗中国的政治性努力。美国政府已明确表示 IPEF 不会是类似于 CPTPP 的多边贸易协定，但其确切形式和具体措施目前仍不确定，IPEF 提出后预计还需等待 18 个月的多方谈判决定。一些国家代表认为，多达十几个地区政府间的复杂谈判将会造成较高谈判成本和协调成本，并且抱怨它们的意见在谈判中并没有得到美国政府的重视，谈判缺乏明确的双向沟通。

印太地区不少国家认为美国推出的 IPEF 要求过多而伙伴国能获得的回报不足。在公平和弹性贸易支柱中，许多国家认为美国针对劳工和数字问题所提出的要求超出或违背当地的现有政策，或会迫使地区政府做出艰难政治决定。区域内大多数国家为美国不提供降低关税的市场开放感到沮丧。数字经济是 IPEF 重要组成内容，地区内发达经济体认为是调整数据规则的机会，但对南亚、东南亚地区欠发达国家来说，禁止数据本地化、免费跨境数据流动等要求是一项两难的选择。在供应链弹性支柱中，地区国家普遍认为，随着美国减少在供应链中对中国的依赖，供应链弹性对增加本国制造能力和就业机会有帮助，但一些国家又担心美国要求其对中国收紧出口管制和技术转让政策，或放弃维持对供应链的主权控制。基础设施、清洁能源和脱碳是较受欢迎的支柱之一，许多国家认为该支柱能为它们带来切实利益，希望得到美国财政援助、技术援助和经验分享，力争在 2050 年实现零排放。在税收和反腐支柱中，大多数国家对经济合作与发展组织（OECD）所提出的全球最低企业税协议（GMCT）表示支持，但不赞成 IPEF 对公司税收问题提出的额外要求，有地区代表建议若该议程涵盖双边税收条约，从而减轻对收入的双重征税是受欢迎的。反腐问题在一些国家很不受欢迎，有受访者认为，美国的反腐要求已超出了联合国反腐败公约（UNCAC）等国际标准。此外，有东南亚国家代表指出，相比于《区域全面经济伙伴关系协定》（RCEP）等区域贸易协定和中国提出的"一带一路"倡议提供的多样化选择，IPEF 缺乏吸引力。值得一提的是，由于特朗普政府曾出于国内政治目的突然退出跨太平洋伙伴关系协定（TPP），因此导致区域内许多国家对美国作为行政令的 IPEF 持续性感到担忧。

CSIS 智库研究人员提出了五条建议。第一，美国应该在每个支柱中根据合作伙伴需求有针对性地加大激励措施。第二，美国不应坚持要求各国签署预先确定的议程作为加入 IPEF 条件，而应以包容性为目标，允许所有合作国都有参与制定议程的机会。第三，该地区国家对由美国、日本、新加坡等主要合作国带领的数字经济谈判存在广泛兴趣，可将数字经济问题作为一个独立支柱进行考虑。第四，拜登政府可以在国会寻求两党决议以支持 IPEF，从而消除合作伙伴对该框架持续性的顾虑。第五，美国应委任一名高级官员作为协调员，并澄清每个机构在 IPEF 中的工作，以明确该框架的功能和形式。

三、中国与东盟的商务投资合作基础牢靠

中国 – 东盟峰会已经连续召开了 19 次。2003 年 10 月，中国国务院总理温家宝在第七次中国与东盟（10+1）领导人会议上倡议，从 2004 年起每年在中国南宁举办中国—东盟博览会暨中国—东盟商务与投资峰会，得到了东盟 10 国领导人的普遍欢迎。截至 2022 年，已经如期召开了 19 次。2022 年 9 月，第 19 届中国—东盟商务与投资峰会与中国—东盟博览会同期在南宁举办。

中国与东盟经贸合作越来越紧密。2022 年是中国—东盟全面战略伙伴关系起步之年，也是 RCEP 正式生效的第一年。中国与东盟国家一道，务实开展经贸合作和全面实施 RCEP，双边贸易保持良好发展势头。2022 年 1 月至 9 月，中国对东盟进出口 4.7 万亿元人民币，同比增长 15.5%，占中国外贸总额的比重提升至 15.2%。中国连续 13 年保持东盟最大贸易伙伴，东盟作为中国最大贸易伙伴的地位进一步巩固。中国与东盟贸易投资往来日益紧密，产业链和供应链合作日益深化，为区域经济和全球经济发展贡献了重要力量。

中美与东盟经贸合作对比。中国是东盟第一大贸易伙伴，2021 年中国—东盟贸易额达 8782 亿美元。美国是东盟第二大贸易伙伴，2021 年双方贸易额为 3790 亿美元。

四、美国推出 APEP，意在巩固自身在本地区和西半球的战略利益

美国实施"近岸外包""近岸投资"等产业政策。近年来，美国推行制造业供应链"近岸外包""友岸外包"，在 2022 年 6 月第九届美洲峰会（Summits of the Americas）上又启动所谓的西半球经济伙伴关系框架，即"美洲经济繁荣伙伴关系"（Americas Partnership for Economic Prosperity，APEP）倡议，以重新布局和巩固西半球经济交流合作，减少对中国制造业的依赖。2022 年经济学人智库（EIU）认为，美国近岸投资似乎发挥作用，尤其是在墨西哥。美国政策制定者逆全球化、远离自由市场的产业政策组合，意在巩固以美国为主的产业链和供应链，增加了中拉合作不稳定因素。

五、中拉经贸合作面临挑战与机遇

（一）拉丁美洲经济概况

拉丁美洲地域辽阔。拉丁美洲是指美国以南的美洲地区，包括墨西哥、中美洲、西印度群岛和南美洲。拉丁美洲习惯被称为拉丁美洲和加勒比地区，简称为拉美地区，共有 33 个国家及若干未独立地区。根据联合国统计署及世界银行数据，拉美地区国土面积为 2013.94 万平方千米，占全球总面积的 15.48%；2021 年人口约 6.58 亿人，占全球人口总数的 8.40%；2021 年 GDP 为 5.49 万亿美元，占全球份额的 5.71%。

拉丁美洲经济发展不平衡。根据世界银行 2021 年高收入国家的门槛标准，拉美地区除智利、乌拉圭等 7 个国家属于高收入经济体外，大部分国家长期停留在中等收入阶段。南方共同市场、太平洋联盟、中美洲共同市场、安第斯国家共同体和加勒比共同体等区域组织，在一定程度上推动了拉美经济一体化进程。

（二）中国与拉美地区的既有经贸合作

自 1994 年中国国务院作出《关于进一步深化对外贸易体制改革的决定》以来，中国加强在拉美地区的经济合作。到目前为止，中国已同拉美 10 国（秘鲁、巴西、墨西哥、阿根廷、智利、委内瑞拉、厄瓜多尔、乌拉圭、玻利维亚、哥斯达黎加）建立战略伙伴关系。拉美地区已有 21 国（阿根廷、巴西、智利、圭亚那、玻利维亚、乌拉圭、苏里南、秘鲁、哥斯达

黎加、巴拿马、古巴、墨西哥、委内瑞拉、厄瓜多尔、格林纳达、萨尔瓦多、多米尼加、特立尼达和多巴哥、安提瓜和巴布达、巴巴多斯、牙买加）加入"一带一路"倡议。新冠疫情期间，"健康丝绸之路"促进中拉地区同舟共济。在贸易合作方面，中国已经成为拉美地区第二大贸易伙伴。2018年以来，中拉贸易额连续四年突破3000亿美元，2021年达到4516亿美元，2022年中拉贸易额逼近5000亿美元大关，连续6年保持高速增长。在投资合作方面，拉美地区对中国企业具有巨大的投资吸引力。自2011年起，中国对拉美地区投资规模呈逐年递增态势，2020年中国对拉美地区直接投资总量为6298.1亿美元，较2011年增长近十倍。2021年拉美地区已经成为中国企业对外投资的第二大目的地。在对外工程承包方面，拉美市场赢得了中国对外承包工程企业的关注，2020年拉美地区是中国海外工程承包的第四大市场。2011—2020年，中国在拉美地区对外承包工程累计完成营业额1225.68亿美元和累计新签合同额1722.03亿美元。在金融合作方面，中国与拉美地区也较为紧密。2019年4月成立的中国—拉美开发性金融合作机制为中拉经贸合作注入了金融动力。阿根廷、巴西等国与中国签订了货币互换协议，增加去美元中介程度，助力人民币国际化。

（三）中拉经贸合作面临挑战

中拉经贸合作除了来自美方的挑战外，还受到以下因素的困扰。

拉美地区经济面临三重压力，乌克兰危机加剧经济困境。债务压力、粮食危机和减贫挑战，拖累拉美经济。美联储自2022年3月连续加息以来，对外债处于较高水平的拉美地区形成挑战，阿根廷等外债余额较高的国家面临债务风险。据世界银行统计，2021年拉美公共债务占GDP的比例为71.6%，是20世纪90年代初（约80%）以来的峰值。2022年上半年，巴西、智利、哥伦比亚、墨西哥、巴拉圭和乌拉圭的食品通胀率同比达到两位数，地区粮食安全堪忧。拉丁美州和加勒比经济委员会（拉加经委会）报告，2022年年底，拉美贫困人口2.01亿人，贫困率为32.1%；赤贫人口8200万人，赤贫率为13.1%。拉美地区长期从俄罗斯和乌克兰进口大量化肥、铁和钢，巴西80%以上的化肥从国外进口，其中大部分来自俄罗斯，乌克兰危机加剧拉美地区严峻的贸易形势。

拉美地区金融易受外部环境影响，通胀压力居高不下。中拉经贸合作中，美元是主要计价货币。拉美国家严重依赖美元，美元汇率波动大，威胁中国在拉美地区贷款和投资安全。拉加经委会《2022年拉丁美洲和加勒比统计年鉴》显示,2022年该地区整体通货膨胀率升至15.4%,比上年高出三个百分点,食品价格上涨是通胀主要来源。

拉美国家对华贸易救济案件频发,且面临政治不稳定。大多数拉美国家市场开放水平较低,区域内联系薄弱,更倾向于对内贸易保护。随着中拉贸易增多,中拉贸易摩擦加剧。中国贸易救济信息网数据显示,从2011年1月到2022年7月,拉美国家对中国提起的反倾销和反补贴案件数量200余起,主要集中在巴西、墨西哥和阿根廷。拉美地区一些国家政局不稳,可能会由于国内通货膨胀、抗议和罢工等事件,诱发政治动乱。

(四)中拉经贸合作也逢机遇

拉美国家的贸易开放提升空间大。根据世界银行数据,2015—2020年拉美地区贸易额占其GDP的比重平均为46%,低于全球平均水平的55%,表明拉美地区贸易具有发展潜力。拉美国家除了港口、公路、铁路、电信等传统基础设施不足外,包括5G基站建设、特高压、城际高速铁路和城市轨道交通、新能源汽车充电桩、大数据中心、人工智能、工业互联网等在内的新型基础设施建设更是不足,为未来中拉经贸合作提供了机遇。

数字贸易和绿色合作提升空间大。"一带一路"倡议连接了中拉双方的基础设施建设,跨境电子商务服务平台和以"互联网+"为代表的创新产业成为中拉合作增长点。拉美地区在数字经济、绿色经济、低碳经济等领域,为未来中拉经贸合作提供了机遇。

中拉经贸深度融合提升空间大。拉美地区大多数国家的全球产业链、供应链、价值链参与度仍然偏低。拉美地区内部次区域组织之间加速融合,有利于增加拉美国家参与包括中国在内的全球经济融合,为未来中拉经贸合作提供了机遇。

第三节 中国应对IPEF和APEP的思考

一、应对美国IPEF的思考

(一)美国推出IPEF战略企图明显,但中国不应随之起舞

美国推出IPEF战略企图明显。冷战以来,美国一直视印太地区为战

略竞争要地。拜登延续了奥巴马"亚太再平衡"、特朗普"印太战略"主要做法，致力于发挥其拥有全球性盟友伙伴优势，建立跨印度洋—太平洋—大西洋区域网络。从拜登先后出台《美国创新和竞争法案》、将逾千家中国科技类实体列入"实体清单"或"非特别指定中国军工综合公司名单"、将逾百家"中概股"企业列入"预摘牌名单"、召开所谓的"民主峰会"，到出台包括美日印澳"四国机制"（QUAD）、美英澳"三边安全伙伴关系"（AUKUS）在内的新版《美国印太战略》，以及 2022 年 5 月正式高调推出 IPEF 等一系列动作来看，美国在强调所谓的"印太内外的协同"，试图在贸易、金融、科技、军事等领域"打压中国""脱钩中国"的战略企图十分明显。美国推动 IPEF，在一定程度上会限制中国在印太地区的影响力，对中国"21 世纪海上丝绸之路"造成阻力。

中国不应随美起舞。中方应增强斗争意识，增强底线思维和风险意识，做好美国对中国极限施压的最坏打算。美方应与中方相向而行，"相互尊重、和平共处、合作共赢"，争取自尼克松 1972 年访华后中美和平发展的下一个 50 年。美国在全球的势力在相当长时间内依然强大，现阶段美国深度影响全球约三分之一的国家，所涉经济总量约占全球七成，"五眼联盟"、七国集团（G7）、北约（NATO）和日本、韩国、新加坡、以色列等盟友伙伴是附庸美国称霸的基本力量。

（二）加快实施双循环发展战略，维护地区供应链安全稳定

2008 年国际金融危机后，美国就积极寻求"制造业回归"。其实，美国从来就没有放弃制造业，只不过之前过分强调占据制造业价值链的高端，把中低端制造业移至其他国家和地区。2020 年 7 月生效的美墨加协定（USMCA），促进了美国制造业近岸化。2022 年 4 月，美国众议员 Mark E. Green 提出了《西半球近岸法案》。在 2022 年 5 月布鲁塞尔经济论坛上，美国财长耶伦呼吁美国及其盟友开始所谓的"友岸外包"（friend-shoring），将供应链转移到可信赖国家。美国推行 IPEF，正是图谋供应链盟友化的具体行动。

中国应加快构建以国内大循环为主体、国内国际双循环相互促进的新发展格局。高质量实施 RCEP，深化"一带一路"合作，推进中日韩自由贸易协定，推进加入 CPTPP，更好发挥地理毗邻优势、深化与周边国家的经贸合作。防范以半导体为核心的关键供应链体系受到挤压，促进区域供应链安全稳定。

（三）推动建立诸边多边数字贸易标准，提升中国在数字贸易规则区域话语权

美国早就认识到数据是战略资源，试图建立一个体现华盛顿价值观而非北京价值观的全球数字贸易秩序。2018年7月，特朗普提出《数字联通和网络安全伙伴关系》，将其作为美国印太经济愿景的重要内容。美国服务业联盟主席克里斯汀·布利斯（Christine Bliss）曾建议，美国必须与盟友合作建立高标准的数字规则，防止RCEP主导亚太地区的数字秩序。

中国应谨慎对待美西方提出的"重返更好世界"（Build Back Better World）倡议和"蓝点网络"（Blue Dot Network）倡议。警惕美国在印太地区推广美方所信赖的ICT基础设施，以及包括5G、海底光缆和未来通信技术在内的数字产品和服务。

中国应围绕数字贸易、数字基础设施、数字供应链和数字标准，在印太地区推进数字经济外交。一是支持华为、中兴、阿里、京东、腾讯等有实力企业，参与推进数字丝绸之路建设。二是支持完善《APEC隐私框架》（2004），将中国提出的《全球数据安全倡议》（2020）转化为可操作的制度规则。三是强化数字贸易规则双边诸边协同建设，加强与国际电信联盟（ITU）和国际电工委员会（IEC）等国际标准组织合作，推动G20、WTO制定更具包容性的数字经济合作框架或标准。四是积极加入《数字经济伙伴关系协定》（DEPA），并以开放姿态与美方展开数字贸易规则的对话沟通。

（四）警惕美国挑战中国主权底线的图谋

长期以来，美国奉行"以台制华"策略。美国试图推动台美自由贸易协定（FTA），试图组建美韩日台"芯片四方联盟"（Chip4）将中国大陆排除在全球半导体供应链之外。美众议员Mark E. Green提出的《西半球近岸法案》，明确蛊惑拉美地区国家采取措施减少对中国大陆的经济依赖，但必须允许中国台湾在各国建立商业办事处。有美国众议院议员力挺中国台湾加入IPEF。2022年4月，美国国务卿布林肯也声称，IPEF不排除中国台湾。

中方应发挥中美战略与经济对话机制，敦促美方以实际行动落实美国领导人确定的"四不一无意"。呼吁民进党当局不要随美起舞、人为设置两岸贸易投资障碍，应尽快撤除干扰阻挠两岸经贸合作的不合理限制，促进两岸融合发展。抵制中国台湾参加任何有官方性质的经贸安排或签署有官方性质的经贸协定，做好一切必要之准备，从容应对美方挑战中国主权底线的战略图谋。

二、应对美国 APEP 的思考

美国难以做到完全掌控美洲地区。美国在美洲地区有着天然的地理位置和人文优势，美国在美洲地区的势力渗透由来已久且根深蒂固。美国在美洲地区具有较强的影响力，但是美洲地区也不是铁板一块完全受命或屈服于美国。如：美国封锁古巴 60 年，使得古巴经济一蹶不振，人民生活水平低下，古巴反对美国的声音一直存在。再如：美国长期以来对委内瑞拉的单边制裁，也使得委内瑞拉经济发展长期处于低迷状况，委内瑞拉反对美国的声音也一直存在。详见本章第四节具体内容。

中拉经贸合作新作为。"有朋自远方来，不亦乐乎。"宽广的太平洋隔不断中美联系，也隔不断中拉联系，中拉经贸合作必有新作为。中拉应在互相尊重、平等务实的基础上开展合作，不以意识形态划界、不干涉他国内政，中拉经贸合作必将行稳致远。持续推进"金砖 +"南南合作模式，落实 2021 年 9 月中方提出的"全球发展倡议"，推进《中国—拉共体成员国重点领域合作共同行动计划（2022—2024）》。支持中方分散金融投资风险，加强对拉美文化和法律的认知，推动中国企业积极承担东道国社会责任等。

第四节　对 IPEF 和 APEP 的进一步思考

一、美国封锁古巴 60 年尽显美霸凌本性

美国长期对古巴实行封锁。美国 1962 年开始实施对古巴贸易、金融、经济封锁持续至今，60 年来给古巴带来巨大经济损失和严重的人道主义灾难。自 1992 年以来，联合国大会已连续 29 次以压倒性多数通过古巴提交的相关决议草案，古巴于 2022 年 11 月第 30 次向联合国大会提交要求美

国结束对古巴封锁的决议草案，但美国长期以来未终止对古巴的单方面制裁。联合国大会历年来的投票结果，反映了国际社会的普遍呼声，也彰显了美国置之不理的傲慢和霸权行径。

美国的制裁导致古巴深受其害。古巴政府多次声称，美国对古巴长期封锁违反国际法。古巴民众普遍认为，美国的封锁比子弹和炮弹的破坏力更大。2022 年，据古巴官方统计，按当前美元价格计算，美国对古巴封锁60 年来已导致古巴累计损失超过 1542 亿美元。虽然美国政府声称，对古巴的制裁只针对政府，不针对民众，但据古巴媒体报道，每个古巴家庭对美国封锁造成的伤害都有切身感受。从燃料、食品、日用品到药品，美国对古巴的制裁封锁几乎覆盖一切，导致古巴长期物资严重短缺，美国甚至在新冠疫情期间阻碍古巴获取生产疫苗的原材料。

"门罗主义"与美古矛盾。1823 年，时任美国总统詹姆斯·门罗发表所谓的"门罗宣言"，宣称"美洲是美洲人的美洲"。自此以来，美国抱持"门罗主义"，将拉丁美洲视为"后院"，通过强权干涉、威逼利诱等手段迫使拉美国家按美国意志行事。门罗总统时期，美国将当时仍是西班牙殖民地的古巴视为美国的"天然附属物"，提出所谓的"熟果政策"，即待时机成熟便吞并这颗"如同被风吹落的果实"。1898 年，美西战争中美国胜利，美国占领了古巴。后长期干预或实际控制古巴。1959 年，古巴在菲德尔·卡斯特罗领导下建立了革命政府。此后，美国便对古巴采取敌视政策。1961 年，美国宣布与古巴断交，并于次年开始对古巴实施经济、金融封锁和贸易禁运。2015 年，美古两国恢复外交关系，但美国并未全面解除对古封锁。2017 年特朗普政府上台后，美国再次加码对古制裁。拜登政府 2021 年 1 月上任以来，已两度延长对古封锁、禁运的法律《对敌贸易法》的有效期。2022 年 6 月，美方拒绝邀请古巴、尼加拉瓜和委内瑞拉领导人参加在美国举行的第九届美洲峰会。古巴现任国家主席迪亚斯 – 卡内尔指出，在美方操纵下，美洲峰会重拾"门罗主义"，是"带有新殖民主义色彩的表演"。

二、美国与委内瑞拉的恩恩怨怨

委内瑞拉"成也石油"。委内瑞拉是世界重要石油生产与出口国之一，是石油输出国组织（OPEC）五个创始国（伊朗、伊拉克、科威特、沙特阿拉伯和委内瑞拉）之一，常规石油可开采储量位居西半球第一。委内瑞拉经济高度依赖石油，石油工业是委内瑞拉国民经济支柱产业。石油产量提升，委内瑞拉经济复苏和增长就快。

委内瑞拉"败也石油"。正因为委内瑞拉靠着石油资源享受着安逸的生活，所以不少人都变得懒惰。委内瑞拉经济高度依赖石油，美国是其主要出口国，一旦委内瑞拉石油出口市场遭受美国制裁，委内瑞拉经济就会受到重挫。当下乌克兰危机愈演愈烈，全球能源价格飙升，委内瑞拉应另辟新的出口市场，包括出口中国、伊朗等国，美国有可能放松对委内瑞拉石油制裁。

美国需要委内瑞拉。委内瑞拉总统查韦斯在位时，没少指责美国，但美国也没有置委内瑞拉于死地。这是因为美国需要委内瑞拉的石油。

委内瑞拉也需要美国。委内瑞拉的经济衰败与美国的制裁有很大关系。但归根结底，委内瑞拉的经济衰败最主要的原因还是在于其经济结构和国民综合素质，委内瑞拉也需要来自美国各方面的支持。

关键词

印太经济框架（IPEF） 美洲经济繁荣伙伴关系（APEP）
美国战略与国际研究中心（CSIS） 美洲自由贸易区（FTAA）
"四方机制" 全球最低企业税协议（GMCT）
拉丁美洲和加勒比地区 南方共同市场 太平洋联盟
中美洲共同市场 安第斯国家共同体 加勒比共同体
"健康丝绸之路" 中国—拉美开发性金融合作机制
"三边安全伙伴关系"（AUKUS） "四不一无意"
《西半球近岸法案》 "友岸外包"（friend-shoring）
"芯片四方联盟"（Chip4） "门罗宣言" 《APEC隐私框架》
《数字经济伙伴关系协定》（DEPA） "东盟—美国峰会"
布鲁金斯学会 卡内基国际和平基金会 彼得森国际经济研究所
兰德公司

附　录

A4.1 历届东盟—美国峰会

东盟全称为东南亚国家联盟（Association of Southeast Asian Nations，ASEAN），于 1967 年 8 月在泰国曼谷成立，秘书处设在印度尼西亚首都雅加达。截至 2022 年，东盟有 10 个成员国：文莱、柬埔寨、印度尼西亚、老挝、马来西亚、菲律宾、新加坡、泰国、缅甸、越南，总面积约 449 万平方千米，人口 6.6 亿。

东盟成员国及东盟与美国的整体关系是在冷战期间酝酿发展起来的。东盟与美国于 1977 年建立对话关系，2009 年启动年度领导人会议机制，2013 年起将领导人会议改称"东盟—美国峰会"（Summit），每年一度在东盟轮值主席国召开，到 2021 年一共办了九届。2015 年，东盟与美国的关系进一步升级为"战略对话关系"。

"东盟—美国特别峰会"（Special leaders' Summit）非定期召开，首次特别峰会于奥巴马在任末期即 2016 年 2 月，在美国加利福尼亚州安纳伯格庄园举行，需要强调的是，时值东盟宣布建立"共同体"，其与美国的关系升级至"战略伙伴"关系。2022 年 5 月，为纪念东盟和美国建立对话关系 45 周年，美国—东盟第二次特别峰会在美国首都华盛顿举行。出席此次特别峰会的东盟国家领导人包括文莱国王博尔基亚、柬埔寨总理洪森、印度尼西亚总统佐科、老挝总理潘坎、马来西亚总理萨布里、新加坡总理李显龙、泰国总理巴育和越南总理范明正。菲律宾因处于总统大选后的过渡期，由外交部部长洛钦代表杜特尔特总统参会，缅甸则因国内政治问题被排除在峰会之外。东盟—美国历次首脑级会议时间、地点，详见表 4.1。

表 4.1   东盟—美国历次首脑级会议一览表

时间	会议名称	地点
2009 年 11 月 15 日	第一次领导人会议	新加坡
2010 年 9 月 24 日	第二次领导人会议	美国
2011 年 11 月 18 日	第三次领导人会议	印尼
2012 年 11 月 18 日	第四次领导人会议	柬埔寨
2013 年 10 月 9 日	第一次东盟—美国峰会	文莱
2014 年 11 月 13 日	第二次东盟—美国峰会	缅甸
2015 年 11 月 21 日	第三次东盟—美国峰会	马来西亚
2016 年 2 月 15—16 日	第一次东盟—美国特别峰会	美国
2016 年 9 月 13 日	第四次东盟—美国峰会	老挝
2017 年 11 月 13 日	第五次东盟—美国峰会	菲律宾
2018 年 11 月 15 日	第六次东盟—美国峰会	新加坡
2019 年 11 月 4 日	第七次东盟—美国峰会	泰国
2020 年 11 月 14 日	第八次东盟—美国峰会	线上
2021 年 10 月 26 日	第九次东盟—美国峰会	线上
2022 年 5 月 12—13 日	第二次东盟—美国特别峰会	美国

A4.2 全球智库发展概览

美国宾夕法尼亚大学《全球智库报告 2020》显示，入选其数据库的全球智库数量有 11175 家，其中美国以 2203 家的智库数量遥遥领先。美国的智库主要分为学术型、政府合同型和政策宣传型三类，各为其主。美国的智库体系相对成熟，渗透到政治、经济、社会、军事等多个领域，著名的智库机构包括布鲁金斯学会、卡内基国际和平基金会、彼得森国际经济研究所、兰德公司等。

英国、德国、法国的智库体系也较完整，英国皇家国际事务研究所、德国政治基金会、法国国际关系研究所均有很强实力。

俄罗斯智库在应对国内国际形势变化、影响俄联邦政府决策等方面发挥了重要作用，官方智库如俄罗斯科学院、俄罗斯国际事务委员会重视学科基础建设，注重平衡基础理论与应用对策研究。

日本、韩国、印度属于亚洲智库发展的领跑者，日本国际问题研究所、韩国对外经济政策研究院、印度政策研究中心在政策研究和指导舆论方面拥有影响力。

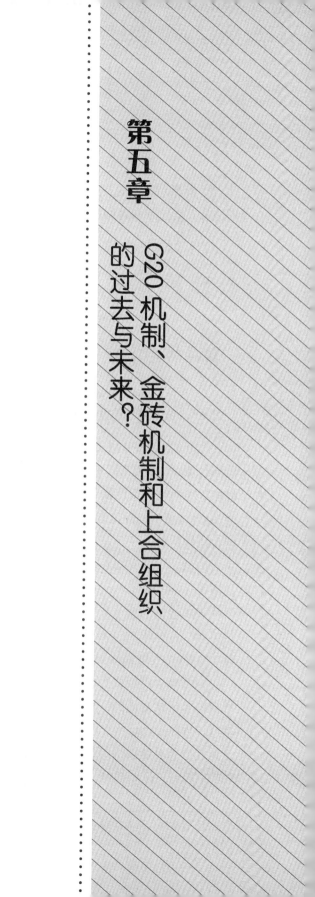

第五章

G20 机制、金砖机制和上合组织
的过去与未来？

　　"世界是不平的"是常态，各种纷繁复杂的矛盾纠纷交织在一起。为了追求人类代际和各国利益的平衡，实现"世界是平的"理想目标，一些国际组织纷至沓来。G20[①]、金砖机制和上合组织当属全球比较有影响力的政府间国际组织，它们的诞生和发展，体现国际社会为解决世界难题和平衡"和平赤字、发展赤字、治理赤字、信任赤字"做出的努力。

第一节　G20、金砖国家、上合组织崇尚多边主义

一、G20 代表世界政治经济主要力量

　　G20 的由来。G20 即二十国集团于 1999 年成立，由阿根廷、澳大利亚、巴西、加拿大、中国、法国、德国、印度、印度尼西亚、意大利、日本、韩国、墨西哥、俄罗斯、沙特阿拉伯、南非、土耳其、英国、美国以及欧盟 20 方组成。G20 代表性相对广泛，涵盖了 G7 发达国家，包含了金砖五国，还包括其他一些发达国家和发展中国家，基本代表着世界政治经济的主要力量。全球有 200 多个国家和地区，G20 不包括广大的次发达和不发达国家，不能算是真正意义上的多边主义，但由于其具有广泛性，基本可以代表多边的力量。Wind 数据库显示，2020 年 G20 的 GDP 累计 73.08 万亿美元、占全球 86.45%，货物出口贸易累计 13.56 万亿美元、占全球贸易额 77.13%，人口累计 45.61 亿人、占全球人口 58.51%。

　　G20 峰会已经成为国际经济合作论坛。G20 峰会属于布雷顿森林体系框架内非正式对话的一种机制，由原八国集团以及其余十二个重要经济体组成，旨在推动已经工业化的发达国家和新兴市场国家之间就实质性问题进行开放和有建设性的讨论研究，以寻求合作并促进国际金融稳定和经济的持续增长。按照惯例，国际货币基金组织与世界银行列席该组织的会议。

---

① 2023 年 9 月，非洲联盟成为二十国集团的正式成员。本书中的 G20 不包含非盟。

G20 不是政治、军事联盟，仅仅是经济合作论坛而已。G20 连秘书处之类的常设执行机构都没有，对成员国并没有什么约束力。G20 是"二战"结束以来罕见的不是由西方发达国家主导的重要的合作平台。G20 中的东西方力量基本平衡，政治纠纷相对较少。

二、金砖合作机制是全球重要政治经济力量

"金砖"及金砖国家的由来。"金砖"（BRIC）一词为巴西（Brazil）、俄罗斯（Russia）、印度（India）、中国（China）英文单词首字母缩写，由 2001 年时任美国高盛资产管理公司董事长的英国经济学家吉姆·奥尼尔（Jim O'Neill）在一篇文章中首次提及。2006 年，巴西、俄罗斯、印度和中国四国外长在联合国大会期间举行首次会晤，开启了金砖国家合作序幕。2009 年，金砖国家领导人在俄罗斯叶卡捷琳堡举行首次会晤，金砖合作升级至峰会层次。2011 年，南非正式加入金砖国家，金砖国家由四国扩为五国，英文名称定为 BRICS。2023 年 8 月，在南非召开的第十五届金砖国家峰会上吸纳了六个新成员，包括阿根廷、埃及、埃塞俄比亚、伊朗、沙特阿拉伯和阿联酋，金砖国家扩容至 11 国。扩容后，金砖 11 国总人口36.8 亿，占世界总人口 46%，总面积 4818 万平方千米，占世界 197 个国家陆地面积的 36%；2022 年金砖 11 国 GDP 总量为 29.2 万亿美元，占全球GDP 的 29%，BRICS 属于区域组织。

金砖国家代表新兴市场和发展中国家中坚力量。金砖五国中，中国、俄罗斯为联合国安理会常任理事国。金砖国家属于新兴市场和发展中国家，金砖五国总面积约占全球的 26%，总人口约占全球的 42%。2021 年，金砖五国 GDP 合计达 24.5 万亿美元，约占全球经济总量的 23%。放眼世界，如今新兴市场和发展中国家经济已占全球半壁江山，在科技、教育、社会、文化等领域也取得长足发展。金砖合作机制已经成为全球重要政治经济力量。金砖国家的扩员，为全球发展注入新的动能，促使世界政治经济格局从不平衡趋于平衡。

三、上合组织是全球不容忽视的政治经济力量

上合组织的由来。上海合作组织，英语翻译为 Shanghai Cooperation Organization，俄语翻译为 Шанхайскаяорганизациясотрудничеств а，

简称上合组织（SCO、ШОС），于 2001 年 6 月 15 日成立并签署了《上海合作组织成立宣言》。上合组织是哈萨克斯坦共和国、中华人民共和国、吉尔吉斯斯坦、俄罗斯联邦、塔吉克斯坦共和国、乌兹别克斯坦共和国在中国上海宣布成立的永久性政府间国际组织。2002 年 6 月 7 日，上合组织第二次元首会晤在俄罗斯圣彼得堡举行，会上签署了重要文件《上海合作组织宪章》。值得一提的有两点。一点是中亚五国之一土库曼斯坦没有加入上合组织。有学者研究认为，这是因为土库曼斯坦致力于把自己建设成为国际公认的永久中立国，故不参加涉及军事合作的区域组织。上合组织有反恐合作，土库曼斯坦认为该组织涉及军事而没有加入。另一点是上海合作组织工作语言为汉语和俄语，不是英语。

　　上合组织的宗旨、原则和合作方向。上合组织成员国属于邻近国家，具有天然的地缘政治合作优势。《上海合作组织成立宣言》《上海合作组织宪章》是上合组织的重要文件，均重申了恪守《联合国宪章》宗旨和原则。《上海合作组织宪章》规定了上海合作组织的宗旨和任务、原则、合作方向、组织架构、履职程序等。上合组织的宗旨和任务强调友好协商、区域合作、一致行动，具体包括：（1）加强成员国的相互信任与睦邻友好；（2）发展多领域合作，维护和加强地区和平、安全与稳定，推动建立民主、公正、合理的国际政治经济新秩序；（3）共同打击一切形式的恐怖主义、分裂主义和极端主义，打击非法贩卖毒品、武器和其他跨国犯罪活动，以及非法移民；（4）鼓励开展政治、经贸、国防、执法、环保、文化、科技、教育、能源、交通、金融信贷及其他共同感兴趣领域的有效区域合作；（5）在平等伙伴关系基础上，通过联合行动，促进地区经济、社会、文化的全面均衡发展，不断提高各成员国人民的生活水平，改善生活条件。上合组织的原则强调平等协商、不针对第三方，具体包括：（1）相互尊重国家主权、独立、领土完整及国家边界不可破坏，互不侵犯，不干涉内政，在国际关系中不使用武力或以武力相威胁，不谋求在毗邻地区的单方面军事优势；（2）所有成员国一律平等，在相互理解及尊重每一个成员国意见的基础上寻求共识；（3）在利益一致的领域逐步采取联合行动；（4）和平解决成员国间分歧；（5）本组织不针对其他国家和国际组织。上合组织的合作方向强调全方位合作，具体包括：（1）维护地区和平，加强地区安全与信任；（2）就共同关心的国际问题，包括在国际组织和国际论坛上寻求共识；（3）就裁军和军控问题进行协调；（4）支持和鼓励各种形式的区域经济合作，推动贸易和投资便利化，以逐步实现商品、资本、服务和技术的自由流通；（5）有效使用交通运输领域内的现有基础设施，完善成员国的过境潜力，发展能源体系；（6）保障合理利用自然资源，包括利用地区水资源，实施共同保护自然的专门计划和方案。

上合组织的"上海精神"特色。经过 20 多年的探索，上合组织已经成为具有鲜明特色的新型区域组织，对内形成了"互信、互利、平等、协商、尊重多样文明、谋求共同发展"的"上海精神"，对外奉行不结盟、不针对其他国家和地区及开放原则。在政治合作方面，强调一致反对霸权主义和强权政治；在安全合作方面，强调打击恐怖主义、分裂主义和极端主义的"三股势力"；在经济合作方面，强调消除区域内贸易壁垒和全球化进程；在人文领域合作方面，强调保护和鼓励文化多样性。

第二节　G20、金砖国家、上合组织在动态发展中寻求突变

一、历次 G20 领导人峰会成果及贡献

G20 领导人峰会已经连续召开了 15 次。G20 领导人峰会是 2008 年国际金融危机爆发后成立的，并经由 2009 年匹兹堡峰会确定为国际经济合作的主要论坛。自 2008 年首次会议以来，已经连续召开了 15 次会议，均取得了一定的积极成果。中国十分重视 G20 领导人峰会，中国国家主席莅临了每次会议。

（一）2008 年 11 月美国华盛顿峰会

彼时，正值国际金融危机盛行期间。会议评估了国际社会在应对当前金融危机方面取得的进展，共商促进全球经济发展举措，探讨加强国际金融领域监管规范等问题。时任中国国家主席胡锦涛参会，作了《通力合作共度时艰》的演讲。

（二）2009 年 4 月英国伦敦峰会

会议主要研究了国际金融问题，探讨了复苏全球经济、增资国际货币

基金组织、恢复放贷、加强金融监管、反对保护主义和帮助发展中国家等议题。时任中国国家主席胡锦涛参会，作了《携手合作 同舟共济》的演讲。

（三）2009年9月美国匹兹堡峰会

2009年度两次召开会议，这在历史上少见，再次探讨了国际金融问题。会议讨论了推动世界经济复苏、转变经济发展方式、国际金融体系改革和发展问题等议题。时任中国国家主席胡锦涛参会，作了《全力促进增长 推动平衡发展》的演讲。

（四）2010年6月加拿大多伦多峰会

会议主要讨论后国际金融危机的金融与经济复苏。主要议题包括经济可持续与平衡增长、金融部门改革、改革国际金融机构和促进全球贸易增长等。时任中国国家主席胡锦涛参会，作了《同心协力 共创未来》的演讲。

（五）2010年11月韩国首尔峰会

会议聚焦国际金融主题。会议商讨了汇率、全球金融安全网、国际金融机构改革和发展问题等议题。时任中国国家主席胡锦涛参会，作了《再接再厉 共促发展》的演讲。

（六）2011年11月法国戛纳峰会

欧债危机被世界关注。会议讨论了欧债危机、世界经济复苏与增长、国际货币体系改革、国际金融监管、抑制国际市场原材料价格过度波动、发展问题和全球治理等议题。时任中国国家主席胡锦涛参会，作了《合力推动增长 合作谋求共赢》的演讲。

（七）2012年6月墨西哥洛斯卡沃斯峰会

会议主题少不了金融问题，但扩大了讨论范围。主要议题包括世界经济形势、国际金融体系、发展问题、贸易问题和就业问题等。时任中国国家主席胡锦涛参会，作了《稳中求进 共促发展》的演讲。

（八）2013年9月俄罗斯圣彼得堡峰会

会议主题较宽泛。会议讨论了世界经济增长和金融稳定、就业和投资、可持续发展和国际贸易等议题。中国国家主席习近平参会，作了《共同维护和发展开放型世界经济》的演讲。

（九）2014年11月澳大利亚布里斯班峰会

会议重点讨论了经济问题。会议探讨了促经济增长与促就业、全球经济恢复力、贸易和能源等议题。中国国家主席习近平参会，作了《推动创

新发展　实现联动增长》的演讲。

（十）2015 年 11 月土耳其安塔利亚峰会

会议主题宽泛。会议议题包括世界经济形势、包容性增长、国际金融货币体系改革、贸易、能源、反腐败等主要议题。中国国家主席习近平参会，作了《创新增长路径　共享发展成果》的演讲。

（十一）2016 年 9 月中国杭州峰会

会议主题宽泛，远超金融领域。主要议题包括加强政策协调、创新增长方式，更高效的全球经济金融治理，强劲的国际贸易和投资，包容和联动式发展，影响世界经济的其他突出问题等。中国国家主席习近平参会，作了《中国发展新起点　全球增长新蓝图》的演讲。

（十二）2017 年 7 月德国汉堡峰会

会议主题宽泛，讨论金融问题已经不属于最主流。主要议题包括世界经济形势、贸易、金融、数字经济、能源、气候变化、发展、非洲、卫生、难民移民、反恐等。中国国家主席习近平参会，作了《坚持开放包容　推动联动增长》的演讲。

（十三）2018 年 11 月阿根廷布宜诺斯艾利斯峰会

会议主题似乎已经淡化了金融问题。会议议题包括未来就业，为发展加强基础设施建设和人类食品未来等。中国国家主席习近平参会，作了《登高望远　牢牢把握世界经济正确方向》的演讲。

（十四）2019 年 6 月日本大阪峰会

会议主题已经泛化。会议商讨了全球经济、贸易与投资、创新、环境与能源、就业、女性赋权、可持续发展以及全民健康等议题。中国国家主席习近平参会，作了《携手共进　合力打造高质量世界经济》的演讲。

（十五）2020 年 3 月二十国集团领导人应对新冠特别峰会和 2020 年 11 月二十国集团领导人峰会

非常时期，防疫和战疫的主题比较鲜明。沙特阿拉伯为主办国，会议方式均为视频。会议围绕应对疫情蔓延、稳定世界经济等进行商讨。中国国家主席习近平分别作了《携手抗疫　共克时艰》和《戮力战疫　共创未来》的演讲。

（十六）2021 年 10 月意大利罗马峰会（线上线下）

会议主题已经超出了传统的金融问题，变成了新的热点话题。主要议题包括应对气候变化与抗击疫情等。中国国家主席习近平在北京线上参会，作了《团结行动 共创未来》的演讲。

（十七）2022 年 11 月印尼峰会

会议主题为"共同复苏、强劲复苏"，以全球卫生基础设施、数字化转型和可持续的能源转型为三大优先议题，通过了《二十国集团领导人巴厘岛峰会宣言》。中国国家主席习近平作了《共迎时代挑战 共建美好未来》的演讲。

G20 峰会促进多边主义发扬光大。G20 领导人峰会因国际金融危机而生，彼时世界需要寻求金融和经济合作，共度时艰。尽管各国领导人均重视 G20 峰会，尽管 G20 峰会精神落实情况不理想，但提供这样一个对话平台，让主要发达国家和发展中国家的领导人聚集在一起，共商世界金融和经济热点问题包括由此衍生而来的气候变化、难民移民、卫生健康、人权等共同关注的种种社会问题，无论如何对所在国和世界的和平健康发展都是大有裨益的。G20 峰会将发挥越来越重要的平台作用，各国领导人相聚一起、直接对话、求同存异，有利于促进多边主义发扬光大。

二、金砖国家合作机制逐步走深走实

金砖国家领导人会晤已经 13 次。2009 年至 2021 年，金砖国家领导人共举行 13 次会晤，每次会议均取得了一定成果。金砖国家合作机制从务虚走向务实，逐步走深走实。

（一）金砖国家领导人第一次会晤

2009 年 6 月，金砖四国领导人在俄罗斯叶卡捷琳堡举行第一次会晤。讨论国际形势、全球金融问题、二十国集团事务、金砖国家合作、粮食安全、能源安全、气候变化、发展援助等，呼吁提高新兴市场国家和发展中国家在国际金融机构中的发言权和代表性，核准了金砖国家关于全球粮食安全的联合声明。

（二）金砖国家领导人第二次会晤

2010 年 4 月，金砖四国领导人在巴西首都巴西利亚举行第二次会晤，讨论国际形势、国际和地区热点问题、国际金融危机、金砖国家合作、二十国集团事务、气候变化、联合国改革等，商定推动金砖四国合作与协调的具体措施。

（三）金砖国家领导人第三次会晤

2011 年 4 月，金砖国家领导人在中国三亚举行第三次会晤。南非首次参会。会议围绕"展望未来、共享繁荣"主题，讨论国际形势、国际经济金融、发展问题、金砖国家合作等。会后发表三亚宣言。

（四）金砖国家领导人第四次会晤

2012 年 3 月，金砖国家领导人在印度新德里举行第四次会晤。围绕"金砖国家致力于全球稳定、安全、繁荣的伙伴关系"主题，讨论全球治理、可持续发展等。会后发表新德里宣言。

（五）金砖国家领导人第五次会晤

2013 年 3 月，金砖国家领导人在南非德班举行第五次会晤。围绕"金砖国家与非洲：致力于发展一体化和工业化的伙伴关系"主题展开讨论。会后发表德班宣言和行动计划，决定设立金砖国家新开发银行、应急储备安排，宣布成立金砖国家工商理事会和智库理事会。

（六）金砖国家领导人第六次会晤

2014 年 7 月，金砖国家领导人在巴西福塔莱萨举行第六次会晤。围绕"实现包容性增长的可持续解决方案"主题，讨论政治协调、可持续发展、包容性增长。会后发表福塔莱萨宣言。

（七）金砖国家领导人第七次会晤

2015 年 7 月，金砖国家领导人在俄罗斯乌法举行第七次会晤。围绕"金砖国家伙伴关系——全球发展的强有力因素"主题，讨论国际政治经济问题、金砖国家合作。会后发表乌法宣言和行动计划。

（八）金砖国家领导人第八次会晤

2016 年 10 月，金砖国家领导人在印度果阿举行第八次会晤。围绕"打造有效、包容、共同的解决方案"主题，讨论国际政治经济形势、全球治理、金砖国家合作。会后发表果阿宣言和行动计划。

（九）金砖国家领导人第九次会晤

2017 年 9 月，金砖国家领导人在中国厦门举行第九次会晤。围绕"深化金砖伙伴关系，开辟更加光明未来"主题，讨论国际政治经济形势、全球治理、可持续发展、金砖国家合作等。会后发表厦门宣言和行动计划。

（十）金砖国家领导人第十次会晤

2018 年 7 月，金砖国家领导人在南非约翰内斯堡举行第十次会晤。围绕"金砖国家在非洲：在第四次工业革命中共谋包容增长和共同繁荣"主题，讨论金砖国家战略合作、应对第四次工业革命的机遇和挑战等。会后发表约翰内斯堡宣言和行动计划。

（十一）金砖国家领导人第十一次会晤

2019年11月，金砖国家领导人在巴西首都巴西利亚举行第十一次会晤。围绕"经济增长打造创新未来"主题，讨论国际和地区形势、金砖国家合作、全球经济治理等。会后发表巴西利亚宣言。

（十二）金砖国家领导人第十二次会晤

2020年11月，金砖国家领导人以实时连线视频方式举行第十二次会晤。围绕"深化金砖伙伴关系，促进全球稳定、共同安全和创新增长"主题，讨论金砖国家合作抗击新冠肺炎疫情、国际和地区形势、全球经济治理等。会后发表莫斯科宣言。

（十三）金砖国家领导人第十三次会晤

2021年9月，金砖国家领导人以实时连线视频方式举行第十三次会晤。围绕"金砖15周年：开展金砖合作，促进延续、巩固与共识"主题，讨论金砖国家携手应对新冠疫情、促进金砖务实合作、推动解决全球和地区热点问题等。会晤通过了金砖国家领导人新德里宣言。

（十四）金砖国家领导人第十四次会晤

2022年6月，中国是金砖国家主席国，以视频方式成功主办金砖国家领导人第十四次会晤，围绕"构建高质量伙伴关系，共创全球发展新时代"主题进行了讨论。会晤通过了北京宣言。

金砖国家合作机制逐步走深走实。金砖国家往届领导人峰会成果和金砖国家各领域合作成果表明，金砖国家间合作基础日益夯实，金砖国家机制的影响力和吸引力持续提升。金砖国家在共同应对世界危机挑战、促进世界经济复苏、推动全球经济可持续发展、推进国际货币金融经济治理体系改革、维护世界公平正义等方面，发挥着越来越重要的作用。

三、上合组织的政治经济力量越来越强

上合组织成员不断扩容。上海合作组织经过20多年的探索发展，成员国在六国发起国的基础上不断扩容。截至2023年7月，上合组织现有9个成员国，分别是印度共和国、伊朗伊斯兰共和国、哈萨克斯坦共和国、

中华人民共和国、吉尔吉斯共和国、巴基斯坦伊斯兰共和国、俄罗斯联邦、塔吉克斯坦共和国、乌兹别克斯坦共和国；3 个观察员国，分别是阿富汗伊斯兰共和国、白俄罗斯共和国、蒙古国，2022 年撒马尔罕峰会启动了给予白俄罗斯成员国地位的进程、目前白俄罗斯正履行相关程序；14 个对话伙伴国，分别是阿塞拜疆共和国、亚美尼亚共和国、巴林、阿拉伯埃及共和国、柬埔寨王国、卡塔尔国、科威特、马尔代夫、缅甸、尼泊尔、阿联酋、沙特阿拉伯王国、土耳其共和国、斯里兰卡民主社会主义共和国。上合组织越来越受到志同道合的国家青睐，可以预见成员国会越来越多。

上合组织的政治经济力量越来越强。从 20 多次的上合组织元首理事会，可见上合组织之发展历程及其力量的不断壮大。上合组织由俄罗斯、中国等大国主导，走出一条"结伴不结盟、对话不对抗"的新路。上合组织共商地区和全球一些热点问题，不但有利于地区的经贸合作、政治稳定，而且有利于平衡全球力量、削弱西方霸权势力，引导世界朝着更加公平合理的方向健康发展。期望上合组织在地区和国际事务中发挥越来越重要的作用。

——中国、俄罗斯、哈萨克斯坦、吉尔吉斯斯坦、塔吉克斯坦、乌兹别克斯坦六国元首在上海举行了首次会晤，2001 年 6 月，签署了《"上海合作组织"成立宣言》，上海合作组织正式成立。

——上海合作组织第二次峰会在俄罗斯圣彼得堡举行，2002 年 6 月，六国元首签署了《上海合作组织宪章》，该组织从国际法意义上得以真正建立。

——上海合作组织第三次峰会在俄罗斯首都莫斯科举行，2003 年 5 月，六国元首签署了《上海合作组织成员国元首宣言》。

——上海合作组织第四次峰会在乌兹别克斯坦首都塔什干举行，2004 年 6 月，六国元首签署了《塔什干宣言》，蒙古国获得观察员地位。

——上海合作组织第五次峰会在哈萨克斯坦首都阿斯塔纳举行，2005 年 7 月，六国元首签署了《上海合作组织成员国元首宣言》，并决定给予巴基斯坦、伊朗、印度观察员地位。

——上海合作组织第六次峰会在上海举行，2006 年 6 月，六国元首签署了《上海合作组织五周年宣言》。

——上海合作组织第七次峰会在吉尔吉斯斯坦首都比什凯克举行，

2007 年 8 月，六国元首签署了《上海合作组织成员国长期睦邻友好合作条约》。

——上海合作组织第八次峰会在塔吉克斯坦首都杜尚别举行，2008 年 8 月，六国元首就上海合作组织发展和合作重点方向、相互关系准则、对外交往基本立场等达成新的重要共识。

——上海合作组织成员国元首理事会第九次会议，于 2009 年 6 月，在俄罗斯中部城市叶卡捷琳堡举行。

——上海合作组织第十次峰会在乌兹别克斯坦首都塔什干举行，2010 年 6 月，会议发表了《上海合作组织成员国元首理事会第十次会议宣言》，批准了《上海合作组织接收新成员条例》和《上海合作组织程序规则》。

——上海合作组织第十一次峰会在哈萨克斯坦首都阿斯塔纳举行，2011 年 6 月，成员国元首签署了《上海合作组织十周年阿斯塔纳宣言》。

——上海合作组织第十二次峰会在北京举行，2012 年 6 月，成员国元首签署了《上海合作组织成员国元首关于构建持久和平、共同繁荣地区的宣言》等文件，同意接收阿富汗为上海合作组织观察员国、土耳其为上海合作组织对话伙伴国。

——上海合作组织第十三次峰会在吉尔吉斯斯坦首都比什凯克举行，2013 年 9 月，成员国元首签署了《上海合作组织成员国元首比什凯克宣言》，会议批准《长期睦邻友好合作条约实施纲要》。

——上海合作组织第十四次峰会在塔吉克斯坦首都杜尚别举行，2014 年 9 月，宣布继续制订《上海合作组织至 2025 年发展战略》，并正式开启扩员大门。有关各方还签署了《上海合作组织成员国政府间国际道路运输便利化协定》。

——上海合作组织成员国元首理事会第十五次会议，2015 年 7 月在俄罗斯乌法举行。

——上海合作组织成员国元首理事会第十六次会议在乌兹别克斯坦首都塔什干举行，2016 年 6 月，通过了《上海合作组织成立十五周年塔什干宣言》等多份重要文件。

——上海合作组织成员国元首理事会第十七次会议，2017 年 6 月在哈萨克斯坦阿斯塔纳举行，给予了印度和巴基斯坦成员国地位，成员国增至 8 个。

——上海合作组织成员国元首理事会第十八次会议，2018 年 6 月在中国山东省青岛市举行。

——上海合作组织成员国元首理事会第十九次会议，2019 年 6 月在吉尔吉斯共和国比什凯克举行。

——上海合作组织第二十次峰会由上海合作组织轮值主席国俄罗斯主办，2020 年 11 月以视频方式举行，会议通过并发表了《上海合作组织成员国元首理事会莫斯科宣言》以及关于共同应对新冠肺炎疫情。

——上海合作组织成员国元首理事会第二十一次会议，2021 年 9 月以线上和线下相结合方式在塔吉克斯坦首都杜尚别举行。此次峰会启动了接收伊朗为成员国的程序，同时吸收沙特阿拉伯、埃及、卡塔尔为新的对话伙伴。

——上海合作组织成员国元首理事会第二十二次会议，2022 年 9 月在乌兹别克斯坦撒马尔罕举行，发表《上海合作组织成员国元首理事会撒马尔罕宣言》，签署关于伊朗加入上海合作组织义务的备忘录，启动接收白俄罗斯为成员国的程序。

——上海合作组织成员国元首理事会第二十三次会议 2023 年 7 月以线上方式举行，印度担任主席国，在本次会议上伊朗被接纳为上合组织成员国，会议就促进安全、经济、互联互通等方面共同规划、共同努力，以"上海精神"为指引推动构建更加紧密的上合组织命运共同体。

第三节　未来 G20、金砖国家、上合组织继续促进世界力量平衡

一、从 2022 年印尼峰会看 G20 未来

2022 年 G20 峰会于 2022 年 11 月在巴厘岛举行。印尼峰会即二十国集团领导人第十七次峰会的主题为"共同复苏、强劲复苏"，峰会以全球卫生基础设施、数字化转型和可持续的能源转型为三大优先议题，通过了《二十国集团领导人巴厘岛峰会宣言》，继续承诺支持发展中国家，特别是最不发达国家和小岛屿发展中国家，帮助它们应对全球挑战并实现可持

续发展目标。

2022 年 G20 峰会面临着不同寻常的全球环境。除了气候、反腐、劳工、货币和金融改革、发展鸿沟、疫情等问题外，还遇到了乌克兰危机，加剧了世界粮食和能源危机，全球通胀压力加大，世界政治经济格局正面临"二战"以来的深度再调整与再平衡。

世人期待 2022 年 G20 印尼峰会能够推动世界经济强劲复苏。当今世界虽不太平，但和平与发展仍是两大主题。G20 各成员国需要拿出政治意愿，带头共同认可以联合国为核心的国际体系，带头共同遵守以联合国宪章宗旨和原则为基础的国际关系基本准则，带头共同维护以国际法为基础的国际秩序。G20 各国需要清醒地认识到 G20 峰会机制共同应对全球挑战的成立本源，共克时艰，共同应对还在肆虐全球的包括"3F 危机"（金融 Finance、燃料 Fuel 和粮食 Food）在内的各种危机。G20 作为全球大型经济体，期望发挥 G20 峰会这一国际经济合作主要平台的作用，促进新冠疫情期间乃至疫后全球产业链和供应链的恢复与正常运行，促进世界经济强劲复苏与合理增长，推动增加全社会福利和人类文明进步。

二、从 2022 年"中国年"看金砖未来

"中国年"为全球发展再添"金砖力量"。2022 年 6 月，中国主办金砖国家领导人第十四次会晤。本次"中国年"会晤主题是"构建高质量伙伴关系，共创全球发展新时代"，会晤通过了《金砖国家领导人第十四次会晤北京宣言》，为全球发展再添"金砖力量"。

"中国年"期望金砖合作机制带来新活力。从"中国年"可以预见金砖机制的未来。未来金砖国家将在贸易投资便利化、供应链合作、数字经济发展、绿色可持续发展、跨境支付、信用评级合作等方面取得新的业绩；在支持世贸组织改革、践行真正的多边主义、推动完善全球科技治理、促进全球金融安全等方面取得新的成就；在维护世界和平与安宁，共同应对气候变化、公共卫生、减贫、农业、能源、物流等领域挑战，推动南南合作等方面取得新的成果。金砖扩员进程加快，"金砖 +"朋友圈不断扩容，为开放的金砖合作机制带来新活力。

三、上合组织是维护地区安全稳定发展不可或缺的建设性力量

上合组织力量不可小觑。上合组织不是封闭排他的"小圈子"，而是开放包容的"大家庭"，上合组织的朋友圈越扩越大。上合组织是促进世界和平发展、捍卫国际公平正义、维护区域和成员国安全稳定不可或缺的建设性力量，也是构建新型国际关系和人类命运共同体的具体实践。

上合机制叠加"一带一路"倡议造福上合组织成员国。上合机制叠加"一带一路"倡议，推动了成员国对多边务实合作的认识。中欧班列、中吉乌铁路等基础设施，为上合组织成员国诸边和区域合作创造了机遇。

第四节　对金砖国家、上合组织的进一步思考

一、中吉乌铁路开辟了亚欧互联互通的新通道

自古以来，位于内陆的中亚地区交通多有不便。中亚地区的吉尔吉斯斯坦和乌兹别克斯坦均为内陆国家。而且，乌兹别克斯坦为双重内陆国家，即本国是内陆国的同时，其周围所有的邻国也是内陆国。受地理区位限制，这些国家需借道邻国才能进入国际市场，才能连接到区域经济中心。漫长的运输距离和过长的运输时间加大了内陆国家的贸易成本，使其产品竞争力下降。近些年，联合国贸易和发展会议发布的不同时期报告数据显示，中亚国家的运输费用占进口成本的比例高达约60%。

改变交通基础设施现状，扩大铁路建设，有利于吉乌两国振兴经济。铁路运输具有运量大、安全性高、运费低的特点，是内陆国家开展国际运输的首选。中亚国家吉尔吉斯斯坦和乌兹别克斯坦的铁路基础设施，发展相对滞后。《世界银行物流绩效指数（LPI）报告2018》显示，在全球160个国家和地区中，乌兹别克斯坦和吉尔吉斯斯坦的物流绩效指数排名分别为第99位和108位，而中国排名第26位。中吉乌铁路不仅连接起中国与中亚，还可延展至西亚、中东甚至欧洲。过境运输走廊，促进吉尔吉斯斯坦和乌兹别克斯坦两国与更多国家建立经贸合作关系。中吉乌铁路建设为发展欧乌贸易开辟了新通道，为乌兹别克斯坦吸引欧洲投资提供了有利条

件。中吉乌铁路通道建设也可以为哈萨克斯坦获得过境运输收益，促进了该地区铁路设备及相关行业的发展。中吉乌铁路是共建"一带一路"框架下中国—中亚—西亚经济走廊的组成部分，是亚欧大陆最短的欧亚交通运输走廊，使得亚欧大陆交通运输线路实现多元化。

中吉乌铁路得到了俄罗斯的理解与支持。根据规划，中吉乌铁路全长约 523 千米，其中中国境内 213 千米，吉尔吉斯斯坦境内 260 千米，乌兹别克斯坦境内约 50 千米。1997 年，中、吉、乌三国计划建设铁路。2022年 5 月，该计划得到了俄罗斯的谅解和同意。2022 年 5 月，吉总统扎帕罗夫对媒体讲，"中吉乌铁路对吉尔吉斯斯坦而言，就像需要空气和水一样重要，普京表示理解，不再反对该项目"。吉尔吉斯斯坦属于集安组织成员国，因涉及所谓的"安全"问题，所以俄罗斯有话语权。其实，俄罗斯一直视中亚为自己的核心势力范围，一直关注有"第二中东"美誉之称的中亚和里海地区资源矿藏，一直想主导亚欧间铁路运输（俄罗斯铁路使用的是"宽轨"，而非"标轨"；不过境俄罗斯会减少其"过境费"）。俄罗斯可能出于乌克兰危机的考虑，需要争取国际上广泛支持，其他相关国家可能也考虑到在欧洲和俄罗斯紧张关系之外另辟一条不过境俄罗斯的新路径。所以，这条铁路终于有了眉目和进展。

二、探索金砖国家信用评级合作模式

2022 年 6 月，中方领导人在金砖国家领导人第十四次会晤上提出"要拓展金砖国家跨境支付、信用评级合作，提升贸易、投融资便利化水平"，并在金砖国家工商论坛开幕式主旨演讲中提到"要利用各国产业结构和资源禀赋互补优势，提升贸易、投资、金融合作水平，拓展跨境电商、物流、本币、信用评级等领域合作"。为落实领导人指示，金砖国家工商理事会金融工作小组于 2022 年 10 月 27 日召开"金砖国家信用评级合作研讨会"，广集五国智慧，共商合作途径。金砖国家信用评级合作，可以从以下三个方面深化合作。

统一技术标准。目前，金砖国家大多使用其国内刻度的评级体系，相互间并无可比性。因此，很有必要建立一个统一、可信的金砖区域刻度评级体系。有些批评声音认为当今国际评级体系由美西方价值观主导，未能认可发展模式的多样性。因此，从底层技术层面建立金砖国家普遍认可的金砖信用评级体系是个难得的发展机遇。

　　统一使用规则。信用评级技术层面实现后，还需要使用规则的配套。需要破除相关国家的法律、法规、规章等制度性体制性障碍，否则，即便建立了高质量的金砖区域刻度评级体系，若没有制度性的使用规则配套跟进，监管机构和资本市场仍将无法使用该评级体系。

　　统一具体行动。依据统一的技术标准和统一的使用规则，信用评级机构、发债主体、监管者、投资者等需要落实统一具体行动。一方面，培育共同互认的金砖国家地区信用评级统一的大市场。另一方面，又要注意多样性，为各国的信用评级市场发展留有符合市场发展规律的自由空间。

关键词

G20 机制　G20 领导人峰会　金砖机制　上合组织　和平赤字
发展赤字　治理赤字　信任赤字　"上海精神"　"三股势力"
金砖国家信用评级合作　中吉乌铁路　《集体安全条约》　集安组织

附　录

A5.1 集安组织发展历程

集安组织是独联体部分国家根据《集体安全条约》于 2002 年建立的区域性军事政治组织。从该组织的历史进程看：

1992 年 5 月，独联体国家首脑在乌兹别克斯坦首都塔什干会晤时签署了集体安全条约。签约的有：俄罗斯、哈萨克斯坦、乌兹别克斯坦、塔吉克斯坦、亚美尼亚和吉尔吉斯斯坦。1993 年格鲁吉亚、阿塞拜疆和白俄罗斯加入此条约。

1994 年集安条约正式生效，有效期 5 年。条约的宗旨是建立独联体国家集体防御空间和提高联合防御能力，防止并调解独联体国家内部及独联体地区性武力争端。

1999 年，条约的第一个 5 年期限刚满，阿塞拜疆、格鲁吉亚和乌兹别克斯坦三国宣布退出。

2002 年 5 月，独联体集体安全条约理事会将"独联体集体安全条约"改为"独联体集体安全条约组织"。

2006 年 12 月，乌兹别克斯坦重返独联体集体安全条约组织。

2012 年 6 月，独联体集体安全条约组织收到了乌兹别克斯坦决定退出该组织的照会，俄方认为，乌兹别克斯坦决定退出集安组织是其作为该组织成员国的合法权利。

截至 2022 年 11 月，集安组织成员国有俄罗斯、白俄罗斯、亚美尼亚、哈萨克斯坦、塔吉克斯坦和吉尔吉斯斯坦 6 个国家。

第六章

RCEP 和周边经贸为何对中国重要?

中国有五千年的文化历史，人口众多，国土面积和海洋面积大，经济体量大，中国稳是对世界稳的重要贡献。从历史长河看，中国周边稳，则有利于中国稳。地理距离是国际贸易的重要条件，中国与周边的经贸具有天然的距离和交通优势。发展中国与 RCEP 和周边经贸，有利于亚太区域经济一体化，有利于提升中国作为全球贸易、投资、经济中心之一的影响力和辐射力，有利于亚太地区乃至世界的和平与发展。

第一节　RCEP、周边与中国

一、RCEP 与中国

中国是 RCEP 的重要成员。RCEP 是 2012 年由东盟发起，成员包括东盟 10 国和中国、日本、韩国、印度、澳大利亚、新西兰 6 国，共 16 方制定的协定。自 2013 年开始谈判，至 2020 年谈判有了结果，历时 8 年。印度在调整关税税率、放松市场条件等方面有反对声音，于 2019 年退出了谈判。2020 年 11 月，东盟 10 国以及中国、日本、韩国、澳大利亚、新西兰 5 个国家，正式签署 RCEP，标志着全球规模最大的自由贸易协定正式达成。签署 RCEP，对中国进一步对外开放、深化区域经济一体化、稳定全球经济具有标志性意义。截至 2022 年，经过 20 年的发展，中国陆续同全球 26 个国家和地区签署了 19 个自由贸易协定，逐步构建起立足周边、辐射"一带一路"、面向全球的自由贸易区网络布局。RCEP 内容概览，详见附录 A6.1。

中国加入 RCEP 有利于扩大对外开放。RCEP 建成之后，是目前（截至 2023 年 7 月）世界上最大的自由贸易区。根据 2018 年数据，RCEP 的 15 个成员国人口达到了 22 亿，GDP 达到 29 万亿美元，出口额达到 5.6 万亿美元，吸引外商投资流量 3700 亿美元，基本都占全球总量的 30% 左右。RCEP 的签署，有利于中国进一步对外开放。《世界开放报告（2022）》显示，中国的开放指数从 2012 年的 0.7107 跃升至 2020 年的 0.7507,增长了 5.63%,排名从 129 个经济体中的第 47 位跃升到第 39 位。随着 RCEP 功能和作用的发挥,中国的开放指数会越来越亮眼。中国商务部数据显示,2022 年,中国与 RCEP 其他成员进出口总额 12.95 万亿元人民币,同比增长 7.5%,占中国外贸进出口总额的 30.8%。

二、周边与中国

周边稳是中国稳的外因。千百年来,外患是困扰中国安全与发展的重要因素。环顾 1840 年以来的近代史,中华民族饱受屈辱,中国经历了两次鸦片战争(1840—1842 年;1856—1860 年)、中法战争(1883—1885 年)、甲午中日战争(1894—1895 年)、八国联军侵华战争(1900—1901 年)和抗日战争(1931—1945 年)等 6 次战争,受尽英、法、美和邻国日、俄列强欺侮。1949 年新中国成立后,中国经历援越抗法、抗美援朝、援越抗美、援老抗美、中印边境自卫反击、珍宝岛自卫反击、西沙群岛自卫反击、中越边境自卫还击、中菲南海、南沙群岛自卫还击等 10 余场局部战争或军事冲突,均与周边相关。列强与周边反华势力勾结,会对中国构成威胁。当前个别大国蛊惑挑唆中国台湾、南海国家甚至印度等,亦是妄图在中国周边制造麻烦,破坏中国安全稳定大局。周边稳,外敌少可乘之机,中国则稳。

经贸合作是周边稳的晴雨表。纵观历史长河,"有朋自远方来"、商贾云集、经贸活跃是良好国际关系的生动写照,如中国西汉张骞通西域和唐代海路贸易。经贸往来无疑会增进政治互信,中国新时代"亲诚惠容"和"与邻为善、以邻为伴"的周边外交方针,需要经贸来支撑与浇灌。经贸关系是国家关系的晴雨表,两国贸易、投资和金融往来多寡,与两国政治互信友好呈非线性正相关。有关数据表明,一些周边国家(地区)对中国经贸依存度并不高,中国周边经贸发展潜力巨大。2009—2020 年这十二年间,俄罗斯、印度、巴基斯坦、日本、印度尼西亚等 10 个周边国家(地区)的进出口贸易依存度低于 10%;2010—2020 年这十一年间,俄罗斯、印度、日本、韩国、哈萨克斯坦等 17 个周边国家(地区)双向投资依存度低于 1%。详见本章第四节内容。

发展周边经贸有利于固边安邦保太平。复杂的国际经贸关系,受伙伴国自然资源禀赋、经济规模、产业结构、物流交通、劳动力与开放制度等因素影响。发展周边经贸，能发挥天然的地理和区位优势，发掘对外经贸潜力，促进沿边地区开放发展。同时，也有助于深化双边多边利益融合，推动"一带一路"倡议在周边落地，提升中国在周边的政治影响力，减少个别大国利用中国周边滋事的战略图谋。

第二节　RCEP、周边与中国经贸合作的思考

一、RCEP 促进包括中国在内的亚太经济开放融合发展

近几年，全球化在回调而区域经贸合作在加深。2018 年以来的中美经贸摩擦，叠加 2019 年以来的新冠疫情和 2022 年 2 月以来的乌克兰危机，使得全球化面临十分严峻的考验，全球既有的产业链供应链受到严重冲击。北美 2020 年 1 月施行的《美墨加协定》（USMCA）、欧洲 2021 年 1 月施行的《欧盟—英国贸易与合作协定》（UK–EU TCA）、亚洲 2022 年 1 月施行的《区域全面经济伙伴关系协定》（RCEP）和 2018 年 12 月施行的《全面与进步跨太平洋伙伴关系协定》（CPTPP）[①] 是最具代表性的区域贸易协定，呈现深度贸易协定（Deep Trade Agreements，DTAs）的特征。DTAs 事实上已经超越了传统的贸易协定，涵盖了更广泛的内容，包括投资流动、数据流动、劳动力流动、知识产权、环境保护等。

RCEP 促进了亚太和全球贸易经济增长。据 IMF 数据预估，RCEP、USMCA、EU、CPTPP 成员国 GDP 总和占全球的比重分别为 31%、28%、18% 和 13%。RCEP 所涉的经济体量、人口和贸易总额约占全球的三分之一，是目前全球最大的 RTA。RCEP 推动了亚太区域的产业融合发展。RCEP 采取的原产地累计规则，某成员国使用其他成员国的原产材料，都可视同原产材料，可累积增加原产价值成分比例，使得成员国出口商更容易获得原产资格，以达到享受关税优惠的门槛。RCEP 货物贸易最终零关税的产品

---

① 2017 年 11 月，由亚太地区 11 个国家达成的高标准自由贸易协定，最终取消约 99%
税目的关税。2018 年 12 月，该协定正式生效，成员国有：澳大利亚、加拿大、日本、
墨西哥、新西兰、新加坡、越南和秘鲁、文莱、马来西亚、智利。CPTPP 在原有美
国 2009 年主导的 TPP 基础上形成。2021 年 9 月，中国申请加入 CPTPP。

数量将达到 90% 以上。根据原产地累积规则，只要产品在加工过程中实现的增值部分属于 15 个成员国，且累积增值超过 40% 即可享受相应关税优惠。在削减非关税壁垒方面，协定使 RCEP 成员国在海关程序、检验检疫、技术标准等领域逐步实施统一规则，以进一步降低贸易合作成本。

RCEP 有利于提升亚太地区产业链和供应链的稳定性和安全性。一是区域内生产要素齐全，经济互补性强，具备经贸合作的基础和条件。RCEP 成员国之间经济结构的互补性比较强，区域内土地、劳动、资本、技术、知识、管理、数据等生产要素齐全。二是 RCEP 规制便捷了区域内生产要素流动，提高区域内产业链和供应链的稳定与安全。更加便利化的贸易和投资安排，有利于促进区域内生产要素的流动，提高企业生产效率，促进各国之间产业链、供应链深度融合，有利于形成以亚洲地区为核心的产业链和供应链中心，促进区域乃至全球经济稳定增长。三是打通了中国与 RCEP 成员国的物理连接。受 RCEP 驱动，贸易与产业深度对接，拓宽跨境物流"大动脉"，带动了中国与区域内跨境物流网络提质升级。具体包括：中国西部陆海新通道铁海联运班列增加了原糖、淀粉、木材等特色货源项目，开通了"印度—北部湾港—贵阳""东南亚—钦州—西安""RCEP—北部湾港—河南"等特色铁海联运外贸线路；中国面向东盟的门户港——中国广西北部湾港口新开多条至东盟多国的集装箱航线；中老铁路建成通车、中老泰铁路实现互联互通；中国—马来西亚"两国双园"（中马钦州产业园区、马中关丹产业园区）、中国—新加坡南宁国际物流园等一批跨境产业园区，推动跨境电商、海外仓等新业态新模式加速成长，加深了 RCEP 区域产业链和供应链的稳固性。关于外贸新业态，详见附录 A6.2。

RCEP 有利于提升区域经贸治理水平。RCEP 通过设立清晰、透明的规则程序，为成员国之间的经贸合作提供制度保障体系。在关税减让、服务开放等方面，提升了开放程度，包括落实最惠国关税税率、加速关税承诺、新金融服务 ①、给予另一缔约方的公共电信网络或服务提供者合理和

---

① 每一东道国应当致力于允许在其领土内设立的另一缔约方的金融机构在该东道国领土内提供东道国无须通过新法律或者修改现行法律即允许其本国金融机构在类似情况下提供的新金融服务。这里的新金融服务在本成员方属于"新"，但在另一个成员方不属于"新"，指在本成员方领土内尚未提供，但在另一个成员方领土内提供，并且被监管的金融服务。

非歧视性的待遇^①等。在投资领域引入了负面清单制度,如禁止业绩要求(投资不得要求出口一定水平或比例的货物、投资不得要求达到一定水平或比例的当地含量等)等。对照国际高标准经贸规则,拓展了中国原有的多个"10+1"自贸协定的规则,并将其纳入知识产权、电子商务、竞争、中小企业、经济技术合作、政府采购、争端解决等议题。RCEP成员中,经济发展的差异性明显,有高收入、中收入和低收入国家,其各自国内市场化改革的进程也不一,在这种背景下共同构建较高包容性、多样性的经贸合作机制,有利于改善区域经贸治理水平,对促进WTO改革与发展也是一种贡献。

二、中国突出周边重点,构筑"八廊八柱"经贸发展战略

周边"八廊八柱"战略利己利他。中国历史悠久,陆地边界线2.2万多千米,海岸线3.2万多千米,是全球拥有邻国最多的国家。中国邻陆14个国家(含尚未建交的不丹国),邻海6个国家。如考虑经济意义上的邻国,还可以增加泰国、柬埔寨、新加坡、斯里兰卡、孟加拉国、乌兹别克斯坦、土库曼斯坦7国。在漫长的历史中,中国与邻国结下了深厚的友谊,也建立了良好的经贸基础。2009—2020年,中国与周边(20个邻国和中国台港澳3个地区)进出口贸易额约占总额的40.44%。2010—2020年,中国与周边的双向投资额约占总额的67.16%。中国与周边也不乏存在地缘政治、陆权海权空权、贸易、文化等方面的碰撞分歧与利益冲突。中国奉行睦邻友好政策,突出周边重点地区,构建"八廊八柱"周边经贸发展战略,全面拓展周边经贸关系,利中国、利周边、利世界。

"八大经济走廊"推进双多边合作。建设规划中的中蒙俄、新亚欧大陆桥、中国—中南半岛、中国—中亚—西亚、中巴和孟中印缅六大经济走廊。积极创造条件,建设大陆与台湾的两岸经济走廊,提高两岸经贸合作的深度与热度,深化两岸在热带农业、电子制造业、高新技术产业、现代服务业等领域合作。通过两岸的经贸合作,促进两岸关系和平发展,促进祖国早日实现完全统一。待条件成熟后,谋划建设中国与朝鲜的中朝经济走廊,巩固完善传统友好合作互助。中国在执行联合国有关决议的前提下,坚持

---

① 如一缔约方已经授权其领土内的公共电信网络或服务提供者将国际海底电缆系统作为公共电信网络或服务进行运营,该缔约方应当保证该提供者给予另一缔约方的公共电信网络或服务提供者合理和非歧视性的待遇,以接入该国际海底电缆系统。

"双轨并行"，即并行推进实现半岛无核化和建立半岛和平机制两条轨道，欢迎朝鲜重新加入大图们倡议合作机制，适时加入"一带一路"倡议，支持朝鲜转向以经济建设为中心，谨慎与朝鲜开展现代农业、矿产资源开发、旅游和基础设施建设等领域合作。

"八大经贸支柱"带动周边经贸全面发展。"八大经贸支柱"是中国周边经贸发展的战略支点。中国应重点发展与俄罗斯（全面战略协作伙伴关系）、日本（G7之一，仍未加入"一带一路"）、韩国（战略合作伙伴关系）、印度（南亚次大陆最大国家，仍未加入"一带一路"）、越南（东盟重要成员国，历史上法属殖民地经济核心）、菲律宾（东盟重要成员国）六个国家的经贸关系；重点发展与中国台湾（重要战略地区，海上重要交通枢纽）、中国香港（世界金融、贸易、航运中心之一）两个中国地区的经贸关系。中国与这八个国家（地区）的经贸繁荣，势必带动周边经贸全面发展。

第三节　中国与 RCEP、周边经贸未来发展

一、RCEP 合作已经取得了丰硕成果，未来正向高水平开放迈进

RCEP 惠及中国。RCEP 自 2022 年 1 月 1 日生效以来，促进了中国经贸发展。2022 年 1 月至 7 月，中国与东盟贸易规模达到 5449 亿美元，比上年同期增长 13.1%，占中国对外贸易总额的 15%。其中，中国向东盟出口 3164 亿美元，同比增长 19.1%；进口 2285 亿美元，同比增长 6%。从规模上看，东盟已经成为中国第一大贸易伙伴。在其他成员中，韩国是中国的第四大贸易伙伴，2022 年 1 月至 7 月，中韩贸易总额达到 2145 亿美元，同比增长 8.9%。

RCEP 惠及其他各成员国。2022 年 1 至 6 月，泰国对 RCEP 伙伴的贸易额超过 1690 亿美元，比上年同期增长 13%。泰国的主要出口市场为东盟、中国、日本和韩国。2022 年一季度，越南对 RCEP 成员国的贸易额增速超 10%；日本对 RCEP 成员国的贸易额增速超 11%；韩国 2022 年 2 月 1 日签署 RCEP 并生效，3 月对 RCEP 成员国的贸易额增速超 18%。

RCEP 惠及区域所有国家。RCEP 生效以来，马来西亚的锰矿关税进一步下降，一条连接东盟、中国、日本的产业链在国际市场上更具竞争优势。锰矿货轮自马来西亚关丹港起航，从中国广西北部湾港上岸，经中国企业冶炼制成电解二氧化锰后，作为新能源电池的重要原料供应给中国、日本企业使用。RCEP 无疑加速了区域内产业链和供应链的融合。

巩固 RCEP 合作成果，向高水平开放迈进。适时推动升级 RCEP，为区域及世界经济复苏发展提供新动能。对标 CPTPP，推动新一轮开放。CPTPP 的新特点包括以下四个。（1）货物贸易自由化和便利化：最终取消大约 99% 税目的关税。（2）投资、服务的市场准入：实施负面清单模式，纳入投资者和东道国争端解决机制（ISDS）、电信（移动通信商）、金融、源代码和商业信息跨境流动等新规定，没有搁置任何数字贸易承诺。（3）横向议题（"边境后"措施[①]）：加强对互联网服务、制药等领域的知识产权保护，严格的劳工保护标准和可执行的环境保护承诺机制。（4）能力建设与发展：促进教育、文化和性别公平，提高成员间监管一致性、政策透明度，建立反腐败和反贿赂标准。对标《数字经济伙伴关系协定》（DEPA）[②]，加强数字经济领域合作。DEPA 协定以电子商务便利化、数据转移自由化、个人信息安全化为主要内容，并就加强人工智能、金融科技等领域合作进行了规定。

二、中国可以"八廊八柱"为抓手，扩大周边经贸发展圈

对接既有计划，发展周边经贸。实施以"八廊八柱"为重点的周边经贸发展战略，对接国内外既有规划，追求最优效用和资源利用的最大化。将"八廊八柱"周边经贸发展战略，融入对内的既有规划，具体包括：中国提出的"一带一路"倡议、国内国际"双循环"，以及黑龙江和内蒙古东北部地区沿边开发开放、东北振兴、长吉图开发开放先导区、山东半岛蓝色经济区、浙江海洋经济发展示范区、海峡西岸经济区、粤港澳大湾区、

---

① "边境后"措施是指将"规范范围从边境上延伸到边境内，对各国境内的管制措施进行协调一致性的规范"，它与缔约国国内规范直接相关，涉及缔约国国内立法、执法，甚至政策。如 CPTPP 劳工标准实际上是通过"边境后"措施，使自贸协定的监管框架与缔约国劳动管理发生联系，进而延伸到缔约国的劳动治理规则。

② DEPA 由新西兰、新加坡、智利于 2019 年 5 月发起、2020 年 6 月签署，是全球首份数字经济区域协定。

海南自由贸易港、珠江—西江经济带、广西北部湾经济区等规划。将"八廊八柱"周边经贸发展战略，连接周边国家发展愿景，具体包括俄罗斯"欧亚经济联盟"、蒙古"草原之路"、日本"丝绸之路外交"、韩国"新北方政策"和"新南方政策"、哈萨克斯坦"光明之路"等。

实施创新举措，扩大周边经贸发展圈。一是确立优先发展周边经贸战略。实施"近交"策略，助力周边的长期稳定和国家长治久安。落实周边外交优先方针，把优先发展周边经贸上升为国家经贸发展战略，提高周边国家（地区）对中国的贸易、投资和金融依存度。与周边国家拓展卫生健康、数字贸易、数字经济、绿色经济等新兴领域合作。推进区域全面经济伙伴关系协定（RCEP）协定实施。二是改善与周边的贸易投资金融合作环境。推动周边贸易自由化，降低周边贸易关税，消减非关税壁垒。推进与周边的双边和区域投资协定谈判，推动双向投资环境稳定、透明和可预期。加快人民币国际化，加大与周边货币互换力度和区域金融合作，加大数字人民币在周边国家（地区）的应用。三是培育周边经贸合作"软环境"。加强与周边青少年来往，强化与周边科技、文化、语言、体育、卫生等交流。四是优化周边区域产业链和价值链体系。深化周边产业间和产业内贸易优势互补，加强国际产能分工与务实合作，推动中国优势富余产能有序转移，助力国内产业升级。优化与周边价值链体系的形成，把关键技术、关键环节留在国内，对关键技术和产品实施必要的出口管制，维护中国国际市场核心竞争力。五是推动内陆边境和沿边地区高质量开放。推动广西建成中国—东盟战略合作新高地，云南建成为面向东南亚、南亚辐射中心，新疆建成丝绸之路经济带核心区，西藏建成面向南亚开放的重要通道，甘肃建成贸易集散和物流枢纽，黑龙江、吉林、辽宁、内蒙古建成向北开放和东北亚合作的枢纽，拓展山东半岛与朝鲜半岛、福建与中国台湾的经济交流，以及深化广东、海南与南海、海上丝绸之路诸国的经济合作。六是落实周边经贸合作主体责任。建议调动中国周边毗邻省（市、区）工作积极性，明确其承担周边经贸合作的主体职责。强调与周边经贸合作，重在高质量高水平，忌片面追求规模速度。七是促进形成以中国为中心的亚印太经济圈。发挥大图们倡议、中日韩自贸区、上海合作组织、亚太经合组织、中国—东盟（10+1）、RCEP 等诸边多边合作机制作用，建议以周边重点地区"八廊八柱"经贸发展战略为抓手，全面拓展周边经贸，巩固中国稳定发展大局。

抓住"二战"后世界政治经济力量再平衡和秩序再调整际遇,推动形成以中国为中心的开放自由包容共赢的亚印太(亚洲印度洋太平洋地区)经济圈。

第四节　中国与周边经贸合作的监测

从贸易、投资、金融等维度来监测中国与周边的经贸合作程度,测度周边国家和地区与中国(这里特指中国大陆)的经贸活跃度。详见表6.1。

表6.1　中国周边经贸合作统计监测

周边国家（地区）	双边进出口贸易（2009—2020,亿美元）及依存度（%）		双向投资（2010—2020,亿美元）及依存度（%）		人民币纳入储备货币	与中国签订双边货币互换协议	经贸活跃度
俄罗斯	9940	4.87	103	0.05	是	是	★
哈萨克斯坦	2455	11.46	53	0.25	是	是	★★
吉尔吉斯斯坦	638	76.72	14	1.78	否	否	★★★★
塔吉克斯坦	210	23.49	15	1.78	是	是	★★★★
蒙古	734	54.82	21	1.62	是	是	★★★★
朝鲜	549	15.43	4	0.12	否	否	★★
越南	10788	47.50	73	0.34	是	否	★★★
老挝	307	19.25	78	5.08	否	是	★★★
缅甸	1495	21.50	35	0.53	是	否	★★★
印度	8836	3.42	29	0.01	否	否	★
不丹	1	0.42	0	0	否	否	★
尼泊尔	158	5.34	4	0.14	否	否	★
巴基斯坦	1818	6.12	40	0.14	是	是	★★
阿富汗	52	2.35	4	0.19	否	否	★
日本	36404	5.82	533	0.09	是	是	★
韩国	31220	18.29	472	0.28	是	是	★★

续表

周边国家（地区）	双边进出口贸易（2009—2020，亿美元）及依存度（%）		双向投资（2010—2020，亿美元）及依存度（%）		人民币纳入储备货币	与中国签订双边货币互换协议	经贸活跃度
马来西亚	11562	31.14	109	0.31	是	是	★★★
印度尼西亚	7378	6.36	143	0.12	是	是	★★
文莱	154	8.92	13	0.75	否	否	★★
菲律宾	5212	14.89	17	0.05	是	否	★
中国香港	36187	101.54	16374	48.88	是	是	★★★★
中国澳门	379	6.99	118	2.27	是	是	★★★
中国台湾	22582	35.17	221	0.37	是	否	★★★

注：①双边贸易进出口数据主要来源于中国国家统计局，双向投资数据主要来源于中国商务部，GDP 数据主要来源于世界银行、国际货币基金组织和韩国央行。因 2020 年部分国家的数据缺失或未公布，本书使用了 2019 年的数据近似替代。

②是否将人民币纳入储备货币以及是否签订双边货币互换协议的判断依据，主要来自中国人民银行各年度的《人民币国际化报告》。

③贸易依存度 = 与中国进出口贸易总额 / 该国 GDP 总量。投资依存度 = 与中国双向投资总额 / 该国的 GDP 总量。

④经贸活跃度反映了贸易、投资和金融往来程度，本书基于表中数据构建了测度模型，活跃度分为低、较低、较高和高四个层级，分别以 1 ~ 4 个★数表示；具体模型设计详见附录 A6.3。

关键词

RCEP（区域全面经济伙伴关系协定） "近交"策略

"亲诚惠容" "与邻为善、以邻为伴"

《欧盟—英国贸易与合作协定》（UK–EU TCA）

原产地累计规则 新金融服务 "八廊八柱" 孟中印缅经济走廊

大图们倡议合作机制 "边境后"措施 "欧亚经济联盟" "草原之路"

"丝绸之路外交" "新北方政策"和"新南方政策" "光明之路"

亚印太经济圈 贸易依存度 投资依存度 跨境电商 海外仓

市场采购贸易 外贸综合服务企业 保税维修 离岸贸易

RCEP 内容概览

附　录

A6.1 RCEP 内容概览

第一章　初始条款和一般定义

本章主要阐明 RCEP 缔约方的目标是共同建立一个现代、全面、高质量以及互惠共赢的经济伙伴关系合作框架，以促进区域贸易和投资增长，并为全球经济发展作出贡献。该章节还对协定中的通用术语进行定义。

第二章　货物贸易

本章旨在推动实现区域内高水平的贸易自由化，并对与货物贸易相关的承诺作出规定。规定包括：承诺根据《关税与贸易总协定》第三条给予其他缔约方的货物国民待遇；通过逐步实施关税自由化给予优惠的市场准入；特定货物的临时免税入境；取消农业出口补贴；全面取消数量限制、进口许可程序管理，以及与进出口相关的费用和手续等非关税措施方面的约束。

第三章　原产地规则

本章确定了 RCEP 项下有资格享受优惠关税待遇的原产货物的认定规则。在确保适用实质性改变原则的同时，突出了技术可行性、贸易便利性和商业友好性，以使企业尤其是中小企业易于理解和使用 RCEP 协定。在本章节第一节中，第二条（原产货物）和第三条（完全获得或者完全生产的货物）以及附件一《产品特定原产地规则》（PSR）列明了授予货物"原产地位"的标准。协定还允许在确定货物是否适用 RCEP 关税优惠时，将来自 RCEP 任何缔约方的价值成分都考虑在内，实行原产成分累积规则。在第二节中，规定了相关操作认证程序，包括申请 RCEP 原产地证明、申请优惠关税待遇以及核实货物"原产地位"的详细程序。本章节有两个附件：（1）产品特定原产地规则，涵盖约 5205 条 6 位税目产品；（2）最低信息要求，列明了原产地证书或原产地声明所要求的信息。

第四章　海关程序与贸易便利化

本章通过确保海关法律和法规具有可预测性、一致性和透明性的条款，以及促进海关程序的有效管理和货物快速通关的条款，目标是创造一个促进区域供应链的环境。本章包含高于 WTO《贸易便利化协定》水平的增强条款，包括：对税则归类、原产地以及海关估价的预裁定；为符合特定条件的经营者（授权经营者）提供与进出口、过境手续和程序有关的便利措施；用于海关监管和通关后审核的风险管理方法等。

第五章　卫生与植物卫生措施

本章制定了为保护人类、动物或植物的生命或健康而制定、采取和实施卫生与植物卫生措施的基本框架，同时确保上述措施尽可能不对贸易造成限制，以及在相似条件下缔约方实施的卫生与植物卫生措施不存在不合理的歧视。虽然缔约方已在 WTO《卫生与植物卫生措施协定》中声明了其权利和义务，但是协定加强了在病虫害非疫区和低度流行区、风险分析、审核、认证、进口检查以及紧急措施等执行的条款。

第六章　标准、技术法规和合格评定程序

本章加强了缔约方对 WTO《技术性贸易壁垒协定》的履行，并认可缔约方就标准、技术法规和合格评定程序达成的谅解。同时，推动缔约方在承认标准、技术法规和合格评定程序中减少不必要的技术性贸易壁垒，确保标准、技术法规以及合格评定程序符合 WTO《技术性贸易壁垒协定》规定等方面的信息交流与合作。

第七章　贸易救济

本章包括"保障措施"和"反倾销和反补贴税"两部分内容。关于保障措施，协定重申缔约方在 WTO《保障措施协定》下的权利义务，并设立过渡性保障措施制度，对各方因履行协议降税而遭受损害的情况提供救济。关于反倾销和反补贴税，协定重申缔约方在 WTO 相关协定中的权利和义务，并制定了"与反倾销和反补贴调查相关的做法"附件，规范了书面信息、磋商机会、裁定公告和说明等实践做法，促进提升贸易救济调查的透明度和正当程序。

第八章　服务贸易

本章消减了各成员影响跨境服务贸易的限制性、歧视性措施，为缔约方间进一步扩大服务贸易创造了条件，包括市场准入承诺表、国民待遇、最惠国待遇、当地存在、国内法规等规则。部分缔约方采用负面清单方式进行市场准入承诺，要求采用正面清单的缔约方在协定生效后 6 年内转化为负面清单模式对其服务承诺做出安排。

第八章　附件一：金融服务附件

金融服务附件就金融服务制定了具体规则，同时为防范金融系统不稳定性提供了充分的政策和监管空间。除了第八章（服务贸易）规定的义务外，本附件还包括一个稳健的审慎例外条款，以确保金融监管机构保留制定支持金融体系完整性和稳定性措施的能力。本附件还包括金融监管透明度义务，缔约方承诺不得阻止开展业务所必需的信息转移或信息处理，以及提供新的金融服务。本附件还规定缔约方可通过磋商等方式讨论解决国际收支危机或可能升级为国际收支危机的情况。

第八章　附件二：电信服务附件

本附件制定了一套与电信服务贸易相关的规则框架。在所有现有的"东盟'10+1'自由贸易协定"电信服务附件基础上，附件还包括了监管方法、国际海底电缆系统、网络元素非捆绑、电杆、管线和管网的接入、国际移动漫游、技术选择的灵活性等条款。

第八章　附件三：专业服务附件

本附件为缔约方提供途径，以便利本区域内专业服务的提供。包括：加强有关承认专业资格机构之间的对话，鼓励 RCEP 缔约方或相关机构就共同关心的专业服务部门的专业资质、许可或注册进行磋商。此外，还鼓励缔约方或相关机构在教育、考试、经验、行为和道德规范、专业发展及再认证、执业范围、消费者保护等领域制定互相接受的专业标准和准则。

第九章　自然人移动

本章列明了缔约方为促进从事货物贸易、提供服务或进行投资的自然人临时入境和临时停留所做的承诺，制定了缔约方批准此类临时入境和临时停留许可的规则，提高人员流动政策透明度。所附承诺表列明了涵盖商务访问者、公司内部流动人员等类别的承诺以及承诺所要求的条件和限制。

第十章　投资

本章涵盖了投资保护、自由化、促进和便利化四个方面，是对原"东盟'10+1'自由贸易协定"投资规则的整合和升级，包括承诺最惠国待遇、禁止业绩要求、采用负面清单模式做出非服务业领域市场准入承诺并适用棘轮机制（即未来自由化水平不可倒退）。投资便利化部分还包括争端预防和外商投诉的协调解决。本章附有各方投资及不符措施承诺表。

第十一章　知识产权

本章为本区域知识产权的保护和促进提供了平衡、包容的方案。内容涵盖著作权、商标、地理标志、专利、外观设计、遗传资源、传统知识和民间文艺、反不正当竞争、知识产权执法、合作、透明度、技术援助等广泛领域，其整体保护水平较《与贸易有关的知识产权协定》有所加强。

第十二章　电子商务

本章旨在促进缔约方之间电子商务的使用与合作，列出了鼓励缔约方通过电子方式改善贸易管理与程序的条款；要求缔约方为电子商务创造有利环境，保护电子商务用户的个人信息，为在线消费者提供保护，并针对非应邀商业电子信息加强监管和合作；对计算机设施位置、通过电子方式跨境传输信息提出相关措施方向，并设立了监管政策空间。缔约方还同意根据 WTO 部长级会议的决定，维持当前不对电子商务征收关税的做法。

第十三章　竞争

本章为缔约方制定了在竞争政策和法律方面进行合作的框架，以提高经济效率、增进消费者福利。规定缔约方有义务建立或维持法律或机构，以禁止限制竞争的活动，同时承认缔约方拥有制定和执行本国竞争法的主权权利，并允许基于公共政策或公共利益的排除或豁免。本章还涉及消费者权益保护，缔约方有义务采取或维持国内法律和法规，以制止误导行为、或在贸易中作虚假或误导性描述；促进对消费者救济机制的理解和使用；就有关保障消费者的共同利益进行合作。

第十四章　中小企业

缔约方同意在协定上提供中小企业会谈平台，以开展旨在提高中小企业利用协定并在该协定所创造的机会中受益的经济合作项目和活动，将中小企业纳入区域供应链的主流之中。协定强调充分共享 RCEP 中涉及中小企业的信息包括协定内容、与中小企业相关的贸易和投资领域的法律法规，以及其他与中小企业参与协定并从中受益的其他商务相关信息。

第十五章　经济与技术合作

本章为实现 RCEP 各国的共同发展提供了框架，为各方从协定的实施和利用中充分受益、缩小缔约方发展差距方面作出贡献。根据本章，缔约方将实施技术援助和能力建设项目，促进包容、有效与高效的实施和利用协定所有领域，包括货物贸易、服务贸易、投资、知识产权、竞争、中小企业和电子商务等。同时将优先考虑最不发达国家的需求。

第十六章　政府采购

协定认识到政府采购在推进区域经济一体化以促进经济发展中的作用，将着力提高法律、法规和程序的透明度，促进缔约方在政府采购方面的合作。本章包含审议条款，旨在未来对本章节进行完善，以促进政府采购。

第十七章　一般条款与例外

本章规定了适用于整个 RCEP 协定的总则，包括缔约方法律、法规、程序和普遍适用的行政裁定的透明度、就每一缔约方行政程序建立适当的审查与上诉机制、保护保密信息、协定的地理适用范围等。同时，本章将 GATT1994 第二十条和 GATS 第十四条所列一般例外作必要修改后纳入本协定。缔约方可以采取其认为保护其基本安全利益所必需的行动或措施。本章还允许缔约方在面临严重的收支平衡失衡，外部财政困难或受到威胁的情况下采取某些措施。

第十八章　机构条款

本章节规定了 RCEP 的机构安排，以及部长会议、联合委员会和其他委员会或分委员会的结构。联合委员会将监督和指导协定的实施，包括根据协定监督和协调新设或未来设立的附属机构的工作。

第十九章　争端解决

本章旨在为解决协定项下产生的争端提供有效、高效和透明的程序。在争端解决有关场所的选择、争端双方的磋商、关于斡旋、调解或调停、设立专家组、第三方权利等方面作了明确规定。本章节还详细规定了专家组职能、专家组程序、专家组最终报告的执行、执行审查程序、赔偿以及中止减让或其他义务等。

第二十章　最终条款

本章节主要包括关于附件、附录和脚注的处理；协定与其他国际协定之间的关系；一般性审查机制；协定的生效、保管、修订、加入及退出条款等。指定东盟秘书长作为协定的保管方，负责向所有缔约方接收和分发文件，包括所有通知、加入请求、批准书、接受书或核准书。条约的生效条款规定，协定至少需要 6 个东盟成员国和 3 个东盟自由贸易协定伙伴交存批准书、接受书或核准书后正式生效。

A6.2 六种外贸新业态

跨境电商、海外仓、市场采购贸易、外贸综合服务企业、保税维修和离岸贸易等，构成外贸新业态的主要内容。

跨境电商是指分属不同关境的交易主体，通过电子商务平台达成交易、进行支付结算，完成贸易。

海外仓作为新型外贸基础设施，对跨境电商发展和国际市场拓展起到重要支撑作用。

市场采购贸易属于中国本土的贸易模式创新，是指经营者在特定市场集聚区内采购单票报关单的商品货值 15 万（含 15 万）美元以下的货品，相关出口商品通关手续可在采购所在地海关办理的贸易方式。

外贸综合服务企业是指通过信息技术和标准化服务平台等，为外贸企业提供融资、通关、物流、保险及退税等环节的一揽子代理服务，有利于为外贸企业尤其是中小型外贸企业降低贸易成本、提升业务效率。

保税维修是指以保税方式将存在部件损坏、功能失效、质量缺陷等问题的货物从境外运入区域内进行检测、维修后复运出境，或将待维修货物从境内区外运入区域内进行检测、维修后复运回境内区外，主要针对自产或者代工产品的保税维修和第三方保税维修，维修过程全程保税、全程海关监管，减少了重复报关等手续，提高了生产、贸易和经济效率。

离岸贸易是由转口贸易业务演变而来的新型贸易模式，资金结算在境内进行，具有境内资金流、订单流与境外货物流分离以及综合成本低等特征。

A6.3 经贸活跃度计算方法

设经贸活跃度有 n 个评价指标 D，每个指标的权重为 ω，用以表示该指标对经贸活跃度的重要程度。

首先，为了提升数据的可比性，用以下公式对指标进行归一化处理。

$$D_i = \frac{X_i}{M_i}, i=1,2,3,\cdots,n$$

X_i 表示第 i 个评价指标的实际值。M_i 表示设定的第 i 个评价指标的最大值。

D_i 表示第 i 个指标经过归一化后调整的数值。

其次，将指标权重与评价指标相乘，得到加权得分。

为了增强结论的直观性与对比性，在不影响结论有效性和准确性的前提下，本书剔除中国香港和不丹国的数值计算平均值，还对来源于贸易和投资部分的数据 Y_i 进行了以下处理：如果一国在某一指标的加权得分 H_i 大于或等于所有国家的加权平均分 $\overline{H_i}$，则视该国的得分为满分，反之，则保持占比得分不变。即：

$$H_i = \omega_{i*}D_i$$

$$Y_i = \begin{cases} H_i, & if\,H_i < \overline{H_i} \\ \omega_i, & if\,H_i \geq \overline{H_i} \end{cases}$$

$$S = (\sum_{i=1}^{n} Y_i) + \varepsilon_{(0,0.1,0.2)}$$

S 为经贸活跃度的得分。$\varepsilon_{(0,0.1,0.2)}$ 代表的取值可能为 0、0.1 或 0.2，其数据来源于金融部分。

再次，权重（ω）的确定根据变异系数法，并酌情根据德尔菲法进行调整。

最后，构建了如下的得分矩阵。

经贸活跃度得分	档次	星级
[0.75，1]	高	★★★★
[0.50，0.75)	较高	★★★
[0.25，0.50)	较低	★★
[0，0.25)	低	★

第七章

蓬勃发展的全球数字贸易引致国际间数字鸿沟扩大还是缩小？

　　国际贸易是个古老的话题。数字贸易是个新生事物，因数字技术而生。数字全球化的核心是技术流和数字流。没有数字技术，就没有数字贸易。数字贸易产生数字流，数字流支撑数字贸易。数字技术的不平衡导致数字贸易发展的不平衡，而在数据技术"去垄断化"前提下的数字贸易持续发展无疑会促进数字鸿沟缩小。全球需要缩小数字技术鸿沟和减少数字赤字、技术赤字。在尊重知识产权的前提下，全球尤其是发达国家应共享人类科技文明成果，促进数字技术和数字贸易的发展。

第一节　数字技术催动数字贸易发展

　　数字贸易概念的演变。数字贸易属于数字经济的重要组成。伴随着第四次工业革命浪潮的到来（有关工业 4.0 概念，详见附录 A7.1）与世界科技进步，导致全球贸易形态和贸易格局发生深刻变革。在数字技术的驱动下，数字产业化和产业数字化交融发展，数字经济发展规模越来越大。数字经济如火如荼的发展，推动了其中数字贸易（digital trade）的增长。数字贸易是信息、通信、互联网、云计算、区块链等数字技术和全球化发展的产物。美国国际贸易委员会（USITC）、美国信息技术及创新基金会（ITIF）、经合组织（OECD）、世贸组织（WTO）和国际货币基金组织（IMF）等对数字贸易的概念均有阐述。2013 年，美国国际贸易委员会在《美国和全球经济中的数字贸易 1》报告中首次把数字贸易定义为通过互联网传输而实现的产品和服务的商业活动，既包括以互联网为媒介传输产品和服务的国内商业活动，也包括以互联网为媒介传输产品和服务的国际贸易。关于数字贸易的定义，基本形成了共识，但还有争议。笔者认为，数字贸易作为新型的贸易形态，与传统贸易相比，既有相同的地方，也有相异的部分。但就其本质来看，数字贸易依然是贸易，只是在贸易的方式、贸易的对象、贸易的主体上发生了变化，引入了数字这一关键生产要素。货物贸易中，如"货物"属于数字化产品，或货物贸易过程中使用了数字化平台交易，则表明嵌入了数字贸易的内容。服务贸易中数字贸易的比重比较高，如现代服务贸易中的软件服务外包、通信服务、共享平台服务等属于数字贸易，其服务的载体、内容、服务平台等方面均体现了数字化的特点。狭义的数字贸易，局限于贸易中的货物是数字化产品或贸易服务中的内容为数字化内容，即强调贸易的标的物。广义的数字贸易，还包括：贸易的产品和服务中含有数字技术，贸易的渠道和平台中含有数字技术。数字贸易是电子商务或跨境电商的拓展和延伸，既存在于国内贸易也生长于国际贸易，其触角较广，涉及生产、分配、交换、消费等诸环节。伴随着数字技术对全球贸易影响的不断深化，数字贸易涵盖的范畴将越来越广，非数字贸易的规模和比重将越来越少。数字贸易也给传统的贸易种类的划分与测度，带来了新的挑战。数字贸易不能简单地归类为服务贸易。

　　数字贸易发展的三个阶段。数字贸易的发展不是一蹴而就的，而是渐进的演化过程。从其演变历史看，可以将数字贸易划分为三个主要的发展阶段。第一阶段是启蒙阶段，在 2013 年之前，即数字贸易的概念被正式提出来之前。第二个阶段是起步阶段，2013 年到 2017 年，是数字贸易发展的界定和新内涵涌现的阶段。以数字技术深入人心、为大众熟知应用为标志，以全球知名社交网络服务网站 Facebook 月活跃用户量突破 20 亿户作为分水岭。据统计，2017 年，Facebook 月活跃用户达到了 20 亿户，搜索引擎用户 Google 月独立访问用户数量超过 18 亿户。第三阶段是高速发展阶段，2017 年之后至今，数字贸易的各种形式纷纷涌现，发展较为迅速。贸易数字化实现了贸易过程的高效化和智能化，包括了订单管理的数字化、采购管理的数字化、物流管理的数字化、支付结算的数字化等方面。

　　数字技术是数字贸易发展的基石。影响数字贸易发展的因素较多，技术、人才、制度是最主要的三大影响因素。数字技术主要体现在数字贸易基础设施方面。数字贸易基础设施是数字贸易发展的基石。数字基础设施包含连接、算力、智能三种技术要素，涉及 5G/6G、卫星互联网、云计算、工业互联网、物联网、超级计算中心（智能计算中心）等。更宽的连接，除了优化算法努力逼近香农极限[1]外，还需要扩展新的频段，加大空分复用即同一个频段在不同的空间内得到重复利用，提高光电集成技术。

---

[1] 也称香农容量，指的是在会随机发生误码的信道上进行无差错传输的最大传输速率。

更强的算力，除了依赖芯片工艺进步外，还需要存算一体、算网融合等架构层面的创新。更高的智能，包括 AI 芯片技术含量、大模型算法的应用水平和网络领域的智能化等级等。广义的数字基础设施还包括数字资源体系。截至 2021 年 1 月，根据联合国的统计，全球人口数量达到 78.3 亿人，而全球使用互联网的人数达到 46.6 亿，互联网普及率为 59.5%。除了数字技术外，数字化人才是数字贸易创新的源泉，公平合理的数字化制度是数字贸易法治化和国际化营商环境的保障。WTO 支持电商发展，自 1998 年起，明确对电子传输临时免征关税，2022 年世贸组织第 12 届部长级会议上（MC12）又达成共识，同意将电子传输临时免征关税的做法延续至下一届部长级会议。大多数国家在通关、税务等方面，对跨境电商采取了比较宽容的积极推进政策。由于全球缺乏统一的数字贸易规则，各个国家不断探索符合本国利益的数字贸易规则，并通过与其他国家的双诸边协议体现出来。出于公民隐私、技术水平和国家安全的考量，部分国家对数据交易及跨境数据流动制定了数据本地化存储等限制性政策。由于音乐、视频等产品可能包含意识形态方面的风险，部分国家对相关产品制定了限制性政策。

第二节　全球数字贸易发展不平衡

全球数字贸易发展并不平衡，从主要经济体数字贸易发展现状及其在全球产业链中的位势可见一斑。

选取十一个国家或经济体，作为研究分析对象。中国是电商大国，也是数字贸易大国。美国是世界第一大经济体，也是全球最大的数字经济体。欧盟是第三大经济体，同样欧盟也是数字贸易重要经济体。2022 年美国GDP 以 25.46 万亿美元继续领跑，其次为中国 18 万亿美元，位居第三的是欧盟 16.65 万亿美元。英国是老牌的"帝国主义"国家，2020 年 1 月正式从欧盟独立，也有必要重点分析。日本、韩国的数字贸易较发达。新兴经济体金砖国家的数字贸易发展较为迅速。东盟与中国毗邻，属于 RCEP 区域经济体，数字贸易发展潜力大。把以上十一个国家或经济体列入研究分析对象，基本代表了全球数字贸易的主要经济力量。具体包括中国、美国、英国、日本、韩国、印度、巴西、俄罗斯、南非九个国家，还包括欧盟和东盟两个区域经济体。

选择六个数字贸易细分领域作为数字贸易研究的主要内容。数字贸易的内容较为丰富，选择了电子商务、ICT贸易、数字音乐、电子游戏、搜索引擎、社交平台六个细分领域作为数字贸易的代表性领域，基本不会存在争议。由于数字贸易的概念与内涵尚处于不断演化之中，六个细分领域仅代表当前数字贸易的主要特色方面。

从三大维度评估数字贸易，分别是规模、质量与环境。在产业经济学和复杂经济学理论的指导下，拟从产业发展的规模、产业发展的质量、产业发展的环境三个维度上对数字贸易的六个细分领域进行评价与分析。这里的定量测度，主要还是应用了层次分析法。尽管层次分析法不尽理想，但基本能够相对准确地将特征向量值测度出来。具体步骤是：在三个维度上进一步分层构建评价指标体系，对每个层级指标体系中各个指标的具体表现进行评分，依据指标的重要性程度进行指标权重赋值，进而通过加权求和；在得到数字贸易各个细分领域的具体得分基础上，进一步按照权重加权求和；最后根据各个经济体的得分进行排序，描画出各个经济体在全球价值链上的位势。

表 7.1　数字贸易综合排名

经济体	排名
美国	1
中国	2
欧盟	3
日本	4
印度	5
韩国	6
东盟	7
英国	8
巴西	9
俄罗斯	10
南非	11

表 7.2 数字贸易细分领域排名

具体经济体	电子商务	ICT	搜索引擎	社交平台	数字音乐	电子游戏
美国	1	1	3	3	1	3
欧盟	5	2	2	5	2	4
英国	7	7	10	10	4	8
日本	4	4	8	8	3	3
韩国	3	6	9	11	6	5
俄罗斯	9	9	6	7	9	10
印度	8	5	4	2	10	7
巴西	10	10	7	6	7	9
南非	11	11	11	9	11	11
东盟	7	8	5	4	7	6
中国	2	3	1	1	4	1

表 7.3 数字贸易细分领域——电子商务

具 体 经济体	规模	质量	环境		
	电子商务市场总额（亿美元）	电商头部企业市值排名（亿美元）	线上零售占社会零售总额比例（%）	互联网渗透率（%）	物流绩效指数（LPI）
美国	8708（第 2 名）	16678.5（第 1 名）	14.5（第 4 名）	90.9（第 4 名）	3.89（第 3 名）
欧盟	4488.5（第 3 名）	306.5（第 6 名）	10.2（第 6 名）	91（第 3 名）	3.64（第 4 名）
英国	1095.6（第 6 名）	15.3（第 11 名）	28.9（第 1 名）	94.82（第 2 名）	3.99（第 2 名）
日本	1280（第 4 名）	364.2（第 5 名）	13.8（第 5 名）	90.22（第 5 名）	4.03（第 1 名）
韩国	1203（第 5 名）	464.4（第 4 名）	28（第 2 名）	96.51（第 1 名）	3.61（第 5 名）
俄罗斯	300（第 9 名）	25（第 9 名）	9（第 7 名）	84.99（第 6 名）	2.76（第 10 名）
印度	566（第 8 名）	110.1（第 7 名）	7.55（第 10 名）	43（第 11 名）	3.18（第 7 名）
巴西	260（第 10 名）	55.2（第 8 名）	8.1（第 9 名）	81.34（第 7 名）	2.99（第 9 名）

续表

具 体 经济体	规模	质量	环境		
	电子商务市场总额（亿美元）	电商头部企业市值排名（亿美元）	线上零售占社会零售总额比例（%）	互联网渗透率（%）	物流绩效指数（LPI）
南非	75（第11名）	15.83（第10名）	4（第11名）	70（第9名）	3.38（第6名）
东盟	705.3（第7名）	812（第3名）	9（第8名）	66（第10名）	3.03（第8名）
中国	15430（第1名）	6298.5（第2名）	24.5（第3名）	70.4（第8名）	3.61（第5名）

表7.4 数字贸易细分领域——ICT

具 体 经济体	规模	质量	环境	
	ICT服务出口额（亿美元）	ICT头部企业数量与排名（个）	宽带速率（Mbit/s）	计算机专业全球排名数量（个）
美国	446.5（第3名）	39（第1名）	203.81（第2名）	110（第2名）
欧盟	1757.69（第1名）	16（第2名）	135.22（第5名）	193（第1名）
英国	283.6（第5名）	2（第7名）	102.24（第7名）	52（第3名）
日本	51.5（第7名）	12（第3名）	178.76（第4名）	16（第8名）
韩国	47（第9名）	4（第5名）	212.57（第1名）	18（第7名）
俄罗斯	48.6（第8名）	0（第10名）	95.96（第8名）	14（第9名）
印度	848.8（第2名）	2（第6名）	64.03（第9名）	23（第6名）
巴西	23.5（第10名）	0（第10名）	113.09（第6名）	13（第10名）
南非	6.9（第11名）	1（第9名）	54.75（第11名）	3（第11名）
东盟	249.1（第6名）	2（第8名）	60（第10名）	27（第5名）
中国	298（第4名）	10（第4名）	196.57（第3名）	35（第4名）

表 7.5　数字贸易细分领域——搜索引擎

具体经济体	规模	质量	环境	
	网民绝对人数（万人）	前50名搜索引擎数量（个）	人口总数（万人）	受教育年限（年）
美国	31232（第5名）	31（第1名）	33480.5（第5名）	13.4（第1名）
欧盟	38645.2（第4名）	8（第2名）	44518.1（第4名）	12.1（第4名）
英国	6500（第9名）	0（第10名）	6849.8（第9名）	12.9（第2名）
日本	11740（第8名）	1（第6名）	12558.5（第8名）	12.8（第3名）
韩国	4942.1（第10名）	1（第4名）	5133（第11名）	12.1（第4名）
俄罗斯	12400（第7名）	1（第5名）	14580.6（第7名）	12（第5名）
印度	83371（第2名）	1（第8名）	140663.2（第2名）	6.4（第9名）
巴西	16001（第6名）	1（第7名）	21535.4（第6名）	7.8（第8名）
南非	3185.8（第11名）	0（第10名）	6075.6（第10名）	10.1（第6名）
东盟	44417.8（第3名）	0（第9名）	68012.2（第3名）	8.1（第7名）
中国	101074（第1名）	2（第3名）	144847.1（第1名）	7.8（第8名）

表 7.6　数字贸易细分领域——社交平台

具体经济体	规模	质量	环境	
	社交平台用户数量（亿）	头部社交平台数量与排名（个）	网民平均每天花费在社交媒体时间（分钟/天）	居民平均年龄（岁）
美国	2.4（第5名）	16（第1名）	127（第6名）	38.1（第6名）
欧盟	2.55（第4名）	3（第3名）	82（第9名）	42.3（第10名）
英国	0.45（第9名）	1（第9名）	109（第8名）	40.5（第8名）

续表

具 体经济体	规模	质量	环境	
	社交平台用户数量（亿）	头部社交平台数量与排名（个）	网民平均每天花费在社交媒体时间（分钟/天）	居民平均年龄（岁）
日本	0.906（第7名）	1（第4名）	51（第11名）	47.3（第11名）
韩国	0.447（第10名）	1（第8名）	68（第10名）	41.8（第9名）
俄罗斯	0.7（第8名）	1（第7名）	148（第3名）	39.6（第7名）
印度	5.18（第2名）	1（第5名）	145（第4名）	28.1（第2名）
巴西	1.51（第6名）	0（第10名）	222（第1名）	32.6（第4名）
南非	0.23（第11名）	0（第10名）	212（第2名）	27.1（第1名）
东盟	4.83（第3名）	1（第6名）	139（第5名）	30.2（第3名）
中国	9.27（第1名）	8（第2名）	124（第7名）	37.4（第5名）

表 7.7 数字贸易细分领域——数字音乐

具 体经济体	规模	质量		环境	
	数字音乐产业规模（百万美元）	数字音乐头部企业数量与排名（个）	数字音乐版税收入（全球占比%）	数字音乐用户渗透率（%）	数字音乐ARPU（每用户平均收入，美元/人）
美国	4437.08（第1名）	12（第1名）	27（第2名）	40（第3名）	86.19（第1名）
欧盟	1336.55（第2名）	5（第2名）	36.6（第1名）	20.8（第6名）	53.4（第5名）
英国	655.35（第3名）	0（第10名）	7.5（第4名）	40.2（第2名）	82.38（第2名）
日本	572.775（第4名）	2（第5名）	10.3（第3名）	23.9（第5名）	58.8（第4名）
韩国	291.696（第6名）	1（第7名）	2.1（第5名）	34.4（第4名）	59.6（第3名）
俄罗斯	36（第10名）	1（第6名）	0.5（第8名）	17.7（第8名）	15.4（第6名）

续表

具体经济体	规模	质量		环境	
	数字音乐产业规模（百万美元）	数字音乐头部企业数量与排名（个）	数字音乐版税收入（全球占比%）	数字音乐用户渗透率（%）	数字音乐ARPU（每用户平均收入，美元/人）
印度	101.946（第9名）	2（第4名）	0.2（第11名）	9.3（第11名）	11.16（第9名）
巴西	177.48（第8名）	0（第9名）	1.6（第6名）	17.9（第7名）	14.7（第7名）
南非	11.6（第11名）	0（第10名）	0.4（第9名）	17.3（第9名）	11.5（第8名）
东盟	484.9（第5名）	0（第8名）	0.4（第10名）	11.6（第10名）	10.65（第10名）
中国	263.07（第7名）	4（第3名）	0.6（第7名）	67.4（第1名）	8.1（第11名）

表 7.8 数字贸易细分领域——电子游戏

具体经济体	规模	质量	环境	
	产业总产值（亿美元）	头部企业数量与排名（个）	电子游戏玩家渗透率（%）	人均GDP（美元）
美国	405（第2名）	13（第4名）	77.2（第9名）	63414（第1名）
欧盟	156.2（第4名）	16（第3名）	80（第8名）	26624（第5名）
英国	53（第7名）	4（第6名）	75（第10名）	41125（第2名）
日本	221（第3名）	34（第1名）	74.5（第11名）	40193（第3名）
韩国	75.5（第5名）	6（第5名）	83.3（第5名）	31632（第4名）
俄罗斯	22.1（第9名）	0（第9名）	80.2（第7名）	10127（第7名）
印度	5.34（第10名）	1（第8名）	92.1（第1名）	1901（第11名）
巴西	23（第8名）	0（第9名）	87.2（第4名）	6797（第8名）
南非	2.9（第11名）	0（第9名）	91（第2名）	5091（第9名）
东盟	59.79（第6名）	2（第7名）	88.3（第3名）	3870（第10名）
中国	460（第1名）	16（第2名）	82.4（第6名）	10435（第6名）

以上数据的采集来源及数据加成计算方法，说明如下。

1）电子商务市场总额：依据全球知名市场调研公司 eMarketer 2021 年的数据来排序或测算，欧盟与东盟采用各成员的总值加和得到。

2）电商头部企业市值：电子商务头部企业市值排名采用了全球 50 家电商企业（参见附录 2），2022 年的市值按照经济体进行分类核算。有些国家或地区没有上榜企业，根据该国家或地区最大本土电商企业的规模与榜单最后一名企业的规模对比得到一个比例值，作为该国家或地区在本项目的得分。

3）线上零售占社会零售总额比例：根据 Statista 2020 的数据，少数国家根据 2021 年的数据测算得到，2021 年的数据可能有变化，但是相对值变化不大。Statista 是来自德国的数据机构。

4）互联网渗透率：使用互联网的网民与总人口数之比。采用世界银行和维基百科 2022 年的数据。

5）物流绩效指数：由海关、基础设施、国际货运、物流竞争力、货物追踪、物流及时性等六个关键指数构成。根据世界银行的 2018 年物流绩效指数来测算排序。

6）ICT 服务出口额：根据 Nation Master 2019 年的服务出口值的数据整理测算。Nation Master（国家大师）是一个全球性的组织，建立于 2003 年，致力于挖掘各类数据。

7）ICT 头部企业数量与排名：根据 2019 年福布斯数字企业 100 强来进行排序。有些国家或地区没有上榜企业，根据该国家或地区最大本土 ICT 企业的规模与榜单最后一名企业的规模对比得到一个数值，作为该国家或地区在本项目排名的依据。

8）宽带速率：按照 OOKLA 全球测速报告 2022 年的数据，东盟、欧盟取中位数。OOKLA 是美国网速测试统计公司。

9）计算机专业全球排名数量：根据 2021 年 QS 全球排名 1000 的计算机专业学校数量整理测算。QS（Quacquarelli Symonds）是英国国际高等教育研究机构，成立于 1990 年。

10）网民绝对人数：根据维基百科 2021 年数据整理测算。

11）前 50 名搜索引擎数量：根据 2022 年各个搜索引擎的数据整理测算。有些国家或地区没有上榜企业，根据该国家或地区本土最大搜索引擎企业的规模与榜单最后一名企业的规模对比得到一个数值，作为该国家或地区在本项目排名的依据。

12）人口总数：根据 World Population Review 2022 年的数据整理测算。

13）受教育年限：根据联合国教科文组织 2017 年的数据整理测算。

14）社交平台用户数量：根据 Statista 2020 年的数据整理测算。

15）头部社交平台数量与排名：根据 Visual Capitalist 2021 年的数据整理测算。有些国家或地区没有上榜企业，根据该国家或地区本土最大社交平台企业的规模与榜单最后一名企业的规模对比得到一个数值，作为该国家或地区在本项目排名的依据。Visual Capitalist 是美国数据分析机构。

16）网民平均每天花费在社交媒体的时间：根据 2021 年 Data Reportal 的数据整理测算。Data Reportal 是注册在新加坡的一家数据调研机构。

17）居民平均年龄：根据 World Population Review 2022 年的数据整理测算。

18）数字音乐产业规模：根据 IFPI 2017—2020 年的数据整理测算。IFPI 指国际唱片业协会（International Federation of the Phonographic Industry，IFPI）。

19）数字音乐头部企业数量与排名：根据 Statista 2021 年的数据整理测算。有些国家或地区没有上榜企业，根据该国家或地区最大数字音乐企业的规模与榜单最后一名企业的规模对比得到一个数值，作为该国家或地区在本项目排名的依据。

20）数字音乐版税收入：根据 CISAC 发布《2019 全球版税报告》的数据整理测算。CISAC 指国际作者作曲者协会联合会。

21）数字音乐用户渗透率：根据 eMarketer 2022 年的数据整理测算。

22）数字音乐 ARPU：根据 Statista 2021 年和 2022 年的数据整理测算。

23）电子游戏产业总产值：根据 Newzoo 发布《全球游戏产业报告 2021 年》的数据整理测算。Newzoo 是游戏市场研究及数据分析服务商，是荷兰市场研究公司。

24）电子游戏头部企业数量与排名：根据 Companies Market 发布的全球电子游戏上市企业 100 强的数据整理测算。有些国家或地区没有上榜企业，根据该国家或地区最大电子游戏企业的规模与榜单最后一名企业的规模对比得到一个数值，作为该国家或地区在本项目排名的依据。

25）电子游戏玩家渗透率：根据 Statista 2021 年的数据整理测算。

26）人均 GDP：根据世界银行 2020 年的数据整理测算。为研究方便，本研究中所有中国的数据均指中国大陆的数据。

基于以上数据，按国别地区分述如下。

美国综合排名第一。美国电子商务总额虽然处于第二位，但质量指标遥遥领先，头部企业效应明显，导致电子商务综合排名也是第一。根据 BizVibe 的数据，全球前十大电商公司中美国占据三席，分别为排名第一的亚马逊，排名第六的易贝 (eBay)，排名第七的 Wayfair。美国在信息与通信技术（ICT）贸易中排名第一，除了贸易环境外，ICT 的头部企业多是主要原因。美国在搜索引擎中排第三，原因是搜索引擎的平台企业第一多和受教育年限最长，但被网民数和人口数拉低了分数。美国在社交平台中排名第三，原因是头部社交平台第一多，但被网民花费时间等指标拉低了分数。美国在数字音乐方面排名第一，主要是头部企业多和数字音乐的产业规模大。美国在电子游戏领域排名第三，主要是被电子游戏的玩家渗透率拉低了分值。美国数字经济位于全球领先位置，美国在数字贸易领域存在比较高的贸易顺差，2021 年美国出口服务 7665.7 亿美元、进口服务 5350.21 亿美元，以数字贸易为主的服务贸易在当年实现顺差超过了 2300 亿美元。美国数字贸易之所以领先，主要原因是：行业头部企业占据垄断地位；较高的互联网渗透率；在技术原始创新和商业模式创新方面有比较好的基础和氛围；创新的企业家精神；比较完善的资本市场；数字贸易人才相对充裕。

欧盟综合排名第三。欧盟的数字贸易发展滞后于其总体经济地位。欧盟缺乏数字贸易领域的头部企业，缺乏全球性的互联网平台，在电子商务、社交平台、搜索引擎、电子游戏等领域远远不及中、美，甚至在一些领域不及日本和韩国。欧盟在 ICT、计算机服务、知识产权领域，具有领先优势。欧盟内部国家之间在数字贸易水平上差异大，欧盟的成员国家之间甚至还没有形成统一的数字市场。

英国综合排名第八。英国互联网渗透率较高，排名第二。英国电商市场发展较快，跨境电商平台"两家独大"，最突出的两个高流量平台是亚马逊英国站以及 eBay 英国站。英国在数字贸易相关的头部企业方面排名靠后。在电子商务渗透率、数字音乐用户付费率等数字贸易质量性指标中排名靠前。在数字贸易的规模方面，限于英国的人口和市场的容量，大多指标排名靠后。

日本综合排名第四。日本消费者对实体购物情有独钟，是新冠疫情刺激和促进了日本国民网络购物的热情。日本的整体电商渗透率比较低，低于全球平均水平。日本整体文化对 ICT 技术的接受还有待提高。在数字音乐和游戏领域，日本的整体发展规模和质量位居全球前列。在搜索引擎领域，日本雅虎具有绝对领先的地位。在社交媒体领域，日本自有的社交媒体市场占有率最高。

韩国综合排名第六。韩国在游戏和数字音乐方面在全球的排名比较高，"韩流"在年轻人中颇受青睐。韩国的 ICT 产业领域，在全球处于第二梯队的位置。在自主搜索引擎方面，拥有自己比较有影响力的国产搜索引擎。韩国电商的规模处在全球第二方阵，但是在自主电商平台方面具有比较强的优势。在数字产业发展环境方面，韩国比日本对互联网具有更加开放的文化与环境。

俄罗斯综合排名第十。俄罗斯数字贸易不能跟美国、中国和欧盟相媲美，但是俄罗斯的经济基础和结构相对完善，国民的整体素质比较高，国民的收入中等偏上，因此在数字贸易的发展环境上得分比较高。相比于其他金砖国家，其搜索引擎和社交领域拥有自主的平台和企业，并不为美国的相关企业所垄断。在电商领域，俄罗斯拥有自己的电商平台，占据了一定的市场份额。在 ICT 领域，俄罗斯的电子信息产业有比较好的基础，虽然受限于语言以及与西方的关系，俄罗斯 ICT 服务出口没有印度发达，但是在 ICT 领域依然具备一定的竞争力。

印度综合排名第五。印度在电子商务领域的发展比较好，整体规模比较大，主要得益于庞大的人口基数和较强的经济总量。印度在整体数字贸易环境方面还有很多欠缺，包括宽带接入率、互联网渗透率等。在电子商务、社交媒体和搜索引擎等领域，印度缺乏自己的领先企业。印度在 IT 服务外包领域居于全球首位，形成了庞大的 IT 服务外包产业。在数字音乐和游戏领域，印度还有比较大的提升空间。

巴西综合排名第九。巴西在电子商务领域，凭借其较大的人口基数，电子商务的规模尚可。在电子商务、搜索引擎和社交媒体领域，巴西缺乏自己的领先企业。巴西在数字音乐领域规模较大，发展较好。在 ICT 领域，巴西产业出口能力较弱。

南非综合排名第十一。南非在数字音乐和游戏领域有比较快的发展。在电商领域发展也比较快,但是整体的发展规模和质量都处于中等偏下水平。在数字贸易的电子通信、互联网基础设施方面,南非具有较大的发展潜力。

东盟综合排名第七。东盟电商市场发展潜力大。东南亚的整体电信基础设施建设相对较弱,东盟对电商基础设施需求大。东盟地区 ICT 行业发展较快。在数字贸易和经济领域,东盟国家的发展参差不齐,国家之间差异性很大,新加坡是东盟国家的领头羊,柬埔寨在电商、社交媒体、搜索引擎、ICT、数字音乐和游戏等领域都处于起步阶段。

中国综合排名第二。中国在数字贸易的各个细分领域,包括电商、电子游戏、数字音乐、社交平台等领域在规模上都处于全球的前列。中国电子商务规模全球第一,跨境电商是电子商务的重要增长点。各个细分领域的头部企业都有中国身影,但国际化程度尚有空间。中国具有庞大的人口基数和较好的互联网基础设施,中国庞大的市场是成就数字贸易头部企业的关键。中国政府对数字贸易的大力支持激发了数字贸易的发展,中国丰富的 ICT 人才供给为数字贸易发展提供了动力。

第三节　全球数字贸易发展有效缩小
国际间数字鸿沟

数字技术在数字贸易中应用场景不断拓展,应用深度不断加深。数字贸易的发展与大数据、云计算、人工智能等新兴数字技术的深化应用与革新密不可分。数字技术的发展推动数字贸易的研发、设计、广告、分销、售后服务等各个环节数字化、智能化、云端化。数字贸易中的数字化需求,也促使更多的数字化服务开发与应用,拓展新的应用场景,加深应用深度,进而推动数字技术的发展。

数据要素在数字贸易市场中的重要性日益提升。数据流动对全球经济增长的贡献越来越大,数据已经成为数字贸易中的核心要素之一,全球数据流的增长速度已经超过了贸易和资金流的增长速度。数据全球化成为推动全球经济发展的重要力量。未来数据这一要素将随着科技进步、技术革新在数字贸易中发挥着越来越重要的作用，不断成为数字贸易和数字经济增长与变革的重要驱动力。

数字贸易缓和了数字鸿沟的结构性矛盾。数字鸿沟制约全球数字贸易均衡发展。数字鸿沟与数字贸易之间呈现出非常强的相关性，即数字鸿沟会制约数字贸易的发展，但数字贸易的发展可以缩小数字贸易鸿沟。数字贸易鸿沟主要是指不同种族、信仰、经济、居住环境和阶层背景的人在获得和使用数字化产品方面的差异，主要是指接触和使用电脑和网络方面的便捷性和能力方面的差异。在数字贸易背景下，数字鸿沟不仅仅包括电脑和网络使用方面的差异，还包括在大数据的获得、保护、分析、资源化等方面存在的差异。这种数字鸿沟从层次上包括：单个居民层次的数字化鸿沟，政府之间的数字鸿沟，各国企业之间的数字鸿沟。数字贸易鸿沟主要出现在发达国家与发展中国家之间，如美国的互联网渗透率、网速等都在全球处于领先位置，而非洲和南美的部分国家，人们还生活在 3G 时代，不少人还没有接触到互联网。发达国家的数字贸易人才储备非常丰富，人才的整体业务素质高，而发展中国家的数字贸易人才少，有限的数字贸易人才不少是在西方接受教育、然后回国工作。数字贸易方面的技术创新大多掌握在美国等西方国家手中。从数字贸易本身这一工具看，它的功能和作用是有助于缓解数字鸿沟的，需要发达国家帮助发展中国家、欠发达国家发展数字贸易。当然，客观上也需要发展中国家、欠发达国家发奋图强，提升内生动力，努力发展数字贸易。

第四节　数据生产要素冲破了既有国际贸易理论的束缚

古典国际贸易理论没有涉及数据生产要素。古典国际贸易理论产生于 18 世纪中期，是在重商主义（代表人物为托马斯·孟，1571—1641 年）和重农学派（代表人物为弗朗斯瓦·魁奈，1694—1774 年）基础上发展起来的。以亚当·斯密（1723—1790 年）的绝对优势理论和大卫·李嘉图（1772—1823 年）的比较优势理论最为著名。德国经济学家李斯特（1789—1846 年）提出了基于国家主义的贸易政策保护理论，又称幼稚产业保护论，该理论不同于狭隘的追求贸易顺差的重商主义，是对古典国际贸易理论的补充。英国经济学家约翰·穆勒（1806—1873 年）提出相互需求理论，实质是阐述供求关系决定商品价值的原理，是对比较优势理论的补充。这一时期的国际贸易理论，没有涉及数据生产要素。

新古典国际贸易理论也没有提及数据生产要素。新古典国际贸易理论是在新古典经济学框架下的理论，诞生于 19 世纪末 20 世纪初。以瑞典经济学家赫克歇尔（1879—1952 年）和他的学生俄林（1899—1979 年）提出的要素禀赋理论为经典代表，这一理论又称为 H-O 模型。其核心内容是：在两国技术水平一致的假设条件下，两国生产产品的成本差异源自要素充裕度（绝对量）和要素密集度（相对量）。美国经济学家、诺奖得主萨缪尔森（1915—2009 年）用数学方式演绎了 H-O 模型，而美籍俄裔经济学家里昂惕夫（1906—1999 年）运用美国的数据经过实证提出了反论，"美国是个资本、技术丰裕而劳动力相对稀缺的国家，根据 H-O 模型，对外贸易结构应该是出口资本、技术密集型产品，进口劳动密集型产品，而实证结果没有得到这个结论"，即著名的里昂惕夫悖论。里昂惕夫悖论不够系统，但对主流的国际贸易理论提出了挑战，引发了反思，对推动新的国际贸易理论有贡献。这一时期的国际贸易理论，也没有提及数据生产要素。如果数据成为新的生产要素，势必导致短期和长期的生产函数发生变化，导致里昂惕夫生产函数和柯布 - 道格拉斯生产函数也因此发生变化。里昂惕夫生产函数和柯布 - 道格拉斯生产函数的简介，详见附录 A7.3。要素禀赋理论、赫克谢尔 - 俄林（H-O）模型及里昂惕夫之谜的简介，详见附录 A7.4。

当代国际贸易理论逐步让数据生产要素登上舞台。"二战"后，全球化是主流和大势所趋，但逆全球化的思潮从来也没有停止过，国际贸易的产品结构、地理结构、人文结构发生了深刻的变化，各式各样的国际贸易新业态层出不穷，国际贸易理论被不断地丰富。比较著名的国际贸易理论有：（1）新生产要素理论。即将自然资源、研究与开发、信息、管理等新要素纳入国际贸易的影响因素，代表人物有美国经济学家、诺奖得主舒尔茨（1902—1998 年），于 1960 年提出人力资本投资理论。（2）需求偏好相似理论。由瑞典经济学家林德于 1961 年《论贸易和转变》提出，即两国贸易流向流量取决于两国需求偏好相似程度，需求结构越相似则贸易量越大。（3）动态贸易理论，包括技术差距理论、产品生命周期理论、差异化产品理论（产业内贸易理论）等，代表人物有雷蒙德·弗农。1966年，他在《产品周期中的国际投资和国际贸易》著作中首提产品生命周期理论。（4）国家竞争优势理论，即一国的竞争优势就是企业和行业的竞争优势，由哈佛大学教授迈克尔·波特于1990年在其著作《国家竞争优势》中提出，其中决定一国产业竞争力四大因素[①]的"钻石模型"久负盛名。数据成为新的生产要素后，毫无疑问将丰富新生产要素理论，同时，对需求偏好相似理论、动态贸易理论、国家竞争优势理论均有创造性影响。

关键词

数字贸易　工业4.0　数字基础设施　香农极限　电子商务　ICT贸易
数字音乐　电子游戏　搜索引擎　社交平台SQE 国别位势分析模型
数字鸿沟　古典国际贸易理论　贸易政策保护理论（幼稚产业保护论）
相互需求理论　新古典国际贸易理论　要素禀赋理论（H-O模型）
里昂惕夫悖论　当代国际贸易理论　新生产要素理论
需求偏好相似理论　动态贸易理论　技术差距理论 产品生命周期理论
差异化产品理论（产业内贸易理论）　国家竞争优势理论　"钻石模型"
里昂惕夫生产函数　柯布-道格拉斯生产函数

[①] 可供给的生产要素包括：人力、资本、基础设施，市场的需求，产业的行业竞争力，企业的具体表现。

附　录

A7.1 工业技术演进及 4.0 概念

国际金融危机后逐步进入智能化的工业 4.0 时代。2008 年金融危机后，美国为强化实体经济，将发展先进制造业上升为国家战略，于 2009 年底出台《重振美国制造业框架》，着力寻求"工业互联网"，以加快抢占 21 世纪先进制造业制高点。德国制造业长期以来较为发达，2011 年"工业 4.0"概念在德国汉诺威被学术界和产业界首次提出，2013 年在汉诺威工业博览会上被正式启动，2015 年德国联邦政府在汉诺威成立了"工业 4.0 平台"。日本以人工智能为突破口，强化工业智能化，2014 年日本经济产业省实施"以 3D 造型技术为核心的产品制造革命"。中国 2015 年实施"中国制造 2025"，加速从制造大国向制造强国转型。

智能制造是工业 4.0 时代的技术特征。以智能制造为代表的第四次工业革命，即工业 4.0 时代（智能化），表现为由物联网、人工智能、5G 等新一代电子信息技术与制造业深度融合。

工业 4.0 和之前工业变革的区别。与工业 3.0（自动化，通过电子与信息技术的广泛应用驱动制造业数字化自动化）、工业 2.0（电气化，用电力驱动的机器逐步取代了蒸汽动力）、工业 1.0（机械化，用蒸汽动力驱动机器取代人力）一样，工业 4.0（智能化）将改变生产范式、生产方式和生活方式，在更深层面、更大范围促进着全社会生产力的发展与转型。

A7.2 全球 50 家跨境电商平台

数据主要来源于网络。包括：佰信集团 2022 年 7 月 26 日（https://view.inews.qq.com/a/20220726A07ZTJ00）和其他网站等。

1. 美国（11 家）

亚马逊：美国最大电商公司。

eBay：线上拍卖及购物网站。

Wish：全球 B2C 电商，主打低价。

Newegg：一家在线零售商，其产品包括计算机硬件和消费电子产品。

Walmart：美国的跨国零售企业，是世界上最大的零售商。

Jet：沃尔玛旗下独立电商网站日浏览量达 100 万。

Tophatter：美国新一代闪拍平台，专注于移动端。

Etsy：网络商店平台，以手工艺成品买卖为主要特色，被誉为"祖母的地下室收藏"。

Wayfair：主要销售家具和家居用品，是北美排名第一专业家居电商销售平台。

Overstock：美国当地知名的网上购物平台和品牌折扣销售平台。同时 Overstock 还是"女性杀手"，据了解，平台女性消费者占 76%。

BestBuy：全球最大家用电器和电子产品零售集团。

2. 欧洲（10 家）

除了亚马逊、速卖通、eBay 这 3 大全球性的综合电商平台，欧洲区域本土电商平台 TOP 10（排名不分先后，可能随时有所变动）：

Allegro：波兰，综合；

Zalando：欧洲，时尚；

Cdiscount.com：法国，综合；

GittiGidiyor：土耳其，综合；

eMAG：东欧，综合；

Marktplaats：荷兰，综合；

OTTO：德国，综合；

Fnac：欧洲，综合；

bol.com：荷兰，综合；

ManoMano：欧洲，家居。

3. 日韩（7 家）

日本乐天：乐天是日本最大的虚拟商业圈，成立于 1997 年，隶属于日本的乐天株式会社；

亚马逊日本站：在日本，亚马逊有 11 个 FBA 仓库和两个客服中心；

Kakaku：跨地区的直销商店联盟，购买商品前必看的网站，不仅是为了得到相对最低的价格信息，更重要的是获取关于同类商品不同品牌型号的评价和比较；

韩国乐天：乐天（Lotte.com）是韩国五大集团之一，世界五百强跨国企业；

Gmarket：韩国最大的综合购物网站；

11街：韩国移动通信巨头SK旗下知名电商平台；

eBay韩国站。

4. 东南亚（16家）

1）马来西亚

Shopee MY：隶属腾讯系，是东南亚最大电商平台之一；

Lazada MY：隶属阿里系，是东南亚最大电商平台之一；

Lelong：马来西亚本土综合电商平台，马来电商TOP3；

Zalora：东南亚知名服装时尚电商平台，总部位于新加坡。

2）印度尼西亚

Tokopedia：成立于2009年，是印尼最受欢迎的在线电商平台之一；

Bukalapak：印尼较大电商平台；

Lazada印尼站：隶属阿里系，是东南亚人气很高的电商平台之一。

3）菲律宾

Zalora：网上时装及美容产品购物平台，总部位于新加坡。

Argomall：成立于2019年，菲律宾本土电商平台；

YouPoundit：2014年在菲律宾运营，是一家销售手机、电子产品及相关小工具配件的垂直电子商务网站。

4）越南

Tiki：2010年在越南成立，是一家"纯本土"的电商平台；

Sen Do：成立于2012年；

The Gioi Di Dong：2004年在越南成立，隶属于越南本土的最大手机零售品牌Mobile World Group。

5）新加坡

Qoo10：成立于2010年；

Carousell：新加坡知名的二手交易平台，类似国内"闲鱼"；

Singsale：新加坡唯一的会员制在线时尚购物网站。

以上累计为44家。

中国跨境电商平台企业众多，主要有天猫国际、苏宁全球采购、京东全球购、唯品会全球特卖、聚美极速免税店、1号店1号海购、蜜芽、洋码头、海沃全球购、55 海淘网等。

A7.3 里昂惕夫生产函数和柯布 – 道格拉斯生产函数

华西里·里昂惕夫（1906—1999 年）是投入产出分析方法的创始人。苏联（俄罗斯）人。里昂惕夫因发展了投入产出分析方法及其应用，在经济领域产生重大作用，备受西方经济学界推崇并因此获得 1973 年诺贝尔经济学奖。

列昂惕夫生产函数，亦称固定投入比例生产函数，是指在每一个产量水平上任何一对要素投入量之间的比例都是固定的生产函数。

具体模型公式为：

$Q = Min(L/U, K/V)$

$Q = L/U = K/V$ 即 $K/L = V/U$

下图能够清晰看到其中的机理。

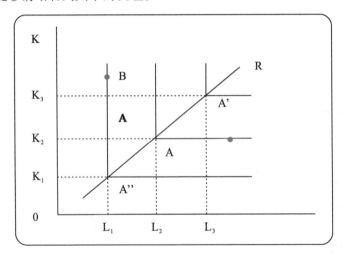

需要说明的是，该模型有三个比较重要的假设条件。（1）假设生产过程，仅使用 L 和 K 两种要素。（2）假设 U 和 V 为固定的生产技术系数。（3）假设 Q 的生产，必要依靠 U 和 V 之间的固定比例搭配。故 OA 这条线是这一固定比例的生产函数的所有产出的最小要素的组合。

柯布 – 道格拉斯生产函数是美国数学家柯布（C.W.Cobb）和经济学家保罗·道格拉斯（PaulH.Douglas）共同探讨投入和产出的关系时创造的生产函数，是以美国数学家柯布和经济学家道格拉斯的名字命名的，是在生产函数的一般形式上作出的改进，引入了技术资源这一因素。

柯布和道格拉斯研究的是 1899 年至 1922 年美国制造业的生产函数。在他们的生产函数中，资本这一要素只包括对机器、工具、设备和工厂建筑的投资。而对劳动这一要素的度量，他们选用的是制造业的雇佣工人数。

具体数学模型是：

$Y = AK^{\alpha}L^{\beta}$

A 代表技术，K 和 L 分别代表资本和劳动，α 和 β 分别代表资本和劳动产出的弹性系数。有学者引申这个函数，不断增加自变量 X_i。β_i（$i=1, 2, 3, \cdots\cdots$）表示解释变量 X_i 每变化 1%，被解释变量 Y 变化 β_i%。有学者拓展了这个模型：$Y = AK^{\beta}L^{\beta}e^u$，$e$ 为随机扰动项，表示除 K、L 之外的影响因素。

这一生产函数的假设：（1）A 为外生变量。（2）$\alpha + \beta > 1$，为规模报酬递增，表明现有技术的条件下，产出增加的比例大于投入增加的比例；$\alpha + \beta < 1$，为规模报酬递减，即现有技术的条件下，产出增加的比例小于投入增加的比例；$\alpha + \beta = 1$，表现为规模报酬不变效应。

A7.4 要素禀赋理论、赫克谢尔－俄林（H–O）模型及里昂惕夫之谜

要素禀赋理论，亦称"赫克歇尔－俄林理论""H-O 理论"。由瑞典经济学家俄林于 1933 年出版的《地区间贸易与国际贸易》中提出，该理论建立在瑞典经济学家赫克歇尔的研究基础之上。

该理论认为，各国间要素禀赋的相对差异以及生产各种商品时利用这些要素的强度差异是国际贸易的基础，强调生产商品需要不同的生产要素，如资本、土地等，而不仅仅是劳动力；不同的商品生产需要不同的生产要素配置。

该理论认为，一国应该出口由本国相对充裕的生产要素所生产的产品，进口由本国相对稀缺的生产要素所生产的产品，而且，随着国际贸易的发展，各国生产要素的价格将趋于均等。

里昂惕夫发表了其验证结果后使西方经济学界大为震惊，因而将此不解之谜称为里昂惕夫之谜。里昂惕夫在 1953 年和 1956 年的两次研究中还发现了一个难以解释的现象：按照传统理论，美国是具有最昂贵劳动力和最密集资本的国家，应主要出口资本密集型产品，进口劳动密集型产

品。但事实恰好相反，美国出口量最大的却是农产品等劳动密集型产品，进口量最大的却是汽车、钢铁等资本密集型产品。这被业内称为"里昂惕夫之谜"。

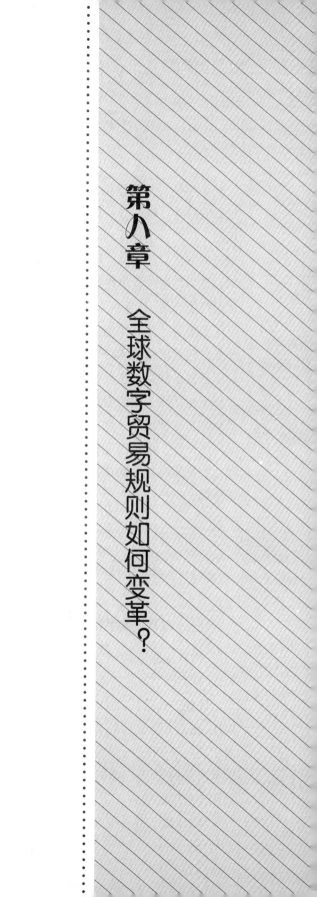

第八章　全球数字贸易规则如何变革？

数字贸易规则是指规范数字贸易活动的相关公约、法律、法规、行政规章的总称，既包含一国国内的数字贸易相关规则，也包括国际数字贸易规则。目前，全球性规则、区域性规则、国内规则并存，且数字贸易规则制定集中在少数国家。从数字贸易规则的具体内容看，大致可以分为三类。第一类为数据监管类规则，主要是对数据使用的管理，包括数据隐私保护、数据跨境流动、计算机本地化等，以及数字企业的本国进入规则，包括投资、市场竞争等；第二类为网络平台管理规则，主要是规范网络运营商的中介服务，包括网络内容许可和访问、互联网平台中介责任等；第三类为产品和服务贸易规则，主要指对线上交易的产品和服务，以及数字技术产品的管理，包括线上销售管理、税收和补贴、政府采购、技术标准等。数字贸易规则主要涉法学、制度经济学、管理学等内容，数字贸易规则在数字贸易发展中逐步形成与完善，数字贸易规则的规范总是滞后于数字贸易的实践，数字贸易规则的内涵与外延处于不断变革之中，始终寻求着全球的动态平衡。

第一节　全球数字贸易规则发展现状

一、WTO 数字贸易规则

WTO 框架下数字贸易规则供应不足。受限于多哈回合的谈判效率，WTO 有关数字贸易规则适应不了日新月异的数字贸易的发展，造成供给不足的问题。然而，WTO 框架下约束数字贸易的相关规则也不是完全没有。WTO 有关货物贸易的多边协议《1994 年关税与贸易总协定》《技术性贸易壁垒协议》和《与贸易有关的投资措施协议》等，《服务贸易总协定》《与贸易有关的知识产权协定》和《关于争端解决规则与程序的谅解》等同样适用于数字贸易。

WTO 数字贸易规则主要体现在电子商务规则方面。WTO 多边贸易体制中，涉及电子商务的重要协定为《服务贸易总协定》（General Agreement on Trade in Services，GATS）。GATS 是与数字贸易规则相关的基本协定，GATS 将 "服务贸易" 界定为通过跨境提供（如：国际货币电子清算与支付、国际电信服务）、境外消费（如：本国消费者通过境外平台购买在线音乐、网游服务）、商业存在（如：一国公司来他国开设酒店，提供线上线下服务）和自然人流动（如：外国医生来本国提供线上线下个体服务）四种方式提供服务均与数字贸易有关。WTO 一直致力于电子商务规则建设，在 1996 年举行的 WTO 首届部长级会议上，电子商务被正式纳入 WTO 的管理范畴，后有关电子商务的议题一直没有间断，在 2022 年世贸组织第 12 届部长级会议（MC12）会议上，依然决定对电子输送的交易采取零关税的政策。

二、RTA 数字贸易规则

区域贸易协定（RTA）中有关数字贸易规则越来越多。RTA 是指两个或多个贸易伙伴之间的任何互惠贸易协定。RTA 包括自由贸易协定（FTA）、关税同盟（CU）、经济一体化协定（EIA）及部分范围协定（PS）。由于数字贸易方面的全球性协议比较难以达成，各国纷纷通过 RTA 探索数字贸易规则。根据 WTO 的 RTA 数据库及 TAPED 数据库，2001 年至 2020 年间全球含数字贸易规则的有效 RTA 共计 176 个。截至 2021 年 2 月，全球向 WTO 通报并有效的 RTA 达到 326 起，其中涉及数字贸易的达到 109 起，占比为 33.4%。代表性协定有韩美自由贸易协定（KORUS）、《跨太平洋伙伴关系协定》(TPP)、《全面与进步的跨太平洋伙伴关系协议》(CPTPP)、《美墨加协定》(USMCA)、《区域全面经济伙伴关系协定》(RCEP) 等。

三、美国数字贸易规则

美国—约旦自由贸易协定首次涵盖数字贸易规则。约旦是美国第四个自由贸易伙伴国，前三个分别是加拿大、墨西哥和以色列。2000 年美国—约旦自由贸易协定（Free Trade Agreement，FTA）要求 "缔约方应努力避免违背在电子传输方面征收零关税的现行措施"，首次涵盖数字贸易规则。美国经过 20 多年的努力，在其主导的一系列 RTAs 中构建了数字贸易规则 "美式模板"。

美国 20 多年来致力于构建了数字贸易规则 "美式模板"。2013 年美国提出《数字贸易法案》。2016 年在修订《数字贸易 12 条》（Digital Dozen）的基础上形成《数字贸易 24 条》（The Digital 2 Dozen）。《跨太平洋伙伴关系协定》（Trans-Pacific Partnership Agreement，TPP）框架下的数字贸易规则是奥巴马时期数字贸易规则美式模板的集大成者。TPP 中专门开辟第六章电子商务来讨论电子商务的规则问题，其主要精神在于确保跨越国界信息的自由流动，禁止电子商务关税，促进跨境电子交易认证服务，保护保密信息。TPP 还重点对数字贸易领域知识产权做了相关规定。特朗普政府在数字贸易治理上较奥巴马政府更具雄心，主要体现在两个方面：一是两部代表作《美日数字贸易协定》（U.S.—Japan Digital Trade Agreement，UJDTA）和《美墨加协定》（United States—Mexico—Canada Agreement，USMCA）。2019 年 10 月生效的 UJDTA，在 USMCA 协定基础上，强化了知识产权保护力度。2020 年 7 月 1 日生效的 USMCA，对 TPP 中数字贸易规则进行了升级，新增禁止将关税和其他歧视性措施应用于以电子方式分发的数字产品等。二是在双边诸边层面谋求将数字贸易规则"美式模板"扩大应用。拜登政府综合运用经济、外交、政治等手段，协同跨大西洋和"印太战略"，利用"五眼联盟"、G7 和美日印澳四方安全对话（The Quadrilateral Security Dialogue，QUAD）等，借力欧盟，增强美方在 5G、大数据、人工智能、机器人、半导体等通用技术层面的规则话语权。

"美式模板"的主要内容架构。一是美国对数据监管相对宽松。美国没有数据隐私管理的全国性法律。美国并不是不重视消费者隐私保护，如 2018 年加利福尼亚州颁布《消费者隐私法》，要求企业有义务向消费者披露其收集、出售或披露消费者个人信息的资料。二是美国对数字服务中间商的责任要求较为宽松。美国法律存在《ISP 安全港条例》，授予互联网服务提供商（Internet Service Provider，ISP）中介平台免责条件和反通知权利，"第三方利用平台服务在合法平台上创建和分享非法信息，平台方不对非知识产权的侵权损害承担责任"。网络中介机构如发生侵权行为，只要实施侵权通知和撤除制度，就不承担侵权责任。三是宽严相济的数字产品和服务贸易政策。美国为发展跨境电商提供了宽松的政策环境，但美国对信息通信技术产品贸易设置了较多的贸易管制。美国对使用加密方式的商业通信卫星和技术存在出口管制。四是数字企业严格的本地进入政策。美国设立外国投资委员会对 FDI 进行经济安全审查，具体包括：对国内生产的影响；对国内工业的国防能力的影响；对美国关键技术、基础设施的国际领先地位的影响。

四、欧盟数字贸易规则

一是欧盟数据监管较严。欧盟一般采取先有规则监管、再试验实践的模式，旨在确保数据安全的情况下推进跨境数据流动。早在 2000 年，欧盟就颁布了《电子商务指令》，帮助欧盟内部的跨境电商服务扫清法律障碍。2018 年《通用数据保护条例》（GDPR）是欧盟数字产业方面的基础性法规，该条例是在 1995 年颁布的《数据保护指令》之上制定的，适用于欧盟所有成员国。该条例包含：个人敏感数据；问责机制；数据主体的知情权；数据主体的访问、更正和可携权；数据主体的删除权、限制处理权、反对权和自动化个人决策相关权利；数据处理者；数据泄露和通知；数据保护官等。任何收集、传输、保留或处理涉及欧盟所有成员国内的个人信息的机构组织，均受该条例的约束。为更好地保护输出美国的欧盟公民个人数据的安全，2023 年 7 月，欧盟委员会批准了《欧盟 – 美国数据隐私框架》，详见第三节。

二是欧盟对网络平台管理较严。2022 年生效的《数字市场法》和《数字服务法》是欧盟数字贸易的重要法律。《数字市场法》主要是针对守门人的规制法律，监督数字贸易领域的大平台滥用垄断地位等市场不公行为。《数字服务法》规制在线中介服务提供者，只要是向位于欧盟境内或在欧盟有营业地的服务接收者提供中介服务，不论服务提供主体的注册地是否在欧盟境内，均需适用该法，该法包括规制管道服务（如通信网络）、缓存服务（如自动和临时存储信息）、托管服务（如云存储服务器）。

三是欧盟在数字产品和服务贸易政策方面总体上自由化程度较高。欧盟的"单一市场战略"，着眼于实现数字产品和服务的自由流通。欧盟对军民双重用途的产品出口实行限制政策，包括计算机、电信和信息安全等，对进口产品没有特殊限制。

四是欧盟对数字企业的本地进入的投资壁垒较高。法国存在歧视性反收购规定，允许法国公司对不适用互惠条例的外国公司采取反收购措施。法国和德国的电信运营商，为终止来自欧盟以外的国际业务而对其收取高于其他贸易企业的费用。

五、中国数字贸易规则

中国在数字贸易规则方面出台了一系列的法律法规，逐步构建了较为完善的数字贸易规则体系。中国 2016 年新修订的《对外贸易法》，重视与贸易有关的知识产权保护，透明度原则作为一般性原则得到了全面贯彻。先后出台了《网络安全法》（2017 年）、《电子商务法》（2018 年）、《数据安全法》（2021 年）、《个人信息保护法》（2021 年）等与数字贸易相关的法律，数字贸易发展与安全基本有法可依。

中国积极融入国际通行的数字贸易规则，努力提升全球数字贸易规则话语权。中国签署的《区域全面经济伙伴关系协定》2022 年 1 月 1 日正式生效。在 RCEP 中与数字贸易相关的章节包括：第八章金融服务和电信服务，第十一章知识产权，第十二章电子商务和第十四章中小企业。RCEP 在数字关税方面规定各缔约方不对缔约方之间的数字传输征收关税，但并没有阻止各缔约方征收其他的数字税。对于跨境数据流动和金融服务数据流动，如果出于商业目的或者日常营运的目的都可以进行跨境流动，但同时也保留了监管机构出于国家安全等审慎考虑可以对数据跨境流动进行限制。RCEP 没有将数据本地化作为进入一个国家开展商业行为的前提，没有将源代码开放作为进口、分销、销售或者使用该软件的先决条件。中国积极申请加入较高数字贸易规则水平的 CPTPP 和 DEPA。

第二节　全球数字贸易规则需要变革

一、全球数字贸易规则面临困惑

（一）全球性的统一规则缺位，WTO 框架缺乏数字贸易相关内容

到目前为止，由于国际经贸治理体系的问题，WTO 谈判进展缓慢，数字贸易的全球性统一规则长期处于缺位状态。这种缺位状态一方面严重影响了数字贸易的发展，另一方面也对 WTO 的形象和地位造成了较大的负面冲击。国际规则的缺失，导致了各个国家在制定自己的数字贸易政策和规则方面往往从本国利益出发，缺乏基本的遵循，最终加大了各国在数

字贸易领域的分歧和冲突。

（二）主要规则体系之间的冲突和分歧依然很大

目前，全球处于主导地位的两大规则体系——欧洲规则和美国规则之间依然存在巨大的分歧。这种分歧在短期内看不到有减少和消除的趋势。这种分歧的根源在于国家之间的信任缺乏，而深层次的原因在于国家之间的利益博弈。美国在数字经济领域发展比较快，数字经济的技术在全球处于引领位置，因此在数字贸易方面主要立足全面开放和自由竞争。欧盟则基于对个人隐私和人权的保护，在数据的流动方面设置了比较多的限制。因此可以看出在数字贸易方面，因为发展水平的不同，全球数字贸易规则的"孤岛"化现象比较严重。

（三）发展中国家在数字贸易规则方面缺乏声音

目前，在数字贸易规则方面，基本是美国、欧盟等主宰规则的制定，来自发展中国家的声音较弱。发展中国家的数字经济发展水平大多比较低，数字经济发展的需求相对滞后，支撑数字经济发展的技术比较匮乏，在数字经济方面的产业基础薄弱，其国内的数字经济的相关政策和规则也有限。发展中国家和发达国家在数字经济领域存在巨大的数字鸿沟，发展中国家在数字贸易规则上的失声会进一步加剧发展中国家的数字贸易领域的弱势地位，从而进一步加大发展中国家和发达国家之间的数字贸易鸿沟。中国作为代表性的发展中国家，应加强数字贸易规则顶层设计，提出中国方案。

二、WTO 数字贸易规则需要增加有效供给

主要数字贸易经济体之间规则存在冲突。美国和欧盟在数字贸易规则制定中逐渐形成了自己的规则体系，形成全球数字贸易规则的"美式模板"和"欧式模板"。"美式模板"相对偏重于自由。"欧式模板"相对偏重于保护。随着"美式模板"和"欧式模板"的逐步成型，中国作为数字贸易大国，努力构建数字贸易规则的"中式模板"，在自由与保护、发展与安全中寻求平衡点，推动全球数字贸易规则朝着更加公平合理的方向发展。

全球数字贸易呼唤 WTO 出台新规。与当今日新月异的通信技术、云计算、大数据、5G 技术等数字技术的飞速发展相比，多边框架下的 WTO 数字贸易规则明显供给不足，亟须 WTO 牵头解决数字贸易发展中的问题

诉求，需要各成员积极参加谈判、达成共识，形成公平合理的新规则框架。此外，WTO的自身危机与挑战，也是目前数字贸易规则供应不足的原因之一。

三、数字贸易规则治理三大议题

（一）数据主权议题

大数据时代各国越来越重视数据主权。数据主权是一个国家独立管理和利用本国数据的权力。数据主权的内涵主要体现在对数据的控制权、数据产业技术的自主开发权以及数据立法权三个方面。数据主权在大数据时代面临着诸多不确定因素，国家间争夺数据资源与控制权愈演愈烈。如"长臂管辖"原则和法律"域外效力"等规则的出现，对一国数据主权造成较大冲击，也威胁与挑战一国数据安全。

数字税征收难题需要破解。各国之间围绕数字税的争端由来已久。各国开征数字税，体现了数字贸易发展背后的利益博弈。数字贸易及基于数据跨境流动产生的商业活动在经济核算方面，存在口径不一、难以区分、难以量化等问题，给各国税收征管部门带来了极大的困扰。2020年6月，美欧两大经济体就征收跨国技术企业数字税协议展开谈判。以美国企业为代表的一些跨国互联网巨头曾纷纷将欧洲总部落在税制宽松、税率偏低的欧盟成员国，以此"合法避税"。欧盟为此也出台了向跨国互联网企业征收数字服务税的规定。2021年10月，OECD发布声明，主要由美国推动提出的15%全球最低税率赢得了包括爱尔兰在内的138个国家/地区（截至2021年11月）达成共识。亚马逊、脸书等科技巨头和其他大型全球企业在销售其商品或服务的国家应依照国际惯例纳税，即使这些企业在相关国家更多基于互联网技术而非实体经营。

数据垄断问题也提上议事日程。如何界定数据垄断，数据垄断是否破坏市场竞争以及是否需要对存在数据垄断行为的企业进行反垄断审查等问题，已经提上议事日程，但全球仍然没有达成一致意见。美国指责欧盟《数字市场法》（DMA）"歧视美国企业"，对中国在美的互联网产品搞"清洁法案"。由于数据市场具有网络效应和跨界属性，关于数据垄断的界定、数据垄断的特征、反垄断审查等各方面的议题仍旧有待研究与商榷。数据垄断与保护个人隐私、保护企业商业秘密、维护国家安全之间的边界也需要厘清和寻求平衡点。

（二）数据流动议题

数据本地化有存在的合理性。数据是数字贸易和数字经济的关键要素。出于对保护个人隐私权和国家安全的考虑，许多国家采取了数据本地化的措施。国际上数据本地化立法有三种类型：一是禁止数据跨境传输并将数据存储在本国境内的数据中心；二是只有数据主体事先同意才能将数据跨境传送；三是不阻止数据跨越国界但其数据副本需要存储在本国境内。由于经济发展阶段不同，各国为保护本国利益，采取了不同程度的本地化措施，有其存在的合理性。毫无疑问，数据本地化作为一种壁垒，提高了市场进入门槛，对数字贸易和数字经济发展会产生不利影响。

数据跨境流动不是不需要约束。围绕数据的跨境流动，是全球数字贸易治理的关键分歧所在。数字技术、数字贸易和数字经济的强国，往往在全球数字贸易中推行数据自由流动和存储设施的非本地化，并将这些诉求作为市场准入条件进行推广。而对于并不掌握网络底层技术的发展中国家来说，互联网与跨境数据的开放流动不可避免会引起对数字主权和安全的担忧。关于这个议题的详细讨论，详见第九章。

（三）数字知识产权保护议题

数字贸易中的知识产权保护凸显重要。保护知识产权，就是保护创新。因为数字贸易更容易对知识产权保护构成侵权，所以数字贸易中保护知识产权尤为重要。数字贸易中涉及的大数据、算法、计算机底层技术，是知识产权的重点保护对象。数字贸易中的数字化产品相较于传统贸易中的有形货物更具备了知识密集型的属性，一些数字产品，如应用软件、网游产品等，比较容易遭到"仿制""假冒"，或"未经授权传播"，如果不加强知识产权保护管理，很容易侵犯发明人的权益。当然，知识产权保护属于双刃剑。业界也要防止以知识产权保护为由，恶意阻碍数字贸易的健康正常发展。

区域贸易协定重视数字贸易知识产权保护。以 CPTPP 和 RCEP 为例，可见一斑。CPTPP 和 RCEP 都包括保护商标、版权和专利，规定了知识产权保护期限。CPTPP 保护"源代码"知识产权，禁止缔约方提出强制共享关键基础设施之外的源代码的要求，禁止将转移软件源代码作为在其境内销售或使用该软件的条件。RCEP 明确了数字版权管理技术的保护和许可使用等方面的规定，在电子商务对话中提及考虑在源代码领域开展对话，留下了试图共享"源代码"技术的商量余地。CPTPP 出于避免损害软件所有人的知识产权与商业利益的考虑，提出允许网络自由接入并禁止强制共享软件源代码，RCEP 则考虑到限制源代码公开、较 CPTPP 放宽了要求。

数字贸易中数字化产品的保护规则相对复杂。数字贸易知识产权保护规则的复杂性，远高于一般实物产品。在数字贸易中，数字化产品合法跨境销售往往会受版权、许可与其他法律问题的阻碍或影响。数字贸易的知识产权保护重点内容还包括数字化产品和服务的源代码、算法和商业秘密等。维护与管理数字贸易相关知识产权的复杂性程度较高，需要多方共同协调。现有的数据保护规则主要涵盖数据通过互联网传送和接收的过程，但对于传输后的数字化产品与信息的处理规定还不够明确。数字贸易中的知识产权保护还会受到知识产权地域性、知识产权和物权冲突、不同地域知识产权保护水平和执法标准差异等方面影响。

防止数字贸易中知识产权保护成为新的贸易壁垒。数字贸易的数字化和基于互联网的无国界特点，这就需要各国在知识产权地域性与数字贸易无国界之间作好平衡，防止数字贸易知识产权保护措施成为新的贸易壁垒。在 WTO 框架下，在《伯尔尼公约》[①]《与贸易相关的协定》[②] 和《世界知识产权组织版权条约》[③] 等国际规则的基础上，统一和完善知识产权数字规则，既要有效保护知识产权，又要制止知识产权滥用，防止出现不合理贸易限制行为。欧盟在国际上积极推动"TRIPS+"条款，以保护欧盟企业的知识产权。欧盟修改版权法要求大型互联网企业使用本国的新闻内容需支付更多费用。美国利用知识产权壁垒阻碍国外大型互联网企业进入市场，中国的百度、腾讯和阿里巴巴进入美国市场受到阻碍。

源代码议题分歧较大。《与贸易相关的知识产权协定》（Agreement on Trade-Related Aspects of Intellectual Property Rights，TRIPS）规定，计算机程序中的源代码应受版权保护。发达国家如美国、欧盟则认为源代码是商

① 《保护文学和艺术作品伯尔尼公约》是关于著作权保护的国际条约，1886 年制定于瑞士伯尔尼。1992 年，中国成为该公约成员。
② 《与贸易相关的知识产权协定》是知识产权保护的国际标准，涉及八个方面：著作权及其相关权利、商标、地理标记、工业品外观设计、专利、集成电路布图设计、对未公开信息的保护和对许可合同中限制竞争行为的控制。
③ 《世界知识产权组织版权条约》是 1996 年由世界知识产权组织主持，有 120 多个国家代表参加的外交会议上缔结的，主要为解决国际互联网络环境下应用数字技术而产生的版权保护新问题。

业机密，不应随意使用或销售，即便允许披露源代码，也会规定情形。例如，欧盟规定允许强制披露源代码的情形为法院等机构为保护国家重要安全利益所采取的措施等。而大多数发展中国家期望发达国家开放源代码，共享技术成果。

中国重视数字贸易中的知识产权保护。知识产权保护是数字贸易全球治理中的重要议题，已经成为各国共识。世界知识产权组织（WIPO）《2021年世界知识产权报告》指出，世界各国对知识产权的重视程度逐渐增强，科学成果产出、研发（R&D）支出、知识产权申请数量在 2020 年继续增长。伴随着数字贸易的发展，中国越发重视知识产权保护。中国在全球专利申请总量中位居世界前列，2020 年中国专利申请量共 1497159 件，排名第一，是排名第二的美国 597170 件的 2.5 倍以上。但中国与世界知识产权强国相比，存在大而不强、多而不优的劣势。根据国家知识产权局数据，2021 年中国发明专利授权率为 55.0%。

第三节　欧盟—美国数据隐私框架

一、《欧盟—美国数据隐私框架》出台背景

欧盟—美国数据隐私框架的出台是为了更好地保护欧美个人数据的安全。2023 年 7 月，欧盟委员会批准了《欧盟—美国数据隐私框架》，这是欧美间数据传输新协议，其目的是更好地保护输出美国的欧盟公民个人数据的安全。

欧盟—美国数据隐私框架的出台，是有历史渊源的。2016 年，欧盟曾正式通过《欧美隐私盾牌》，规定用于商业的个人数据从欧洲传输到美国后，将按欧盟境内的同样标准受到保护。而根据美国联邦法律，国家安全局等联邦机构可要求美国互联网公司交出其存储的用户数据，包括欧盟用户的数据。这引发了希望阻止有关数据从欧盟传输至美国的诉讼，2020 年 7 月，欧洲法院判决《欧美隐私盾牌》协定无效。2022 年 10 月，拜登签署了《关于加强美国信号情报活动保障的行政命令》，作为欧盟委员会审查美国法律是否符合欧盟数据隐私保护标准"充分性决定"的支柱性文件，

以解决欧洲法院提出的担忧。欧盟委员会认为，美国确保在《欧盟—美国数据隐私框架》下对从欧盟传输到美国公司的个人数据提供足够水平的保护，其保护水平与欧盟的保护水平相当。因此，个人数据可以安全地从欧盟流向参与该框架的美国公司，而无须采取额外的数据保护措施。

二、《欧盟—美国数据隐私框架》与《欧美隐私盾牌》的比较

欧盟—美国数据隐私框架引入了新的保障措施。与 2016 年《欧美隐私盾牌》相比，《欧盟—美国数据隐私框架》引入了新的具有约束力的保障措施，包括将美国情报部门对欧盟数据的访问限制在必要和适当的范围内，并建立一个数据保护审查法院。而欧盟个人可就美国情报机构收集和使用其数据的情况获得独立、公正的补救机制，例如：①新成立的数据保护审查法院将独立调查、解决投诉并采取具有约束力的补救措施；②如果数据保护审查法院发现数据的收集违反了新的保障措施，它将能够下令删除数据；③当美国公司错误处理了欧盟个人的数据时，欧盟个人可使用免费的独立争议解决机制和仲裁小组等多种补救途径。

美国公司加入《欧盟—美国数据隐私框架》需要承诺的义务。美国公司加入该框架，需要承诺遵守一系列详细的隐私义务，具体包括：当不再需要个人数据来实现收集目的时删除个人数据，在将个人数据与第三方共享时必须确保数据保护的连续性等。然而，也有人对该框架提出质疑，曾因提起诉讼导致前两项欧美数据协议《安全港》和《隐私盾》被废除的奥地利隐私维权人士和律师马克斯·施雷姆斯表示，即使美国数据政策发生了变化，但该框架也没有为欧洲人提供足够的保护，他指出："我们需要修改美国监控法才能使这项工作发挥作用，但我们根本没有这样做。"

第四节　中国应对全球数字贸易规则变革的思考

一、全球规则、区域规则和主要经济体规则分歧渐有弥合之势

美国和欧盟在跨境数据自由流动和数据本地化议题上存在分歧，但该分歧也存在融合可能。美国将数据本地化与数据隐私和保护要求视为数字

贸易壁垒,强调数据自由流动和数据传输与获取自由。欧盟"战略自主"的数字政策大方向不会逆转。欧盟则更加坚持一定程度的数据本地化,强调对于个人隐私数据的保护。美欧在数字贸易规则制定上存在"跨境数据流动"的利益分歧点,但两大经济体存在规则融合可能。2018 年,欧盟内部通过了《非个人数据自由流动条例》(RFFND),促进欧盟境内非个人数据的安全自由流动,并消除成员国境内数据本地化要求,该规定促进了欧盟成员国内部废止非个人数据本地化的措施。自 2018 年 9 月起,美欧日三方的贸易代表多次磋商"不公平"的贸易行为、数字贸易等。美日欧三大经济体凭借其影响范围,试图打造出"西方数字贸易治理观",进而辐射至其他经济体。

二、中国在全球数字贸易规则变革中应有新作为

中国需要把握数字时代发展机会,在全球数字贸易规则变革中有更多的新作为。一是适用数字贸易国际规则。跟踪研判分析各国数字贸易发展及其规则变化,主动加强协商与对话,拥抱全球数字贸易规则变革,动态修正本国的数字贸易规则。二是影响数字贸易国际规则。通过设立自贸区等方式扩大开放力度,发展数字贸易,在数字贸易实践中总结提炼数字贸易规则,在完善本国数字贸易规则的同时,影响国际规则。三是引领数字贸易国际规则。积极参与全球数字贸易规则制定,提高国际话语权,推动全球数字贸易规则朝着更加包容、普惠、开放、合理、公正的方向发展。

关键词

数字贸易规则 WTO 数字贸易规则 RTA 数字贸易规则

美国数字贸易规则 欧盟数字贸易规则 《通用数据保护条例》(GDPR)

《欧盟—美国数据隐私框架》 《非个人数据自由流动条例》(RFFND)

《数字市场法》 《数字服务法》 中国数字贸易规则

数据主权议题 数据流动议题 数字知识产权保护议题

《欧美隐私盾牌》 世界知识产权组织(WIPO)

《WIPO 版权条约》 "源代码"技术 数据本地化 数字税协议

《ISP 安全港条例》 《数字贸易 24 条》

第九章

如何寻求跨境数据流动开放与管理的均衡？

跨境数据流动是数字贸易和数字经济时代的重要话题。数据既是"金矿"，也是技术，数据流动既是资产的流动，也是技术的流动。如何在跨境数据流动的开放与管理中找到均衡点，既要满足数字贸易和数字经济发展的需要，又要有效管理数据要素、防止侵犯个人隐私和商业秘密、防止妨碍国家安全。这是世界级难题，也是永恒的主题。从历史的短周期来看，需要寻找动态的平衡点；从历史的中周期、长周期来看，需要找到平衡点的稳定态。

第一节　全球跨境数据流动的发展实践

一、全球数据的指数增长、功能扩展与跨境数据流动相互促进

（一）全球跨境数据流动集中在数字经济热点地区

从目前全球跨境数据流动的空间演变来看，根据联合国 2021 年数字经济报告，数据跨境流动在地理上主要集中在"北美—欧洲"和"北美—亚洲"这两条路线上。中国和美国参与数字经济的程度和从中受益的能力最强。

从未来全球跨境数据流动的空间演变来看，数据跨境流动的复杂网络将渗透到世界的每一个角落。苹果、微软、亚马逊、Alphabet（谷歌）、Facebook（脸书）、腾讯和阿里巴巴等全球顶级数据公司，将越来越多地参与到全球数据价值链的各个环节。

（二）数字化转型推动数据指数级增长

经济和社会日益数字化，正在改变人们的行为和互动方式，全球经济社会发展自工业 3.0 时代，即从 20 世纪 70 年代开始，伴随着人类广泛应用电子与信息技术，已经逐步进入了以数据驱动为主要特征的发展阶段。百年难遇、波及全球的新冠疫情，加快了数字化转型进程，全球数据呈现指数级增长。国际数据公司（IDC）预测，全球数据圈数据总量将从 2018 年的 33ZB 增至 2025 年的 175ZB；2022 年全球 65% 的 GDP 由数字化驱动，

中国 2025 年数字经济占 GDP 的比例将超过 70%。根据国家互联网信息办公室统计，2022 年中国数据产量达 8.1ZB，同比增长 22.7%，全球占比为 10.5%，位居世界第二。

（三）数据功能扩展影响着跨境数据流动

数据已成为一种关键的经济资源，具有私人价值和社会价值。数据被视为一种资产，是企业的重要无形资产。数据被视为一种生产要素，通过投入生产可为企业创造财富。数据被视为一种可供交易的商品，但受法律和数据市场不成熟的制约，数据的潜在可交易性还存在很大争议。数据被视为一种基础设施，数据对部门、区域及国家的发展变得愈发重要。

数据功能的扩展，全面影响着跨境数据流动。具体表现在：跨境贸易、投资、金融、经济的发展，离不开数据的跨境流动，而数据的跨境流动又催生数据进一步叠加增长和数据功能的深化。各国的数据增长、数据功能扩展与跨境数据流动规模，呈现相互促进和相互作用的态势。

二、跨境数据有序流动与有效治理

（一）跨境数据流动潜能不断释放

一是跨境数据流动对微型、小型和中型企业（MSME）尤其重要。跨境数据流动可减少 MSME 对数字基础设施的前期投资，更加灵活的响应需求的变化，更快地获取关键知识和信息，减少从事国际贸易的壁垒。数字工具还降低了进出口贸易成本，减少了交易时间，提高了经济效率。从国别来看，对不发达国家、欠发达国家和发展中国家也是相对有益的。

二是跨境数据流动可以促进各国政府之间的合作。一国可以轻松地访问另一国的非密数据，有利于提高政府部门决策的透明度和可预期性。

三是跨境数据流动提升了创新能力。数据流动意味着信息、知识的传播与共享，自由流动的数据是国家各种创新的重要催化剂。总部设在美国加州硅谷、致力于全球增长的咨询公司（Frost & Sullivan）在 2019 年发布了《2025 年世界顶级全球大趋势及其对商业、社会和文化的影响》。该公司指出，数据支撑着未来，90% 的变革性转变严重依赖数据的流动和使用。

（二）跨境数据流动治理重要性凸显

跨境数据流动主要包括两类：一类是数据跨越国界的传输、处理与存储；另一类是尽管数据尚未跨越国界，但能够被第三国主体访问。有的国家主张促进数据自由流动，而有的国家设置障碍，如要求数据本地化存储，以限制数据自由流动。促进数据自由流动，主要基于国际贸易和世界经济发展的需要。限制数据自由流动或有条件流动，主要基于个人隐私、商业秘密和国家安全的考虑。

然而，跨境数据的流动没有绝对的自由，也不可能有绝对的限制。如何找到平衡点，正是人类需要解决的难题。目前全球对于跨境数据的有序流动与有效治理，形成了基本的共识。关于跨境数据传输的区域谈判大幅增加。根据 WTO 的 RTA 数据库及 TAPED 数据库，2001 年至 2020 年间，全球含数字贸易规则的有效 RTA 共计 176 个，其中 89 个包含跨境数据流动相关规则，占比超过 50%。

三、WTO 规制全球跨境数据流动实践

（一）WTO 主要协定缺乏规制全球跨境数据流动

《服务贸易总协定》（GATS）包含了跨境数据流动的原则要求。WTO 的三大协定，包括 1947 年生效的《关税及贸易总协定》（GATT）、1995 年生效的 GATS 和 1994 年生效、2017 年修正的《与贸易有关的知识产权协定》（TRIPS），分别在促进货物贸易、服务贸易发展与知识产权保护方面发挥了重大作用。1997 年生效、2015 年扩大产品涵盖范围的《信息技术协定》（ITA）是 WTO 项下的诸边协定，旨在逐步将信息技术产品的关税削减至零，是与数据相关的重要国际协定，82 个成员代表了全球97% 的 IT 产品出口额。梳理上述 WTO 主要协定，发现 GATS 附件的电信5 "公共电信传输网和服务的进入和使用"规定，与跨境数据流动相关："各成员应保证任何其他成员的服务提供者为在境内或跨境传递信息而可以使用公共电信网和服务，包括这些提供者的公司内部通讯，和使用在任何成员境内的数据库或以其他机器可读方式存储的信息。成员的任何新的或修订的措施如果明显影响了这种使用，则应根据本协定有关条款予以通知并接受磋商"。GATS 规定隐含支持数据自由流动，但 GATS 第十四条一般性例外（要求"保护与个人资料的处理和散播有关的个人隐私以及保护个人记录和账户秘密"）和安全例外（不得解释为"阻止任何成员为保护其基本安全利益而有必要采取的行动"），使跨境数据自由流动具有前提条件，给各国限制数据跨境流动留出了政策空间。

　　WTO 对跨境数据流动达成共识面临挑战。有关数据流动的争论最早出现在 20 世纪 70 年代对隐私的担忧，第一个政府间的协定是经济合作与发展组织（OECD）在 1980 年制定的《关于隐私保护和个人数据跨境流动的指南》，1981 年欧洲委员会也推出"108 号公约"以保护个人数据安全。受限于数字技术、数字贸易和数字经济的突飞猛进发展，全球跨境数据流动规则的建立进展缓慢，现有 WTO 规则在规制跨境数据流动的适用性存在争议。正因为如此，自 2011 年以来，陆续有 WTO 成员方提交议案支持跨境数据流动。美国曾多次要求在电子商务中促进跨境数据流动并限制数据本地化，得到了墨西哥、韩国、澳大利亚等国家的支持，但以印度、印度尼西亚、南非和其他一些非洲国家为代表的大多数发展中国家持反对意见，而德国和法国等发达国家也出于各自考量而不支持这些提案。面对在跨境数据流动上难以达成共识的困难，部分 WTO 成员开始转向诸边谈判，期待未来条件成熟后，再转为多边协议。历经三年努力，2021 年 12 月，86 个 WTO 成员发表电子商务联合声明倡议（Joint Statement Initiative on E-commerce），在在线消费者保护、电子签名和验证、未经请求的商业电子信息、开放政府数据、电子合同、透明度、无纸化交易以及开放的互联网访问八项条款的谈判中取得了不错成绩，并力争 2022 年底前就"关税的电子传输、跨境数据流、数据本地化、源代码、电子交易框架、网络安全和电子发票以及市场准入"等大多数议题达成协议。

（二）WTO 跨境数据流动规则缺失带来的问题

　　跨境数据流动规制碎片化，增加了贸易成本，阻碍了国际贸易发展。数据作为数字经济的核心驱动力，在数字时代显得尤为重要。目前 WTO 框架下还没有专门的协议来规制跨境数据流动，各国对此问题纷纷提出了不同的主张。如表 9.1 所示，一部分国家在不同程度上要求数据本地化，大部分国家允许有条件的跨境数据流动，少部分国家提倡数据自由流动。以中俄为首的新兴经济体和部分发展中国家，面对国家和信息安全、历史文化传统等原因，对跨境数据流动采取了较为严格的限制。澳大利亚、新加坡、加拿大有开放的传统，菲律宾服务外包高度依赖他国，这些国家追随所谓数字领导者的美国提倡最低程度干涉数据流动。大部分国家对待规制持中立立场，主张有条件的跨境数据流动。不同国家不同的跨境数据流动规则，不仅增加了像微软、亚马逊、阿里巴巴等大型跨国数字平台进入当地的合规成本，也不利于中小微数字公司的成长和发展。高度数据本地化的要求对新兴的数据密集型产业造成不利影响，损害消费者福利，降低服务质量；同时，数据无序自由流动也可能造成数据滥用，被不法分子错误使用，甚至发生网络攻击和恐怖主义活动。

表 9.1　部分国家对跨境数据流动的监管要求

限制性（R）或警惕性（G）方法		指定性方法		低干涉方法
严格数据本地化（R）	部分数据本地化（G）	有苛刻条件的转移	有中等条件的转移	数据自由流动
中国（R）		阿尔及利亚；阿根廷；亚美尼亚；巴西；哥伦比亚；埃及；欧盟；格鲁吉亚；以色列；肯尼亚；马来西亚；摩洛哥；秘鲁；南非；瑞士；泰国；突尼斯；乌克兰；英国	阿塞拜疆	澳大利亚
印度（G）			巴林	加拿大
印度尼西亚（R/G）			白俄罗斯	墨西哥
哈萨克斯坦（R）			加纳	菲律宾
尼日利亚（R）			日本	新加坡
巴基斯坦（R/G）			吉尔吉斯斯坦	美国
俄罗斯（R）			新西兰	
卢旺达（G）			韩国	
沙特阿拉伯（R）			阿联酋	
土耳其（R）				
越南（R）				

资料来源：UNCTAD（2022）.

　　跨境数据流动规制缺少，导致国际贸易摩擦增加与数字保护主义兴起。个人数据保护和数据安全问题在各国的重要性日益凸显，但由于缺乏跨境数据流动的全球规则，以自身利益为出发点，按照本国或本地区法律规则，对涉及跨境数据流动的数字公司予以处置，多次引发国际争议。如表 9.2 所示，具有较大争议的事件包括：美国自 2019 年 5 月开始多轮制裁华为，不仅禁止华为在美开展业务，还纠集其盟友在全球范围内共同抵制该公司；美国政府认为抖音国际版 TikTok 和微信涉嫌将美国用户个人数据移交给中国政府，进而可能损害美国国家安全，禁止了两款软件在美国的使用；欧盟法院以 Facebook 将欧盟用户个人数据传输至美国侵犯了个人隐私安全为由，禁止了其跨境数据流动。目前有关跨境数据流动的冲突主要发生在中美及欧美国家之间，这从侧面反映了中美欧三方是数据治理的主要参与者。作为数字经济规模最大的两个国家，中美之间竞争激烈，中美竞争几乎是全方位的，从数据流动的底层技术到数字应用软件，美国全方位打压中国。美国不仅阻碍中国数据驱动型公司进入美国市场，还要求美国同类公司可以在中国及其他国家自由开展相关业务，彰显其"数据霸权"。美欧冲突的主要矛盾在于个人数据保护。欧洲历来重视个人隐私，特别是前美国中情局雇员斯诺登在 2013 年揭露"棱镜门"计划后，美欧矛盾进一步激化。虽然双方曾在 2016 年签署了《隐私盾》协议，但欧盟认为在该协议下，美国情报机关仍有可能获取用户信息，欧盟公民的个人数据无法得到应有的保护，该协议也在 2020 年 7 月被废除。如第八章第三节所述，《欧盟—美国数据隐私框架》（2023 年）的出台，化解了美欧之间这一尴尬。另外，冲突发生的另一个主要原因是滥用"国家安全"。

表 9.2 跨境数据流动冲突的重要事件

时间	事件	冲突方	原因或理由
2010 年 10 月	谷歌宣布退出中国市场	中美	内容违规，反对数据本地化
2019 年 7 月	法国参议院通过征收数字税法案	法美	国际税收体系漏洞
2019 年 5 月	美国将华为列入实体清单，开启多轮制裁，禁止在美开展业务	中美	国家安全
2020 年 7 月	欧盟法院裁定《隐私盾》协议无效	欧美	数据安全
2020 年 10 月	爱尔兰隐私监管机构禁止脸书将欧洲用户的数据转移至美国	欧美	隐私及公民安全
2020 年 8 月	美国禁止美国个人和企业与字节跳动及腾讯进行任何交易	中美	国家安全
2021 年 1 月	美国禁止与包括支付宝、微信支付在内的 8 款中国应用软件进行交易	中美	国家安全
2021 年 1 月	印度将永久禁用 59 款中国应用	中印	隐私及国家安全
2021 年 7 月	滴滴在美国上市，中国下架其软件	中美	国家安全
2021 年 10 月	美国撤销中国电信在美运营牌照	中美	国家安全

　　跨境数据流动规制滞后于数字经济发展，导致数字鸿沟与不平等扩大。由于数字基础设施落后，最不发达国家仅有 20% 的居民使用网络，而

且通常面临着较低的网速和相对昂贵的价格。一些贫穷国家和非洲地区由于 ICT 基础设施缺乏和收入水平低下，导致农村与城市、男性与女性在互联网连接度上存在较大差别。据联合国贸发会议（UNCTAD）《数字经济报告 2021》显示，中美领先其他国家，两国拥有约全球 50% 的超大规模数据中心，在过去五年 94% 的 AI 创业公司被中美两国共享，中美两国的大型数字平台公司占据了同领域全球总市值的约 90%。具有规模经济、范围经济、网络效应特征的数字平台，像苹果、微软、亚马逊、字母表（谷歌）、元宇宙（脸书）、腾讯和阿里巴巴逐渐投资于全球数据价值链（Global Data Value Chain）的各个环节，这些公司从全球收集、储存、分析、利用数据，拥有巨大的信息竞争优势，已成为横跨全球的超级数字平台，掌握巨大的金融、市场和科技力量并控制大量的用户数据。发达国家与发展中国家的网络连接度、访问和使用衡量的差距依然巨大，为可持续发展目标带来了巨大挑战。数据的真正价值在于收集后进行处理和分析、生成数字信息，进而货币化或实现其他目的，现实世界里与数据价值链相关的价值鸿沟已经明显出现。数据资源更多集中于少数大国的超级跨国数字平台公司，部分发展中国家和规模较小的国家仅作为数字平台原始数据提供者的风险日益提升，这与第一次工业革命后的两极分化的产业格局较为相似。如第七章分析所示，数字技术"去垄断化"有利于数字鸿沟缩小。图 9.1 展示了世界互联网分地区发展水平概况。

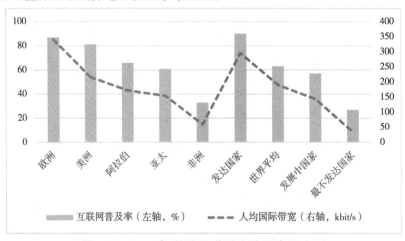

图 9.1　2021 年世界互联网分地区发展水平

资料来源：国际电信联盟（ITU）。

四、RTAs 和"倡议"规制跨境数据流动探索

（一）RTAs 关于跨境数据流动已有协定

由于 WTO 及 WTO 项下的诸边协定中，缺少跨境数据流动的规制，不少国家寻求区域贸易协定（RTAs）来规范跨境数据流动，进而期望引领世界规则。截至 2021 年 2 月，向 WTO 通报并有效的 RTA 共 326 起，其中 109 起包含数字贸易条款，或多或少涉及跨境数据流动。2016 年，美国主导的《跨太平洋伙伴关系协定》（TPP）成为第一个包含跨境数据流动约束性规则的贸易协定，为其后的区域协定提供了参考依据。美国退出 TPP 后，《全面与进步跨太平洋伙伴关系协定》（CPTPP）基本继承了其内容，对待跨境数据流动问题，其第 14 章规定"缔约方认识到每一缔约方对通过电子方式传输信息可设有各自的监管要求""缔约方应允许通过电子方式跨境传输信息，包括个人信息，如这一活动用于涵盖的人开展业务"。"为实现合法公共政策目标"，缔约方被允许采取或维持不一致的措施，前提是只要该措施"不已构成任意或不合理歧视或对贸易构成变相限制的方式""不对信息传输施加超出实现目标所需限度的限制"。对待数据本地化问题，缔约方"不得要求一个涵盖的人在该缔约方领土内将使用或设置计算设施作为在其领土内开展业务的条件"，一般例外与跨境数据流动例外情况相同。2018 年的《美墨加协议》（USMCA）基本沿袭了 TPP/CPTPP 的内容，但是取消了计算设施本地化的例外条款。《区域全面经济伙伴关系协定》（RCEP）很大程度上也参考了 TPP/CPTPP，但给予各成员方相当大的权力可以采用措施限制跨境数据流动和要求数据本地化，如针对例外条款增加"本条的任何规定不得阻止一缔约方采取或维持：该缔约方认为对保护其基本安全利益所必要的任何措施。其他缔约方不得对此类措施提出异议"，把"为实现合法公共政策目标"修改为"该缔约方认为是其实现合法的公共政策目标所必要的措施"。RCEP 目前没有提供数据治理承诺的政府间争端解决机制，RCEP 相对 CPTPP 更加灵活包容，有利于不同发展水平的国家加入。

（二）"倡议"约束跨境数据流动

除了贸易协定安排，应对跨境数据流动还采用论坛或倡议的形式。

一是 OECD 在 2013 年更新了其 1980 年的指南。内容包含保护和限制

个人数据收集、用户有权访问他们数据的保障措施，呼吁成员国促进跨境数据流动。

二是 2019 年在大阪举行的 G20 峰会提出了"可信赖的数据自由流动"。领导人的宣言强调数据流动的重要性，同时承认与隐私、安全和数据保护相关的挑战，然而，这一倡议由于印度尼西亚、印度和南非并没有签署而缺乏共识，给其蒙上了一层阴影。

三是 2020 年 6 月新加坡、智利和新西兰三国签署了《数字经济伙伴关系协定》（DEPA）。这一协定涵盖了一系列与数字经济和数字贸易相关的议题，其中 4.2、4.3 和 4.4 章节专门处理跨境数据流动与数据本地化问题。4.2 增加了承诺采用法律框架保护个人数据时的透明和非歧视，4.3 增加了个人信息也可自由流动，4.4 增加了争端解决机制，其他与 CPTPP 规定类似。DEPA 协定的最大优势在于其开放性，协定由包含 16 个主题的模块构成，参与者可以根据各自国情选择特定的条款。

四是亚太经合组织（APEC）的跨境隐私规则体系（CBPR）。CBPR 作为一种倡议形式，是基于 2005 年的 APEC 隐私框架发起的。CBPR 体系是一个隐私认证体系，公司只要证明其遵守数据隐私保护并有相关保护措施就可以加入该体系，国家需要证明国内认证的公司若违反规则会受到强制性措施。CBPR 体系为治理跨境数据流动提供了有益的参考，但 APEC 成员是自愿加入该体系，目前（截至 2022 年）也仅有 9 个成员（加拿大、日本、美国、韩国、墨西哥、新加坡、菲律宾、澳大利亚、中国台湾）加入，约束力和参与意愿比较小。

有关跨境数据流动的主要协定或倡议，详见表 9.3。

表 9.3　目前有关跨境数据流动的主要协定或倡议

名称	生效时间	范围	内容
OECD《指南》	1980 2013	38 国	促进数据自由流动，保护和限制对个人数据的过度收集
CBPR	2012	亚太 9 经济体	促进数据自由流动，同时严格保护隐私
CPTPP	2018	亚太 11 国	允许商业数据跨境流动，数据本地化不作为贸易条件，为实现合法的公共政策目标除外
GDPR	2018	欧盟各国	一般禁止个人数据流出，欧盟境内数据可自由流动，域外国家需满足充分保护要求

续表

名称	生效时间	范围	内容
USMCA	2020	北美3国	确保数据的跨境自由传输和例外条款，最大限度减少数据存储与处理地点的限制
DEPA	2020	亚太3国	允许跨境数据自由流动，数据本地化不作为贸易条件，例外情况除外
RCEP	2022	亚太15国	符合监管要求的跨境数据流动，数据本地化不作为贸易条件，认为必要的情况除外

资料来源：相关协定资料。

（三）区域贸易协定（RTAS）和"倡议"规制跨境数据流动的困境

缺乏数据和跨境数据流动的理论支撑。数据是所有数字技术快速进步的核心，然而，目前尚无关于跨境数据流动的理论框架，导致在分析和制定政策时复杂性增加。一是数据产权及其价值测度问题。数据是一种特殊的无形资源，它具有非竞争性（增加消费者的边际成本为零）和不同程度的排他性，既可以是私人产品，也可以是公共产品。集体数据一般比个体独自的数据价值更大。数据不仅对个人和企业具有价值，对整个社会也具有经济价值，数据还与隐私、人权、国家安全等相关。二是数据的属性与分类标准问题。大部分数据跨境流动仅作为国际贸易的附属品存在而没有货币交易，OECD没有把与特定商品或服务无关的原始数据流动纳入数字贸易概念的范畴。数据和跨境数据流动的复杂性强，目前缺乏权威的流动数据统计。数据可以划分为商业数据、政府和公共数据、消费者数据，又可以划分为消费、健康、金融、社交等类型。三是数据的主权问题。数据的特殊性挑战主权，传统的国家主权与国家边界相关，而数据所属的数字空间具有开放性、全球性与无边界性，这使得依赖于贸易类型、价值和地点的数据统计信息而进行的传统国际贸易治理方式面临挑战。

加剧地缘政治博弈与大国竞争。数字经济的主要参与者对如何治理数据流动和发展数字经济各有主张，部分观点甚至相矛盾。从全球来看，目前主要存在三种数据治理模式：美国模式提倡数据自由流动；中国模式强调在维护国家安全的前提下促进数字发展；欧盟模式主张保护个人数据和尊重人权。三种模式中尤以中美之间分歧较大。中美在数据本地化存储和开放源代码两个议题上存在较大分歧，对包括人工智能（AI）相关技术在内的数据治理标准存有不同意见。尽管各方目标不完全一致，但有迹象表明数据大国之间呈现趋同之势。美国从提倡市场自由，到如今限制外国数据驱动型公司进入其市场，禁止与国防及国家安全相关的数据流出。中国对跨境数据流动的限制有所减弱，2020 年中国政府允许海南自由贸易港在跨境数据流动方面"先行先试"，2021 年先后申请加入含有跨境数据高度自由流动的协议——DEPA 与 CPTPP。

第二节　全球跨境数据流动催动国际贸易经济学科发展

一、经典的贸易经济理论并没有将数据列入生产要素

数据成为继土地、劳动力、资本、技术之后的又一生产要素，是 20 世纪 70 年代之后逐步进入公众和学界视野的，如今已经基本形成共识。而成熟的古典经济学、新古典经济学和现代国际经济学的相关理论则缺少相关的论述。无论是亚当·斯密的绝对优势理论，还是大卫·李嘉图的比较优势理论，均没有将数据当成生产资源。数字成为新的生产要素后，导致了要素禀赋理论和赫克歇尔－俄林（H-O）模型的假设条件发生了变化，导致了里昂惕夫生产函数（固定投入比例生产函数）$Q = f(L, K, \cdots n)$ 和柯布—道格拉斯生产函数 $Q = AL^{\alpha}K^{\beta}$ 发生了变化，其中：Q 代表生产量，L 代表劳动力，K 代表资本。

二、传统的新古典增长理论和内生增长理论也没有列入数据要素

20 世纪 50 年代后期和整个 60 年代，新古典增长理论比较盛行，代表人物是美国经济学家索洛。20 世纪 80 年代后期和 90 年代初期，内生增长理论比较盛行，代表人物有美国诺奖得主保罗·罗默、美国诺奖得主罗伯特·卢卡斯等经济学家。前者理论的生产要素与资本、储蓄、技术、人口相关，强调技术是外生变量，经济增长取决于外生的技术进步，而储蓄和投资只会导致经济的暂时增长，换句话讲，认为经济体的人口增长率和储蓄率通

常会在很长时间内保持不变，最终决定经济体均衡发展水平的变量只有技术。后者理论也与资本、储蓄、技术、人口相关，强调技术是内生变量，结论是经济增长率为内生的，即促使经济增长的因素是模型内决定的，储蓄和投资会引起经济的长期增长。两个理论均没有提及数据要素。

三、当今数字贸易和数字经济时代的数据作用凸显

国际货物贸易和服务贸易与跨境数据流动的联系愈发紧密。在国际贸易中，商品或服务可通过数字方式进行订购和支付，数字化的商品和服务还可在线交付。数字产业化和产业数字化还在持续发展中。数据畅通程度影响着一国数字贸易和数字经济发展水平。

跨境数据流动开辟了经济开放和国际贸易的新模式。对外开放由有形的口岸开放转变为无形的数据开放，国际贸易中货物贸易、服务贸易的数字成分越来越多。

四、跨境数据流动带来国际贸易管理新难题

数据通常是商品与服务在生产、流转、消费过程中产生的副产品，从而难以判定数据的创造地和获取地。现有的一些国际贸易规则，例如原产地规则，将难以适合在数据方面应用。

此外，跨境数据流动对其他学科发展产生积极影响。跨境数据流动的广泛兴起，将对计算机科学、人工智能（AI）、大数据、移动通信技术（5G/6G）等产生变革式的影响。

五、全球跨境数据流动对宏微观经济的影响

一是对一国消费者、企业及政府的影响。消费者享受数据流动所带来的优质产品与服务，获得更多福利。初创企业和小企业享受数字包容的好处，能够更有效地参与全球数字经济。一般企业通过数据流动改变商业模式，提高企业竞争力，实现利润的增长。平台类公司依赖数据得以运行，并通过数据分析掌握大量信息，驱动创新围绕人工智能和算法的商业模式。政府依托大量数据信息提高政策实施效率，优化资源配置，促进共同富裕。

二是对世界各国税收的影响。个人社交和企业经营活动产生了大量数据，但这些数据通常由私人公司捕获、汇总和处理。同时，毫无疑问政府

部门也集聚了大量数据。跨境数据流动使这种"个人创造"和"公司控制"的不匹配成为一种全球性的问题，导致"强者恒强，弱者恒弱"。这对数字经济中的国际税收产生了影响，数字化也使税收的征收变得复杂，处理不当可能会有侵蚀税基的风险。

三是对数据国际治理的影响。跨境数据流动意味着在一个国家产生的数据也可以为其他国家提供价值。在国际层面上，处理与数据共享相关的风险变得更加复杂。跨境数据流动的国际治理，亟待明确数据的使用权、分发权、修改权等权利的归属，还需解决其造成的国家间利益分配不平衡问题。

第三节 主要经济体的跨境数据流动既有规则框架

一、数据流动的争论最早出现在 20 世纪 70 年代以来对隐私的担忧

20 世纪 70 年代以来，各国对隐私越发担忧。第一个政府间的协定是 OECD 在 1980 年制定的《关于隐私保护和个人数据跨境流动的指南》，1981 年欧洲委员会也推出"108 号公约"以保护个人数据。

自 2011 年以来，陆续有 WTO 成员方提交议案支持跨境数据流动。美国曾多次要求在电子商务中促进跨境数据流动并限制数据本地化。部分 WTO 成员转向诸边谈判，期待未来条件成熟后，再转为多边协议。根据 OECD 2020 年发布的报告，目前全球包含跨境数据流动条款的区域贸易协定有 25 个。

电子商务联合声明倡议，是诸边谈判成功实践。2021 年 12 月，86 个 WTO 成员发表电子商务联合声明倡议，在在线消费者保护、电子签名和验证、未经请求的商业电子信息、开放政府数据、电子合同、透明度、无纸化交易以及开放的互联网访问八项条款的谈判中取得了不错成绩，并力争 2022 年底前就"关税的电子传输、跨境数据流、数据本地化、源代码、电子交易框架、网络安全和电子发票以及市场准入"等大多数议题达成协议。

二、欧盟对跨境数据流动较为严苛

2018 年生效的欧盟《通用数据保护条例》（GDPR），因其严苛的规定、高昂的罚款、广泛的适用范围而被认为是当今世界上对个人数据保护水平最高的法案。GDPR 是在 1995 年欧盟颁布的《数据保护指令》基础上制定的，对数据的收集、传输、处理、处罚等做了约束。2018 年欧盟内部通过了《非个人数据自由流动条例》（RFFND），促进欧盟境内非个人数据的安全自由流动，并消除成员国境内数据本地化的要求，为下一步与国际规则的融合实施铺垫。

欧盟"数字双法"的出台，旨在促进小企业的规模化发展。一是 2022 年 11 月生效的欧盟《数字市场法》针对守门人进行规制。这里的守门人，指为欧盟内商家或用户服务的核心平台，具体包括在线中介服务、在线搜索引擎、在线社交网络服务、视频共享平台服务、独立于号码的人际通信服务、操作系统、网络浏览器、虚拟助手、云计算服务、在线广告服务。二是 2022 年 11 月生效的欧盟《数字服务法》针对欧盟境内主体的在线中介服务提供者进行规制。规制对象是为欧盟提供服务的主体，且不论该服务提供主体的注册地是否在欧盟境内，只要其向位于欧盟境内或在欧盟有营业地的服务接收者提供中介服务。三是"数字双法"的区别与联系。《数字市场法》是从市场公平竞争的角度出发，旨在通过规制守门人的不公平竞争行为来确保数字服务的公平开放性，例如，加强守门人与第三方服务的互操作性、强化与第三方的数据共享、保障预装软件可卸载和默认设置可更改等，该法只适用于符合守门人标准的大型企业。《数字服务法》从用户权益保障和平台治理的角度出发，旨在通过规制网络服务提供者的行为来促进数字服务向着更加透明化和公平化的方向发展，例如，规制非法内容传播、加强对在线交易者的追溯检查来保证产品和服务的安全、提升平台的透明度等，该法区分不同的主体分别规制，并明确很多合规义务（如透明度报告）不适用于小微企业。

欧盟在反对数据本地化的同时，注重隐私保护。欧盟以"基本权利保护＋建构内部市场"为目标，构建了一套高标准的数据保护机制，最有代表性的为 2018 年《数据保护通用条例》（GDPR）。GDPR 对欧盟境内个人数据向欧盟境外传输有着严格的管控，但也提供多种途径实现个人数据的跨境传输，主要分为三种机制：一是基于充分性认定机制，又称白名单制度；二是采取适当保障措施的机制，包括签订标准合同（Standard Contractual Clause，SCC），通过约束性企业规则（Binding Corporate Rules，BCR）、认证机制、行为准则（CoC）等；三是为获得数据主体同意、履行合同所必要等，欧盟2018年还通过了《非个人数据自由流通条例》（Free Flow of Non-personal Data Regulation），规制不涉及识别个人身份的数据流通问题，旨在与GDPR相互补充，构建数据流通的完整体系。为满足安全和执法诉求，欧盟还提出了数据的域外管辖要求。GDPR依据第3条"地域范围"确立了广泛的域外效力[①]。据此，在欧盟市场有业务活动的境内外企业，不论其相关数据处理是否在欧盟内进行，都需要评估是否应遵守GDPR。欧盟要求进入单一市场的外国公司（数字平台）以遵守欧盟规则为前提，由此输出"欧盟模式"。2023年7月，欧盟委员会批准了《欧盟—美国数据隐私框架》，以更好地保护输出美国的欧盟公民个人数据的安全，这表明多年来欧美间跨境数据传输中个人信息保护之争有了新进展。

三、英国出台新的数据保护法案

英国新的数据保护法案旨在维持可信、推动未来贸易发展和确保安全，跨境数据流动领域和欧盟达成谅解。2018年5月，英国正式通过新修订的《2018数据保护法》（Data Protection Act，DPA）。新法案更大程度地赋予了个人对数据控制的权利，在强化原有"知情同意""数据获取权"等个人数据权利基础上，新增加了数据可携权（允许消费者在不同服务提供者之间转移自己的数据）、被遗忘权（个人有权要求擦除其个人数据）以及用户画像（个人对基于社交平台自动处理其数据而做出的决定行为有更大的发言权）的规定。新法案完善了数字经济时代对企业利益的保护，增加对个人数据保护机构信息专员办公室（ICO）的授权、以维护消费者利益，为刑事司法机构设定了专门的数据保护框架。另外，DPA法案基本吸纳了欧盟GDPR中新增的内容，大幅提高了违法行为的罚款额度，从而与欧盟

---

① GDPR第3条第1款规定："数据控制者或处理者在欧盟内有设立机构，在该机构活动背景下产生的个人数据处理，不论数据处理行为是否在欧盟内进行，均适用GDPR。"GDPR第3条第2款规定："在欧盟外设立的数据控制者或处理者，只要其个人数据处理是关于为欧盟境内的数据主体提供商品或服务，或对发生在欧盟境内的数据主体的活动进行监控，即受GDPR约束。"

规定接轨。英国脱欧后，英国与欧盟达成临时性解决方案，以保持数据的流动。2021年6月，欧盟委员会通过了关于英国数据保护充分性认定的"两项意见"，同时欧盟加入了"日落条款"，即这些决定将在生效四年后到期。欧盟还表示，如果在此期间英国在数据标准上与欧盟存在重大分歧，它可能会进行干预。

四、美国对跨境数据流动较为宽松

美国是跨境数据流动的坚定支持者，对跨境数据流动的监管相对宽松，致力于构建数字贸易自由化规则体系。

一是美国对个人数据跨境流动的保护主要采取以行业自律为主、政府监管为辅的模式。美国制定了包括《隐私保护框架》《隐私体系框架》《隐私能力保护评估模型》《隐私影响评估》《个人可识别信息保护指南》等ISO/IEC 29100系列隐私政策标准，还对特定行业领域数据保护立法，如《电子通信隐私法》《录像隐私保护法》等。

二是美国对涉及国防和国家安全的重要数据仍然严格管控。如《外国投资风险评估现代化法案》《出口管制条例》等法案通过外商投资安全审查、出口管制等手段对关键领域数据采取相关的跨境限制措施。美国政府还颁布了《澄清境外合法使用数据法》（云法案），确保政府调取其境内服务商储存在域外服务器数据的合法性，加强对全球数据的控制权。

三是美国重点通过自由贸易协定推动跨境数据自由流动规则标准制定，推广关于跨境数据流动的"美国模式"。为促进美欧贸易合作，于2000年达成《信息安全港框架协议》（Safe Harbor Framework）及2016年达成《隐私盾协议》（Privacy Shield），这两次协议不久后被欧盟法院撤销。2012年《美韩自由贸易协定》在双边协定中写入跨境数据流动条款。2020年生效的《美墨加协定》（USMCA）规定"各缔约方认为亚太经合组织跨境隐私规则体系是便利跨境信息传输和保护个人信息的有效机制"。2021年9月，美国—欧盟贸易和技术委员会（Trade and Technology Council，TTC）首次会议在美国匹兹堡召开，会后美欧贸易和技术理事会联合声明，共同推动数字化转型，强化在技术和产业方面的领先地位，在全球范围内设定高标准，保护和促进关键新兴技术基础设施，保护社会不受信息操纵和干扰，促进安全和可持续的国际数字连接。

五、日本紧跟美欧跨境数据规则

日本基于制造业优势主推可信数据自由流动倡议，支撑其"社会 5.0"（超智能社会）理念框架下的数据驱动型经济战略 [1]。日本与欧盟在互联网领域利益趋同。2019 年，日本率先通过欧盟的充分决定认证并与其构建世界上最大的数据安全传输区域。2019 年，《美日数字贸易协定》签署，该协定继承了一部分 USMCA、TPP 条款，如跨境信息传输、源代码、交互式计算机服务、网络安全等议题，也在数字税规则、非歧视原则、知识产权保护等议题有进一步的拓展。

六、新加坡、智利、新西兰倡导的 DEPA 被视为高水平的跨境数据流动规则

2020 年 6 月，新加坡、智利、新西兰三国签署了《数字经济伙伴关系协定》（DEPA）。《数字经济伙伴关系协定》以电子商务便利化、数据转移自由化、个人信息安全化为主要内容，并就加强人工智能、金融科技等领域的合作进行了规定。DEPA 包括 16 个模块，其中模块 4 数据问题涉及：个人信息保护、通过电子手段进行的跨境数据流动、计算机设施的位置等。DEPA 允许在新加坡、智利和新西兰开展业务的企业跨边界更无缝地传输信息，并确保他们符合必要的法规。DEPA 成员坚持现有的 CPTPP 协定承诺，允许数据跨边界自由流动。

第四节　国际组织对跨境数据流动治理的反应

一、WTO

WTO 现有规则框架未能对全球范围内的数据流动做出有效规范，目前正积极推进跨境数据流动治理框架的构建。目前，较受认可的国际规则

---

[1] 2016 年 1 月，日本内阁会议通过第五期（2016—2020）科学技术基本计划，此次计划首次提出超智能社会"社会 5.0"这一概念。它是将"狩猎社会"视为 1.0 起点，进化过程中有"2.0 农耕社会""3.0 工业社会""4.0 信息社会""5.0 超智能社会"。

是 WTO 的前身即关税及贸易总协定（GATT）乌拉圭回合谈判达成的 1995 年 1 月生效的《服务贸易总协定》（GATS）对数据限制措施的约束。2021 年 5 月举行的 WTO 电子商务谈判会议上，各成员已充分认识到数据跨境自由流动作为商业活动的推动者和数字贸易的促进者的重要性。2022 年 6 月，WTO 召开的第 12 届部长级会议（MC12）上取得多项成果。MC12 期间，成员部长达成《关于〈电子商务工作计划〉的部长决定》，同意将电子传输临时免征关税的做法延续至下一届部长级会议（自 1998 年起，WTO 开始以《电子商务工作计划》部长决定等形式，明确对电子传输临时免征关税）。

二、联合国贸发会议

联合国贸发会议（UNCTAD）同样将数据流动及其治理置于重要地位，认为数据已成为创造私人和社会价值的关键战略资产。UNCTAD 倡导创建全球数据治理新方针与新架构，推动数据自由跨境流动。

三、经合组织

1980 年，经济合作与发展组织（OECD）发布的《隐私保护与个人数据跨境流动的指南》是第一套国际范畴商定的隐私规则，鼓励个人数据以可信方式跨境流动，为后来多国及国际组织跨境数据流动规则制定提供了重要参考。2013 年，经合组织修订了隐私指南，这是该指南自 1980 年发布以来的首次修订，鼓励各国在隐私问题上进行合作，支持制定促进隐私保护框架之间的国际安排。

四、亚太经济合作组织

美国等国家积极推广亚太经济合作组织（APEC）的跨境隐私规则（CBPR）体系。CBPR 制度是一个政府支持的数据隐私认证框架，公司可以加入该框架，证明其遵守商定的隐私保护原则和执行机制，使它们能够基于信任与参与 CBPR 的经济体之间进行数据传输。CBPR 制度对亚太经合组织经济体并不是强制性的，即使一个经济体遵守了该制度，公司也可以选择是否在该制度下寻求认证。

第五节　跨境数据流动在中国的思考

一、跨境数据流动对中国经济的影响

跨境数据流动通过数据收集、存储与分析，产生私人价值和社会价值。跨境数据流动可能对个人隐私、网络安全及其他人权造成影响，这些因素均会对中国经济产生影响。

此外，跨境数据流动可能会产生知识溢出效应、技术溢出效应和人才效应，进而影响中国经济。

二、跨境数据流动在中国的表现

中国的跨境数据流动市场，总体有法可依、执法较严、市场秩序良好。但目前尚未形成较为全面的数据流动监管体系，跨境数据流动中的违法违规事件也有发生。其违法违规表现，以非法获取计算机系统数据、数据产品市场的不正当竞争、侵犯知识产权及侵犯个人隐私权四类为主。

一是存在个别企业非法获取他人计算机系统数据。数据作为新生产要素在市场经济中发挥着愈发重要的作用，在数据流转与跨境流动过程中，企业数据资源爆炸式增长，存储的数据"原材料"和系统安全面临风险。非法获取计算机系统数据是相对较为频发的数据侵权行为，存在境内外不法分子通过"爬虫"技术等方式入侵其他公司服务器非法获取数据资源，危害计算机信息系统安全，形成互联网黑灰产业链条。

二是存在数据产品市场的不正当竞争行为。在保护用户个人隐私信息安全的前提下，数据产品开发者可依法进行数据资源开发与利用，但个别企业做不到。跨境数据广泛流动过程中更容易被窃取、盗用、转售谋利，扰乱数据产品市场秩序，破坏公平竞争的市场环境，发现个别企业钻"空隙"。随着数据流动范围扩大、流动速度加快，尤其是跨境数据的流动涉东道国的相关法律法规，导致数据产品市场竞争复杂化，发现个别企业不注意维护全球公平竞争环境。

三是存在数据领域知识产权侵权问题。数字时代的知识产权保护范围进一步拓宽，涌现出"计算机中的商业秘密保护""源代码保护"及"数字内容版权保护"等新领域。尚未完善的数字知识产权保护体系难以适应跨境数据自由流动的要求，引发商标、专利、著作权及地理标志等知识产权侵权行为发生。如 2011 年某网络科技有限公司擅自通过信息网络向公众提供国外公司作品和录音录像制品案，2018 年某数码科技有限公司侵犯他人软件源代码的著作权案。数字时代的知识产权依托数据而存在，跨境数据流动加速给知识产权侵权行为带来可乘之机。

四是存在数据领域侵犯个人隐私权现象。保护用户个人信息是推进跨境数据流动的前提。企业应依法保护个人隐私权，依法对个人数据进行合理化商业使用。但发现部分企业逾越数据合理使用界限，侵犯用户个人隐私数据并将其商业化使用或实施网络诈骗。

三、中国致力于构建发展和安全相平衡的数据跨境流动规则

中国重视数据安全保护及数据产业发展。2020 年 9 月，中国提出《全球数据安全倡议》，呼吁各国共同保障重要数据及个人信息安全，妥善处理跨境数据流动问题。2021 年 3 月 29 日，外交部副部长马朝旭同阿拉伯国家联盟首席助理秘书长扎齐举行中阿数据安全视频会议，双方签署并发表《中阿数据安全合作倡议》。

中国强调发展与安全相平衡，努力构建数据安全合规有序的流动机制。中国先后出台《网络安全法》（2016）《电子商务法》（2018）《数据安全法》（2021）《个人信息保护法》（2021）和《关键信息基础设施安全保护条例》（2021），形成中国数字经济领域的核心法律体系。以此为基础，2022 年国家互联网信息办公室公布《数据出境安全评估办法》，为中国跨境数据流动提供了重要的配套落地规则。2023 年国家互联网信息办公室公布《个人信息出境标准合同办法》，为《个人信息保护法》中信息跨境方式之一的"标准合同"提供了落地蓝本与中国方案。

中国积极推动数据安全领域国际合作。2020 年提出《全球数据安全倡议》，反映了各国共同关切，受到国际社会的广泛重视。中国积极参与数据跨境流动规则构建，在已签署的自由贸易协定中，对数据跨境流动的承诺主要体现在《区域全面经济伙伴关系协定》（RCEP）中对计算设施的位置做出一定承诺，"缔约方不得将要求涵盖的人使用该缔约方领土内的计算设施或者将设施置于该缔约方领土之内，作为在该缔约方领土内进行商业行为的条件"。同时，中国申请加入的《全面与进步跨太平洋伙伴关系

协定》（CPTPP）和《数字伙伴关系协定》（DEPA）均包含数据跨境流动的高标准规则。中国在北京、上海、海南等自贸试验区（港）中积极开展数据跨境流动的试点工作，对标国际高标准，推动制度型开放。

第六节　跨境数据流动的未来发展与治理趋势

一、发展趋势

跨境数据流动是一把双刃剑。一方面，数据有助于改进政策与规划、推动经济发展和增强公民权能，具有创造价值的巨大潜力。另一方面，数据积累可能导致经济和政治权力集中，扩大数据滥用的可能性。世界银行《2021 年世界发展报告》呼吁：建立新的数据社会契约，推动数据的使用和再利用，创造经济和社会价值；确保人人享有从数据中受益的公平机会；增强公民互信。

跨境数据流动治理的重点。目前跨境数据流动领域的工作目标包括：对其定义和分类形成共识、建立跨境数据访问的体系、加强跨境数据流动的统计、将数据作为全球公共产品处理、探索新型的数据治理形式、明确跨境数据流动中涉及的权利和原则、制定统一的国际标准、加强平台治理国际合作等。

二、治理趋势

跨境数据流动的国际监管已成为数字经济背景下的主要全球挑战之一。主要经济体早期在跨境数据自由流动问题上的立场分歧较大，政策法规分化明显，但规则经过不断演变发展，各方共同点也逐渐清晰，主要体现在都认可"合理的"数据流动，这为全球数据流动规则协调提供了可能性。主要治理目标有防止不平等现象扩大、实现全球数据共享和发展全球数字公共产品、避免数字空间的进一步碎片化、增加对数字经济的信任和减少不确定性、妥善处理本国政策对其他国家的溢出效应、应对全球数字平台型企业规模扩张所带来的政策挑战。构建统一的全球治理框架必须充分考虑到发展中国家的利益，弥补发展中国家在当前全球和区域倡议中代表性不足的问题，帮助不同发展水平的国家从数据驱动的数字经济中受益。

国际组织和区域组织推动跨境数据流动形成共识。经济合作与发展组织（OECD）在2013年修订了《关于隐私保护和个人信息跨境传输的指南》，同时说明了成员国在《指南》的最低标准之上，拥有关于隐私保护等国家规则制定的权利，从而更有效促进达成共识。亚太经合组织（APEC）2011年在2005年隐私框架（APEC Privacy Framework）基础之上建立了个人隐私保护规则体系（CBPR），企业可通过加入CBPR以证明其符合国际认可的数据隐私保护标准。二十国集团（G20）在2019年《大阪数字经济宣言》中提出"可信数据自由流动"（Data Free Flow with Trust）。七国集团（G7）在2022年数字部长会议宣言中再次强调"可信数据自由流动"，并提出《促进可信数据自由流动计划》。在以双多边经贸协定为载体谈判和制定跨境数据流动规则时，"跨境数据自由流动＋公共政策例外／安全例外"的规则模板逐渐得到各方支持。在现有共同点的基础上考虑各方例外诉求并达成一致意见成为规则谈判和制定的方向。

关键词

跨境数据流动　工业3.0　数据功能　跨境数据流动治理
微型、小型和中型企业（MSME）《信息技术协定》（ITA）"倡议"
跨境隐私规制体系（CBPR）　新古典增长理论　内生增长理论
外生变量　内生变量　"日落条款"
美国—欧盟贸易和技术委员会（TTC）"社会5.0"（超智能社会）
"可信数据自由流动"　欧盟"数字双法"
个人数据保护机构信息专员办公室（ICO）
《澄清境外合法使用数据法》（云法案）　数据社会契约

第十章

大宗商品进出口贸易与人民币计价结算的耦合？!

"二战"后，尤其是自黄金退出国际货币舞台后，以及超主权货币尚未真正诞生之际，主权信用货币美元、欧元、英镑、日元和人民币角逐国际货币地位之争日趋激烈，国际货币体系不太平也不公平。大宗商品进出口贸易在国际贸易中的重要地位主要显现在不可或缺、贸易量大、影响力大，在大宗商品进出口贸易中使用何种货币计价结算，是衡量该种货币国际化程度的重要标志，历来是货币国际化竞争的焦点。从大宗商品贸易史和国际货币史交叉演变分析，大宗商品进出口贸易发展过程中，其计价结算的国际货币也是不断变化的。在大宗商品进出口贸易中如何耦合使用人民币计价结算，是人民币国际化的先手之棋，有利于加快提升人民币国际地位和加速削弱美元霸主地位。

第一节　大宗商品进出口贸易人民币计价结算现状

一、大宗商品进出口贸易的演进与范畴界定

大宗商品交易历史悠久，近代以来逐渐被赋予了金融属性。大宗商品通常是指关系国计民生、已经进入流通领域、用于生产与消费、属于批发而非零售的大批量的初级物质商品。早在中国的周秦时期，大量丝绸出口到罗马帝国，后形成了陆上"丝绸之路"；汉唐时期，丝绸、瓷器、茶叶等大宗商品出口到印度半岛和日本等国，海外贸易得到了拓展。15 世纪末大航海时代的到来和殖民国家的扩张，促使早期的世界商品交易中心在欧洲形成，且主要分布于地中海、波罗的海和大西洋沿岸。伴随着近代以来商品市场和金融市场的相互促进与发展，大宗商品被越来越多地赋予了金融属性，商品的标准化、易交割、易储运等特征显现出来，美国和英国的商业和金融市场国际地位因此得到提升。1570 年，英国皇家交易所在伦敦成立，为商品交易提供专业场所。1848 年，芝加哥 82 位商人组建了芝加哥期货交易所（当时实质为商业协会）。1874 年，一批农业经销商创建了

农产品交易所，此为美国芝加哥商业交易所（CME）的前身。1877 年，由一些金属交易商人成立的英国伦敦金属交易所（LME），如今成为世界上最大的有色金属交易所。

大宗商品范畴的界定在国内和国际尚存争议，但通常的大宗商品分为四类基本形成共识。1936 年颁布、后多次修订、现仍有效规范美国期货市场的基本法律《美国商品交易法》中的商品主要指小麦、棉花、活牲畜、橙汁，以及现在交易或未来交易的远期交割合约标的之一切服务、权利和权益等。目前，联合国贸发会议将大宗商品分类为食物和活畜、饮料和烟草、原油类、矿物燃料、动植物油、化工品、制造品、机械和运输设备、杂项制品、金属品、贵金属品十类；汤森路透社分类为能源、谷物、家畜、工业金属、贵金属和经济作物六类；世界银行分类为能源商品（煤、原油、天然气）、非能源商品（农产品、化工材料、五金矿产、普通金属）和贵金属三大类。

结合世界大宗商品市场形成的历史，参照《新帕尔格雷夫货币金融大辞典》（第一卷，2000 年版）对商品市场的释义，借鉴中国物流与采购联合会的分类，研究认为，大宗商品主要分类为农产品、普通金属品、稀贵金属品、能源化工品四类。尽管有当代学者[①]将碳排放权等虚拟产品视为大宗商品，但本文研究范围仅指通常意义上的大宗商品，暂不涉及不讨论权利权益类的无形商品和金融产品。

二、大宗商品进出口贸易人民币计价结算的发展历程

（一）大宗商品进出口贸易人民币计价结算的重要意义

大宗商品进出口贸易人民币计价结算工作，涉及产品供给与需求、消费与生产、成本与收益、市场与价格等微观层面，也涉及贸易投资、国际收支、财政与货币政策、经济增长与波动等宏观层面。做好大宗商品进出口贸易人民币计价结算工作，提升大宗商品进出口贸易中人民币计价和结算的比例，具有重要的战略与经济意义。从微观经济学分析，其无疑会改善国际贸易条件与环境，导致资源配置、市场均衡和价格均衡朝着有利于中方利益移动，减少交易成本和机会成本，扩大市场影响力和维护市场定价权力，提高中国企业的消费者剩余和生产者剩余，促进中国企业在不完

---

① 林成：碳排放权国际贸易人民币计价结算的机遇与实现路径，载《对外经贸实务》，2021 年第 3 期，第 55—58 页。

全竞争和完全竞争市场中利润最大化。以宏观经济学分析，其综合作用会改善中国开放条件下的宏观经济运行，引致国际经济调整与相互依存、总供给和总需求曲线更符合中国产业和企业的理性预期，倒逼中国形成技术进步型的内生增长机制，促进资源充分利用、提升经济效率、推动高质量发展和增加社会福利。

具体的战略和经济意义，体现在以下"六个有利于"：

一是有利于提升人民币国际地位，缩短与美元、欧元的差距；二是有利于改变中国某些大宗商品定价的被动格局，提高中国大宗商品国际定价话语权；三是有利于提升中国商品产业的国际市场竞争力，促进实现贸易强国、制造强国战略；四是有利于提升中国银行、保险、期货等综合金融的境内外服务水平，加快实现从金融大国向金融强国的转变；五是有利于推动中国企业向世界价值链中高端转移，实现中国经济迈向高质量发展；六是有利于促进"二战"后形成的国际货币体系的再调整、再规范与再平衡，完善全球金融经济治理机制。

（二）大宗商品进出口贸易人民币计价结算的发展概况

大宗商品品种繁多，中国大宗商品的现货和期货交易量居全球前列。大宗商品品种众多，截至 2021 年 6 月末，全球参与期货的大宗商品约 130 大类，品种工具数量 2000 余个。中国大宗商品现货交易市场约有 333 个，中国近五年大宗商品现货市场的年成交额在百万亿元级左右。截至 2021 年 6 月末，上海、郑州、大连三家期货所交易的大宗商品品种分别为 20、23 和 21 个，2020 年全年交易额分别为 152.76 万亿元（21.17 亿手）、60.09 万亿元（16.62 亿手）和 109.15 万亿元（21.50 亿手）。全球著名的美国芝加哥商业交易所（CME）、英国伦敦金属交易所（LME）和美国洲际交易所（ICE），2020 年全年成交量分别为 9.94 亿手、1.49 亿手和 7.63 亿手。国际期货业协会（FIA）统计数据显示，2020 年全球商品期货成交量位列前三的分别为中国、美国、俄罗斯。中国的现货和期货交易总量，居全球前列。大宗商品进出口贸易在中国和全球货物贸易中占有重要位置，2020 年中国货物进出口贸易 32.16 万亿元（占全球货物贸易总量的 13.13%，稳世界第一），其中近似属于大宗商品[①]的进出口贸易约为 4.88 万亿元，约

---

① 大宗商品进出口贸易的近似统计口径为：初级产品中的活动物（00 章），大米、柑橘类水果、梨、棉花、食糖、小麦、玉米、植物油、茶叶、苹果，生橡胶（23 章），

占全国货物进出口贸易总额的 15.17%。2021 年 7 月笔者到某银行总行交易银行部调研时，该行有关人员介绍，其依据海关数据统计测算，近年来中国大宗商品进口贸易额约占货物贸易进口额 30%。

人民币国际化进程加快，人民币国际地位得到提升。早在 20 世纪 80 年代的中后期，有关人民币国际化的话题就提上中国政府及央行的议事日程。1996 年 12 月，人民币经常项目下实现可自由兑换。2015 年 1 月，中国央行首次正式提出"人民币国际化"。2021 年 3 月，全国人大通过的"十四五"规划纲要要求"稳慎推进人民币国际化，坚持市场驱动和企业自主选择，营造以人民币自由使用为基础的新型互利合作关系"。2008 年美国"次贷危机"、2009 年欧洲债务危机，以及 2020 年新冠疫情出现后，美国和欧洲为了自救，实行美元、欧元的量化宽松，引发全球金融不安和经济担忧，同时加速催动了人民币国际化进程。2016 年 10 月，人民币成为国际货币基金组织（IMF）特别提款权（SDR）篮子货币，人民币权重为 10.92%，约占美元权重的四分之一，约占欧元权重的三分之一（2015 年 IMF 审查确定，美元、欧元、人民币、日元、英镑五种货币所占权重分别为 41.73%、30.93%、10.92%、8.33% 和 8.09%）。2021 年 6 月，环球同业银行金融电讯协会（SWIFT）数据显示，人民币支付份额排名全球第五（2.46%），次于美元（40.64%）、欧元（37.92%）、英镑（5.59%）和日元（2.66%）。人民币国际化程度越来越高是不争的事实，但和 2002 年 1 月 1 日起正式流通、仅有 20 年历史的欧元国际化相比，进步较慢，和中国作为世界第一贸易大国、第二大经济体的地位相比，仍不匹配。

跨境贸易中使用人民币结算突破了原有制度障碍，进出口贸易人民币结算量大幅提升。为避免依赖美国纽约清算所银行同业支付系统（CHIPS）和 SWIFT 报文系统[①]，中国人民银行自 2009 年 4 月在上海、广州、深圳、珠海和东莞等地试行跨境贸易人民币结算试点，2018 年 1 月明文规定，"凡依法可使用外汇结算的跨境交易，企业都可以使用人民币结算"，标志

天然肥料及矿物（27 章），金属矿砂及金属废料（28 章），煤、焦炭及煤砖（32 章），石油、石油产品及有关原料（33 章），天然气及人造气（34 章），动物油、脂（41 章），植物油、脂（42 章）；工业制品中的钢铁（67 章），有色金属（68 章）。数据来源海关总署。

① CHIPS 主要用于跨境美元清算，其美元交易额约占全球美元总交易额 95%。CHIPS 报文系统主要采取 SWIFT，其报文格式主要适用于美元计价。

着跨境贸易中使用人民币结算克服了原有政策障碍。2015 年 10 月启动和 2018 年 3 月升级的人民币跨境支付系统（CIPS），从技术层面上能够满足全球用户的人民币结算业务需求。中国人民银行统计数据显示，2019 年（为剔除新冠疫情影响的不确定性，未使用 2020 年数据）中国跨境人民币收付结算总额为 19.67 万亿元，其中货物和服务贸易收付额为 5.19 万亿元，占进出口贸易总额 31.54 万亿元的 16.46%。中国银行《人民币国际化白皮书 2021》数据显示，2021 年中国货物进出口 39.1 万亿元，增长 21.4%，其中出口增长 21.2%、进口增长 21.5%；2021 年跨境人民币结算量超过 36 万亿元，同比增长 28.9%，其中货物贸易项下人民币跨境结算量 5.77 万亿元（占货物贸易总额 14.78%），同比增长 20.7%。

人民币计价功能有所发展，人民币计价实绩不容乐观。近些年来，进出口贸易中人民币结算量明显提升，人民币计价功能也有所发展，但受人民币国际地位和金融基础设施、市场环境等影响，人民币的计价实绩不容乐观。货币理论告诉人们，货币的计价、结算、储备功能是衡量一国货币国际化水平的三大重要标志。货币储备功能履行的是货币储藏职能，意味着该货币具备使用价值、否则没有储备的需求，其应是货币计价功能的前提，一般只有贸易伙伴国认可了的储备货币才会使用其计价。货币计价履行的是货币价值尺度职能，其应是货币结算的前提，一般国际贸易合同中以人民币计价、当以人民币结算，以外币计价、需以外币结算，但后者并不排除付款方以各种缘由先人民币跨境再兑换为外币而支付。同时，货币的计价、结算和储备功能又是相互影响、相互促进的。中国人民银行统计数据显示，2019 年跨境人民币使用中 64.7% 为规避汇率风险、43.2% 为结算流程简便、36.8% 为降低结算成本、32% 为便利企业财务核算与资金管理（选项为多选）。2021 年 6 月至 8 月笔者调研发现，不少中资机构为规避在岸和离岸人民币汇率风险、套期保值而在中国香港地区设立了相关机构。结合中国人民银行公布的 2019 年香港地区的人民币跨境收付金额占 19.67 万亿元总额比为 44.9%，根据笔者估算，2019 年中国跨境人民币结算占比虽为 16.46%，但剔除香港地区因素，进出口贸易中真正由于人民币计价而支付结算的贸易份额占比仅为 3 至 5%、略高于 SWIFT 系统统计的数值，人民币国际计价功能发展仍算缓慢。

问卷调查结果表明，大宗商品进出口贸易人民币计价比例很低、人民币结算比例也较低。2021 年 6 月至 8 月，对 3 家国有企业、4 家民营企业、1 家外资企业的实地调研与问卷调查显示，调查对象中不完全统计有授权对外贸易业务签约资格的主体 101 个，2018 年 1 月至 2021 年 6 月，共有 39386 份涉外贸易的长或短合同，其中使用人民币计价（合同中载明收付款以人民币到账）的合同有 1247 份，占比 3.17%。由于大宗商品进出口贸易人民币计价比例很低，相应的为了直接支付合同中人民币款项而结算人民币的量也很低，但并不排除一些企业先跨境汇兑人民币再以外币结算支付给对方的量有所增长。2021 年 8 月，调查人员选择了既了解大宗商品国际贸易又了解人民币国际化业务的"双料"专业人员 49 人进行了问卷调研，在假设以 5% 为当前中国跨境人民币贸易结算平均水平的前提下，82% 的受访者认为，大宗商品进出口贸易中使用人民币结算低于 5% 平均水平；14 % 的受访者认为，高于 5% 平均水平；还有 4% 的受访者认为，难以确定假设条件（5% 平均水平）是否正确，难以确定是否低于或高于平均水平。综上，研究认为，2021 年大宗商品进出口贸易中的人民币计价与结算水平尚处于初级阶段。

第二节　大宗商品进出口贸易人民币计价结算的障碍问题与发展机遇

一、制约大宗商品进出口贸易人民币计价的障碍问题

中国虽说是世界第一大宗商品国家，但总体缺乏对大宗商品的定价权，定价权的缺乏是人民币计价的主要障碍。而定价权的缺乏，反映了中国企业在商品市场供给侧与需求端的价格博弈竞争力不强、平台经济不发达和制度规则不健全等方面问题。

一是缺少贸易强商和制造强商，国际贸易议价能力显得不足。2013 年中国首次超过美国，成为全球第一货物贸易大国，除 2016 年被美国反超外，其他年份中国货物贸易稳居全球第一。尽管如此，中国现在仍属于贸易大国，而非贸易强国。国际货币经济学普遍认为，进口国贸易市场规模扩大，增加了进口商所在国货币被使用的可能性。就大宗商品而言，因其具有特

殊性，导致这一可能性不完全适用。大宗商品有的行业集中度高，呈国家垄断或寡头垄断格局，有的行业在生产、交易、运输中独具特色。一些大宗商品虽然中国进口多但属于卖方市场，而一些大宗商品虽然中国出口多但属于买方市场。主要受资源国的制约和国际大卖家的控制，中国对一些大宗商品的议价能力显得不足。例如，中国是全球最大的原油进口国，原油消费量占全球的七分之一，但计价能力显得不足。再以大宗农产品的大豆为例，中国是全球最大的大豆消费国，消费量占全球的三分之一（有数据资料显示，2019 年中国、美国、阿根廷、巴西大豆消费占全球的比例分别为 29.6%、17.4%、14.5%、13.3%）。但全球四大粮商（指美国 ADM、美国邦吉、美国嘉吉、法国路易达孚。中国中粮集团为第五大）垄断了世界粮食交易量的 80%，有的粮商在国际投行、资本大鳄的支持合作下，掌控了大豆生产的源头农户资源，为农户提供种子技术、信息服务，渗透甚至控制了产业链和供应链全过程，致使作为进口大国的中国在大豆贸易合同中议价能力不足，故使用人民币计价存在诸多不便之处。再如，世界粮商在源头上采购农户大豆时是依据芝加哥商品交易所（CME）期货基准价格使用美元计价，粮商销售给中国倘再转为使用人民币计价势必有不便之处。2021 年 7 月调研得知，河南某企业由美国 ADM 公司与河南省某公司共建，该集团 90% 的大豆进口由美国 ADM 负责，此类大豆购销合同均以美元计价。

二是商品现货市场体系多层次、充分性不够，一定程度上影响了议价能力。其一，现货市场发展不充分。2021 年 7 月，笔者到江苏某不锈钢交易中心调研时发现，中国即期、近期、远期等多层次的商品现货市场发展不充分，存在现货市场与期货市场的人为割裂。现货市场发展不充分，不利于健全商品现货市场体系，不利于满足不同偏好生产者和消费者的市场需求，不利于商品市场价格的充分竞争，不利于提升中国商品市场的竞争力和定价话语权。其二，大宗商品跨境贸易平台的作用发挥不够。2000 年后，中国跨境电商逐步兴起，尤以 2014 年中国海关"56 号文"和"57 号文"为标志，跨境电商进入快速发展阶段。截至 2021 年 6 月，中国跨境电商综合试验区已扩容至 105 个。但大宗商品跨境贸易的平台企业发展不够，已有的平台功能作用发挥也不够。例如：2012 年 5 月，北京某铁矿石交易中心成立，该中心是由中钢协、宝武、河钢、鞍钢、首钢、五矿、中信、中化、淡水河谷（Vale）、必和必拓（BHP Billiton）、力拓（Rio Tinto）和佛蒂斯（FMG）等共同发起设立的平台企业，其在为境内外铁矿石生产、贸易和冶炼企业电子商务服务方面还需要加强，为铁矿石进出口贸易中使用人民币计价结算服务工作还有待加强。此外，国内与大宗商品相关的行业协会商会偏少，牵头的国际组织更少，与中国大宗商品规模不相适应；国内已有的行业组织作用发挥也不够，有的形同虚设，有的履职不到位，不利于这类市场的培育与规范发展，也在一定程度上影响了中国的议价能力。

三是商品期货市场功能发挥还不够好，期货基准价格的市场认可度低。全球大宗商品市场的定价发展，伴随着 19 世纪中期的期货市场诞生与发展，已从过去的垄断定价过渡到以现货市场价格为主，再过渡到当下以期货市场基准价格升贴水来完成。所以，目前普遍认为，期货市场发达能够更好地掌握现货市场的定价权。中国虽拥有上海、郑州、大连三大商品交易所，但由于市场培育时间相对短、交易品种和衍生品工具相对少、期货市场的功能发挥不够，和世界知名商品期货交易所相比，市场经营主体参与度低（国内一些大客户受行政干预被拒之"市场"门外），市场价格认可度低。以能源商品的原油为例，"二战"后原油的国际定价权，经历了由西方跨国石油公司、石油输出国组织（OPEC）垄断定价到现货市场价格、期货市场价格定价的三个阶段。20 世纪 80 年代末至今，原油主要产地中东销往包括北美和欧洲在内的全球市场，大多以纽约商业交易所（NYMEX）的 WTI 原油期货和伦敦国际石油交易所（IPE）的布伦特原油的期货价格为计价基准。2018 年 3 月，上海期货交易所（SHFE）原油期货交易上市，但由于上市时间短、市场认可度低而用于合同计价较少。以中国国内某石化集团为例，2015 年 1 月至 2021 年 6 月，采购原油合同有 10500 份，其中依据 SHFE 计价的合同仅 36 份，占 0.34%。需要强调的是，大宗商品定价权与金融市场的发达程度有关系，2021 年大宗商品定价权主要还在美国和欧洲。但并不代表期货市场的发达程度与定价话语权的强弱呈线性正相关关系，期货市场的作用重在提供一个公允价格，影响大宗商品的定价最关键因素还在于商品的生产者、贸易商等经济实体。

四是缺少生产端和消费端头部企业人民币计价的带动与促动效应。大宗商品交易虽属于流通环节，但最终是要进入生产端和消费端。而生产、分配、交换、消费各环节是相互影响的。生产端和消费端头部企业选择何种货币计价，无疑对大宗商品交易的计价具有影响。中国稀土资源占全球30%～40%，稀土分离技术全球领先，中国企业生产的稀土产品销往全球企业，形成了完整的产业链，且具有一定的垄断性，但稀土贸易中使用人民币计价的比重也较低。2021年7月，对江苏某稀土有限公司调研发现，该公司的稀土产品出口至日本、美国、韩国、俄罗斯及奥地利等国，其贸易合同即使和美国商人无关，也均采用美元计价。这在一定程度上，反映中国人民币计价结算制度导向与政策激励不到位。

除了以上四大障碍制约大宗商品定价外，还有以下一些影响因素：（1）以美国为首的西方包括英国、澳大利亚、加拿大、欧盟等，为维护美元、英镑、欧元、日元的国际地位，通过政治、外交等途径打压中国，进而抑制人民币的崛起。2021年7月调研得知，2018年12月孟晚舟事件发生后，为减少使用美元交易系统，中国某集团公司曾试图与沙特、卡特尔石油公司等协商，将已经签订的美元支付改为人民币支付，但被对方以经济甚至政治理由婉拒。（2）大宗商品进出口贸易相关的中外企业缺乏使用人民币计价的内在动力。2021年7月调研得知，近5年内某个民营企业的几千份对外贸易合同中没有1份使用人民币计价。（3）中国的有关政策引导、工作促进措施有待到位与完善。2021年6至7月调研发现：上期所的原油、国际铜等和郑商所的精对苯二甲酸（PTA）等期货价格，以及北京某铁矿石交易中心编制的COREX人民币指数等已经在国内外行业市场参考价格中有一定的影响力，但国内企业主动使用不够，有关部门支持推介也不够。

二、制约大宗商品进出口贸易人民币结算的障碍问题

大宗商品进出口贸易不选择人民币计价是不选择人民币结算的主要原因之一。除此之外，从国际金融视角比较观察，还有以下主要障碍和问题：

人民币在国外的接受度不及美元和欧元。1944年布雷顿森林体系确定了"二战"后美元的国际货币地位，1971年尽管尼克松政府宣布美元与黄金脱钩，但各国贸易中企业使用美元的惯性根深蒂固。美国的CHIPS、美联储转移大额付款系统（Fedwire）和国际合作组织SWIFT报文系统较为成熟地支撑美元清算，全球国际贸易中使用美元结算已经成为普遍习惯和路径依赖。20世纪90年代起，以欧洲央行（ECB）为主提出的欧元支付清算标准和ECB组织实施的欧元清算系统，满足了单一欧元支付区（SEPA）

及区外欧元清算的需要，欧元区国家使用欧元计价结算比较"抱团"，同时也影响了其贸易交易伙伴，致使欧元在国际结算中的地位迅速提升。人民币之所以在国际贸易中的计价和结算份额地位不高，主要原因在于使用惯性的存在，日元和欧元在最初发挥国际货币职能时也出现了类似情况。从空间分布看，人民币在境外的使用主要集中在中国香港地区和中国的周边地区、东南亚、西亚地区以及"海上丝绸之路"一带。

中资金融的国际化服务滞后与高成本影响了人民币国际化。一是中资金融服务滞后。2021年6月至8月，调研时有一些中资机构反映，企业在国内获得的金融服务，例如：贷款、债券融资、股权融资、结算等，不如在国外的金融机构服务到位。中资金融机构的手续较为烦琐，且对民营企业授信有歧视。2021年6月，某民营企业反映，中资银行对跨境业务融资的支持力度不足，其主营钢铁制品销售的A贸易公司与注册在瑞士、主要在新加坡经营全球石化贸易的B公司授信全部来自海外银行。截至2020年12月31日，A公司的银行融资超过8亿美元，合作银行超过20家，全部为外资银行；B公司长期合作的银行有8家，银行总贷款额度约3.5亿美元，全部为外资银行。2021年8月，某大型企业反映，集团在海外有工程建设、制造业企业，在国外进行项目建设和进出口业务时，期望得到中资银行更多的金融支持，包括远期信用证贴现、结售汇保值等，这样更有利于促使海外的中国企业更愿意去接受人民币计价和结算。二是企业使用人民币资金比使用美元、欧元等外币资金成本高。2021年在中国的人民币贷款利率明显高于在美国、欧盟、日本、英国、澳大利亚和中国香港地区的外币贷款利率，以6个月的A级信用企业为例，中国的国有商业银行发放人民币贷款利率为4%～5%左右，而在美国的大银行的美元贷款利率为1%～2%，高出2～3个百分点。2021年最新存款利率显示，中国银行（Bank of China）定期1年的美元存款利率为0.75%，而美国银行（Bank of America）同期存款利率为0.05%，中国的资金来源成本也高于美国。当然，同期中国的贷款融资成本比俄罗斯、印度、巴西等新兴经济体的贷款融资成本低2～3个百分点。不仅如此，国内某粮油公司负责人反映，境内人民币贷款利率高于境内美元贷款利率，境内人民币信用证成本高于境内美元信用证成本。值得一提的是，全球金融机构的存贷款利率是动态变化的，当下（截至2023年9月）美西方执行"高利率"而中国执行"低利率"。

北京某铁矿石交易中心负责人 2021 年 7 月也反映，受累于前期钢铁贸易融资问题的负面影响，钢贸行业的中小企业在国内融资难融资贵，转而在境外注册公司，寻求外资金融服务；国内金融机构对境外矿山的金融服务弱，导致境外矿山对人民币信用证的认可度较低。

人民币跨境结算系统的生态圈尚未形成。人民币跨境结算量虽提升较快，但大部分为中资机构在境内外机构间的自我循环。CIPS 系统虽已满足了跨境人民币结算清算的技术需要，但人民币国际化还存在不少短板，人民币跨境结算系统的生态圈尚未形成。一是部分国家没有把人民币纳入储备货币。2021 年 7 月笔者在上海某公司调研得知，加纳、肯尼亚、坦桑尼亚等非洲国家没有人民币储备，故无法使用人民币结算。据统计，全球仅有 60 多个央行或货币当局将人民币纳入外汇储备[1]。二是中国认可的储备货币也不齐全。2021 年 7 月笔者在上海某公司和上海期货交易所调研得知，中国对一些小国家的货币也没有纳入储备，故只能通过其他币种如美元、欧元等进行结算。三是一些产业链和供应链的上下游接受人民币意愿不强，增加了中方进出口贸易方的汇率风险。四是人民币在境外无论是经常项目还是资本项目，其使用渠道不广和使用程度不深。具体表现在：境外国家的企业拥有人民币后的存储、流通、交易、投资等存在障碍；除中国外的其他国家相互之间，很少主动使用人民币计价与结算；外国投资者长期持有人民币资产的意愿有待增强；人民币流出中国以及回流国内的循环机制有待加强；人民币在"一带一路"共建国家跨境使用与贸易需求不匹配，人民币国际化在"一带一路"共建国家发展不平衡以及功能发展不协调。

三、提升大宗商品进出口贸易人民币计价结算水平的发展机遇

一是越来越多的国家开始质疑主权货币的国际职能。自布雷顿森林体系瓦解后，美元就一直透支自己的信用。截至 2021 年 8 月 1 日，美国债务已经超 28.5 万亿美元。欧元区似乎走出了 2009 年的"欧债危机"，新冠疫情发生后，欧元也在量化宽松。2020 年末，欧元区 19 国公共债务占其 GDP 比重高达 77.2%，已超 60% 的警戒线。越来越多的国家开始质疑

---

[1] 戴冠来：人民币国际计价功能的特点研究，载《价格理论与实践》，2020 年第 1 期，第 37-41 页。

以一国主权货币充当世界货币的公平性，世界大多数国家呼吁超主权货币的出现。

二是不少国际投资者越来越认可人民币。由于中国经济的基本盘稳中向好，2020 年中国在主要经济体中率先走出疫情带来的经济低谷，人民币坚挺，人民币汇率稳中有升，不少国际投资者对人民币资产的信心增强。人民币汇率走势总体稳定，有利于贸易双方锁定交易成本，获得稳定的预期收益。就中国企业而言，相比美元、欧元，使用人民币计价结算可有效避免汇兑损失，减少使用各类汇率避险工具，有效降低结算成本；而且，合同计价货币和企业运营货币一致，能够及时准确地了解交易成本和收入，提高企业决策效率和有效性。

三是区块链技术与数字货币的诞生与发展，有助于推进人民币国际化和提升大宗商品定价国际话语权。2008 年以区块链为代表的新技术，催生了数字货币的诞生。2020 年出现的新冠疫情，加快促进了数字金融的发展。美国、英国、日本、欧盟等央行，都加快了法定数字货币的研发与试验。数字人民币的试点与跨境使用，为人民币国际化带来了新的契机。近年来，有海外企业比较重视应用区块链技术。笔者调研得知，在新加坡有专业机构专门做这块业务，其目的就是改变传统国际贸易支付方式，使用区块链信用证完成线上交单。2021 年 8 月，上海宝钢公司和力拓公司采取区块链技术进行了一笔人民币业务结算。

四是推动大宗商品进出口贸易人民币计价结算处于时间窗口期。以 2018 年 11 月，中国首次举办国际进口博览会、为全球提供这一公共产品服务平台为标志，中国正致力于追求国际贸易平衡、加大进口贸易力度。2020 年 11 月，全球最大自贸区 RCEP 的成功签署，给中国经贸发展和人民币国际化带来新的战略机遇。未来随着中国进口贸易力度的增加，中国企业选择人民币计价结算的主动权就相应得到增加，而且中国企业使用人民币计价结算，可一定程度上规避美元输入型通胀的影响。美联储货币政策回调的不确定性增多，世界各国对美元缺乏信心。"十四五"乃至之后的"十五五"和"十六五"期间，中国可从大宗商品进出口贸易这一重要环节入手，加大人民币计价结算、加速人民币国际化的进程。

第三节   推动大宗商品进出口贸易人民币计价结算的市场定位与目标设计

一、推动大宗商品进出口贸易人民币计价结算的市场定位

一要坚持发展综合国力的同时推进人民币国际化。货币国际化的竞争，本质上是经济、科技、文化、政治、军事等综合国力的较量。贸易是主权货币国际化的基础，中国需要从贸易大国向贸易强国进军。一国的出口总额占世界贸易总额越高，那么本国货币就越有可能成为国际间的计价和结算货币。近代（16 世纪）以来，世界通货经历了从金银等金属货币到纸币等信用货币，再到即将到来的数字货币的演变历程。1816 年，英国《金本位制度法案》固定了英镑与黄金的兑换比率，标志着金本位制在英国正式确立，黄金在世界范围内发挥本位货币职责。1844 年，英国颁布《银行法案》，规定英格兰银行的银行券为法定货币，能够用来清偿各种债务。英国借助庞大的贸易和流通网络，促使英镑成为当时的世界主要通货。美元替代英镑成为世界主要货币，经历了一个世纪的时间。以美元为中心的世界货币体系，是 1944 年布雷顿森林体系会议确定的。彼时，1945 年美国的 GDP 相当于全部资本主义国家 GDP 的 60%，美国的黄金储备相当于整个资本主义世界黄金储备的四分之三。主权货币的国际化除了依靠经济实力外，还有政治、外交甚至军事的干预。1947 年 7 月，美国启动并持续了4 个财政年度对西欧经济援助 131.5 亿美元（其中 90% 赠予，10% 贷款）的"马歇尔计划"，客观上起到了输出美元的作用。20 世纪 70 年代以来，中东地区的"石油美元"，美国与沙特阿拉伯、OPEC 商定把美元作为石油的唯一定价货币，便是美国综合实力的体现。

二要坚持人民币国际化与"去美元化"的双重发展思路。经济决定金融，金融服务于经济。中国的贸易、投资到哪里，中国的金融就应该服务到哪里。伴随着"一带一路"倡议和国内国际双循环战略的实施，人民币国际化服务于中国的对外开放经济是必由之路。2021 年 6 月，美国国会参议院通过了《2021 年美国创新和竞争法案》，视中国为战略竞争对手。中国应把"去美元化"作为长期战略，减少国际贸易中美元计价结算的份额。"去美元化"不是消除美元，而是减少美元的使用和依赖，让美元回归到一国

主权货币本来的位置。一方面，人民币要和美元长期竞争，在涉及美国商人业务时，在人民币和美元选择中，中国企业应尽量减少美元计价与结算。在不涉及美国商人业务时，中国企业应坚持"去美元化"，倡导其他国家共同减少对美元的依赖。

三要坚持金融开放和金融安全的协调平衡。中国已经实现了经常项目下的人民币自由兑换，同时还得要长期坚持资本项下的有条件外汇管制。当今世界正处于百年未有之大变局，国际金融秩序和货币体系正处于深度变革时期。美国在滥发货币的同时，尤为强烈地要求中国金融开放。如果中国放开货币管控，允许人民币汇率自由兑换，就有可能会被美元、欧元、甚至日元等滥发货币的洪流冲决中国金融的闸门。对资本项下有条件管制，是自1994年中国外汇改革以来金融稳定的成功实践经验。中国应有计划有节制地推进金融改革开放，协调统一好人民币经常项下自由兑换与资本项下有条件管制两者关系，以符合本国利益最大化要求。一方面，中国坚持金融对外开放的总体目标不动摇，允许经常项目下人民币的自由兑换，促进投资领域使用人民币便利化，提升人民币循环体系承载力，"营造以人民币自由使用为基础的新型互利合作关系"。另一方面，也要守牢金融稳定和金融主权的底线，坚持资本项目下的有条件管制，防范金融的无序开放，打击洗钱、恐怖融资、逃税与过度投机等金融违法行为。中国可以考虑在大数据、区块链等监管技术应用的支持下，在特定地区试点完全开放资本市场，未来尝试允许自由贸易区内人民币自由兑换，可选择部分基础较好的地区如上海自由贸易区、海南自由贸易港等先行先试，以满足境内外投资者的合理需要，以总结监管经验。

四要坚持对大宗商品进出口贸易人民币计价与结算的最优管理。计价结算货币的选择是国际贸易中议价能力的重要体现。大宗商品进出口贸易人民币计价结算状况属于经济表象，其实质是大宗商品全球定价权和人民币国际地位的争取。中国应发挥市场配置资源的决定性作用，发挥大宗商品贸易上下游全链条的协同促进作用，同时发挥政府"有形的手"的力量、营造国际化和法治化的营商环境。掌握大宗商品交易的特点，来推动实现大宗商品进出口贸易人民币计价结算这一重要突破口最优管理。对于需求价格弹性较小的商品，中国的相对市场份额优势越大越有利于贸易商选择人民币结算；对于需求价格弹性较大的商品，中国对国际市场的依赖程度越低越有利于选择人民币结算。货币在外汇市场上的交易成本和贸易规模是其在国际市场上计价地位的决定因素，国际贸易中大宗商品价格考虑到信息成本，从而多以一种统一的国际货币计价属于通常做法。国际贸易交易中的货币计价和结算是货币政策传导的核心，需求弹性高的行业生产者比其他行业的生产者，更有可能在货币选择上表现出羊群效应。汇率传递的弹性价格决定因素是企业决定货币选择的关键特征，小企业尤其如此，所以也需要发挥小商品作用，大小商品市场共同促进形成人民币生态体系。2021 年 7 月，笔者在浙江义乌的某跨境电子商务园区调研发现，义乌市 A 电子商务公司和义乌市 B 电子商务公司负责人均表示，急盼使用人民币计价结算，减少美元汇率风险，但无奈目前美元的使用在亚马逊平台和业内形成习惯，期望在政府的引导下共同努力改变这一现状。

五要坚持市场化与企业自愿使用人民币的原则。人民币国际化和"去美元化"也要遵循市场化的原则，引导企业从经济效益和效率出发，增强自我主动性。大宗商品进出口贸易过程中，交易国双方的货币与美元同升同贬时（由于美元的国际货币地位，大多数情形属于如此，即美元加息、几乎所有货币都贬值，美元"放水"，几乎所有货币都升值），"去美元化"就出现了利益空间，不使用美元计价结算时，交易双方均有利可图。当人民币兑美元有较大的升值幅度，周边国家的货币兑美元也在升值，而且人民币兑周边国家的货币升值幅度小于美元，那么就产生了使用非美元币种计价结算的条件。例如，2020 年 6 月，中国企业出口商品到韩国企业，如果使用美元结算，那么到 2021 年 8 月会贬值约 8%，如果彼时使用韩元结算，企业反而有汇兑收益。而且从韩国企业来说，从中国购买商品，用韩元也不需要承担美元汇率风险。再如，交易双方对美元汇率稳定时，"去美元化"也减少了汇兑成本。如果中国和泰国可以直接使用泰铢和人民币结算，那么就只会有 1 笔交易，同时减少了 2 笔兑换美元的交易，无疑会降低经济成本。中国从俄罗斯进口木材，中俄双方均可以绕开美元结算，形成资金闭环。此外，当境外企业获得人民币时，鼓励其使用人民币采购中方产品，这样既有利于境外企业规避汇率风险，也有利于国内企业增加出口。

二、大宗商品进出口贸易人民币计价结算的目标设计

目前中国人民币国际化总体处于初级阶段，大宗商品进出口贸易人民

币计价结算比例均较低。初步研究结果表明，自变量人民币计价货币与因变量贸易强国之间的关系，呈现指数型变化的非线性的正相关关系；自变量人民币结算货币与因变量贸易强国之间的关系，呈现效用递增型变化的非线性的正相关关系；计价货币的乘数效应强于结算货币的乘数效应。

考虑到美元、欧元、日元、英镑等其他币种的国际流通，可将大宗商品领域人民币计价和结算比例的理想阈值分别计划为占其贸易总额不低于20%和不低于30%。力争通过十年的努力，到2030年基本达到理想阈值。力争通过十五年的努力，到2035年达到理想阈值，实现人民币国际化份额和中国贸易、金融、经济地位相匹配。上述目标也可以作为人民币国际化更长期的奋斗方向。

第四节　中长期推动大宗商品进出口贸易人民币计价结算的策略思考

一、培育支持一批大宗商品类的头部企业，发挥人民币计价结算的示范引导效应

国内现有与大宗商品进出口贸易业务相关的制造商、进口商和出口商的头部企业，主要集中在大型国企和少数民企中。结合制造强国和贸易强国战略，加大对头部企业的培育发展，可利用中国在初级工业品和中低端工业品竞争优势，提升企业产品定价国际竞争力，发挥好人民币计价结算的带动效应。一是头部企业坚持既要利用风险对冲工具、防止"去美元化"后短期内的非美元币种的汇率损失，更要重视带头执行人民币国际化的长期计划。二是国内企业在"一带一路"基础设施建设中，可优先采用中国期货的人民币价格作为计价和结算依据，如上海期货交易所的螺纹钢期货价格。三是支持头部企业顺应全球科技发展浪潮和大宗商品贸易上链的趋势，把创新区块链等新技术应用与人民币计价、结算结合起来，抢占全球供应链和区块链融合发展商机，培养交易习惯，并以此作为人民币国际化突破口之一。四是放宽大型国企使用掉期、期货等金融工具的限制使用，不能因噎废食。五是筛选大宗商品相关的头部企业，纳入进出口贸易

人民币结算企业重点监管的"红名单"管理，加强统计监测与政策宣贯，支持这类企业发挥"领头雁"作用，扩大人民币计价结算。六是除了发挥已有头部企业引领作用，还需加快培育一批具有较强国际竞争力的大宗商品制造强商和贸易强商，"十四五"乃至之后的"十五五""十六五"期间，争取在约130个大类的大宗商品中越来越多的中国相关企业进入世界前1000强、前500强和前100强。

二、以市场手段驱动一般大宗商品类企业，加大使用人民币计价结算

头部企业的带动效应固然重要，还应引导和帮助一般企业算好经济账，提高一般企业使用人民币的意识和行为。一是坚持以市场手段为主，驱动与大宗商品进出口贸易业务相关的一般企业加大使用人民币计价结算。当交易国双方货币与美元同向波动时，"去美元化"将减少美元汇率风险，更为经济，中国企业开展国际贸易时应尽量使用人民币或使用贸易对手国货币计价与结算。当交易国双方货币与美元汇率稳定时，中国企业开展国际贸易时也要尽量使用人民币或使用贸易对手国货币计价与结算，以减少与美元重复汇兑的成本。有的大宗商品的合同全部以人民币计价可能一时难以做到，但也要尝试实现人民币支付为零的突破，譬如可通过谈判将合同中运费部分以人民币计价结算。二是鼓励小商品进出口贸易企业也要尽可能使用人民币计价结算，在汇率风险与成本可控的前提下，优先使用人民币和非美元币种，减少对美元的依赖。三是选择有代表性的中资企业在海外开展进出口贸易人民币计价结算试点，总结人民币在离岸市场计价结算的实践经验，探索将人民币定价货币内生化，增强非中国企业在全球使用人民币计价结算的意愿。

三、发挥平台企业及行业组织作用，提升大宗商品定价和人民币计价结算的主动权与协同效率

一是支持国内知名大宗商品电子交易平台的建设。在进口合同审核、进口许可备案审核在关税申报环节方面，支持可信大宗商品电子交易平台建设。促进大宗商品电子交易平台的信息数据资源整合，探索搭建跨境电子交单系统和构建数据实时监测体系，促进利用平台商品流通和价格发现

功能形成贸易议价合力。探索引入数字人民币交易环节，为人民币计价结算提供稳固的技术操作基础。探索延伸"产业＋互联网"服务功能，促进商流、物流、资金流、信息流协同有序流动，争取大宗商品定价和人民币计价结算的主动权。二是鼓励国内企业更多应用境内平台资源。支持国内企业通过国内平台交易发现价格，更多应用国内大宗商品平台的价格指数。鼓励中国的平台企业和行业组织针对境外价格指数的不当倾向性及时向世界发声，促进国际市场价格的公平公开公正。规范国内大宗商品交易平台跨境人民币支付数据的流动管理，探索构建安全便利的国际互联网数据专用通道和国际化数据信息专用通道，减少大宗商品交易和货币结算信息的安全风险。支持国内大宗商品行业组织建设，培育一批国内著名、国际知名的大宗商品行业组织。推动行业协会商会建立健全行业跨境人民币计价结算的自律规范、自律公约，规范会员行为，促进现货期货市场健康发展。鼓励国内行业协会商会加强国际交流合作，支持有条件的国内企业参与国际大宗商品协会组织，参与国际货币计价结算相关标准的制订。

四、健全中国多层次商品现货市场体系，巩固大宗商品定价与人民币计价的基础

支持现货市场、期货市场、中远期市场相互融合相互促进，促进形成现货与期货对接、场内与场外对接、线上与线下对接、商品与金融对接、境内与境外对接的多层次商品市场体系。一是允许大宗商品"中间市场"的合理存在。允许定位于现货市场的大宗商品交易市场，积极发展个性化交易模式，解决非标产品电子化交易的瓶颈，推动期现互通、仓单串换，增强实体经济发展活力，促进产业集群的形成和交易模式的创新升级。二是允许有条件的现货市场企业到海外试点设立分市场，为打通境内外市场探索实践经验。三是推动降低部分大宗商品进口关税或优化进口关税计征方式，避免国外厂商为拓展中国市场将国际通用的产品改造成低关税或无关税的类似产品，不利于中国在国际市场发挥大宗商品贸易集散地作用。四是开展商品市场优化升级专项行动，规范发展大宗商品现货电子交易市场，依法打击地方保护的市场条块分割行径，促进全国乃至全球统一的市场形成，减少产品价格扭曲或价格信息不充分行为，促进提升大宗商品定价的公平公开公正性。五是创新发展跨境电商综合试验区的现货商品国际

市场，支持跨境电子商务中的人民币计价和跨境支付。六是建设高标准市场体系，加强对大宗商品、资本、技术、数据等重点市场交易的监测预测预警，建立畅通的投诉机制，强化要素市场交易监管。

五、支持做强期货市场，进一步发挥人民币市场价格的发现功能

一是完善上海、郑州、大连商品期货所的市场定位与分工协作。增强国际市场价格发现、跨境风险管理和服务实体市场功能，增强已有的一些国际期货产品如PTA、原油、20号胶、低硫燃料油、铜等国际定价影响力。二是深化与国际商品、期货交易所的业务合作。支持中国的期货产品如菜籽油、纸浆、钢材等实行结算价授权"走出去"，对国际期货市场开放。加强与中国香港、英国伦敦、美国纽约等交易所的国际合作，对标全球顶级期货交易所，增加上海、郑州、大连商品期货所的国际交易品种，如增加国际原糖、棉花、天然橡胶等品种。三是支持期货市场在改革中谋求发展。推动石油天然气市场化改革，尽早与原油期货共同构建中国能源衍生品体系，形成中国的能源定价体系，帮助上中下游产业更好管理各经营环节风险敞口，增强中国能源企业整体抗风险能力和国际竞争力。尽快解决国内交易所铁矿石期货合约不连续、交割不便利、产业客户参与较少等问题，引导国内钢企多采用国内期货定价，减少对普氏等价格指数的依赖。充分利用香港交易所推进人民币国际化。评估国际并购案例，包括2012年香港交易所以13.88亿英镑收购伦敦金属交易所（LME）的得失，探讨研究境内交易所在中国周边和共建"一带一路"国家实施兼并、收购、重组、入股等可行性，以集聚区域市场资源，放大全球市场效应，做强中国商品期货交易所。四是鼓励企业参与境内期货、期权衍生产品，利用金融衍生工具管理价格风险，实现资产的增值保值。五是支持国内期货交易所落实做强期货市场的具体行动方案。强化包括期货、大企业定价、指数价格在内的"中国价格"话语体系建设，支持国内三大交易所制订具体的行动计划，从基础好的行业大类和重点产品入手，做强期货市场，使得各交易所行业和产品的定价能力早日跻身世界一流国际定价行列。

六、发挥金融杠杆的促进作用，加快提升大宗商品进出口贸易人民币计价结算比重

一是降低企业资金成本。稳步推进人民币利率国际市场化，促进国内本外币利率差异回归正常理性区间，减少对美元资金的需求。支持有真实国际贸易背景的大宗商品业务的融资成本融入全球市场，降低人民币使用成本。二是深化金融服务。中资银行增加对从事大宗商品进出口贸易业务相关的中资机构海外公司的授信额度，避免海外人民币贸易"无米下锅"而不得不使用美元等币种进行结算。支持中资银行为企业提供海外人民币信用证，支持企业在贸易结算时以人民币计价向海外上游供应商购买大宗商品并与下游终端客户以人民币计价销售。三是激励企业使用人民币。中资银行对纳入境外试点企业的跨境人民币结算业务给予手续费优惠，或当企业人民币年结算量达到一定规模后给予定额优惠，提高人民币替代美元计价结算的积极性。提高中资银行对试点企业有真实贸易背景的跨境业务融资授信的支持力度，在融资成本和国际接轨的基础上，再适当降低贷款利率等。支持政策性金融机构在提升大宗商品定价国际话语权和人民币国际化过程中，发挥特别作用，在授信额度、贷款利率和承保条件、理赔支付、保险费率等方面给予重点优惠支持。四是发展绿色金融。金融部门要把支持大宗商品行业与绿色金融发展有机结合起来，支持国内头部贸易商及资源商进行海外收购，支持国内新能源等绿色行业成长，聚焦"双碳"目标，创新"双碳经济"发展新模式。

七、守住金融安全前提下扩大金融对外开放，为大宗商品进出口贸易人民币计价结算营造良好金融生态环境

一是守牢金融安全底线基础上促进金融开放。正确处理好金融安全与金融开放之间的关系，坚守金融安全底线，促进金融稳定发展。在金融衍生品市场等领域可以开放外资进入，补齐国内金融短板，提高金融国际化服务水平，加快改变国内金融业大而不强的状况。放宽人民币合格境外投资者（RQFII）的准入限制，增加合格境外机构投资者（QFII）与RQFII的额度。探索自由贸易区与海外之间建立特殊通道，资金从海外进出自由贸易区实现自由化，促使自由贸易区与海外人民币离岸市场直接相连，成

为境内的人民币离岸市场。二是深化金融改革。推动海关特殊监管区域包括保税区、出口加工区、保税物流园区、跨境工业区、保税港区、综合保税区等，在人民币计价结算等国际化方面先行迈出实质步伐。稳慎推进中国利率、汇率市场化改革，加强外汇敞口风险的对冲管理。改革人民币汇率形成机制，探索建立直接的货币兑换汇率机制。改善跨境人民币资金池管理，促进离岸与在岸市场良性互动、深度整合，满足境外人民币回流与使用。破解国内金融衍生品市场发展瓶颈，配合"去美元化"策略，增强小币种的外汇风险对冲管理。三是强化金融服务经济、服务国家战略。沿着"储备货币—计价货币—结算货币"相互促进、相互补充的发展路径，推动人民币国际化。争取更多的外国央行或货币当局将人民币纳入外汇储备，从 2021 年全球 70 多个尽快拓展到近 100% 建交国家。争取与更多的外国央行或货币当局签署了双边本币互换协议，从目前的 39 个国家和地区（截至 2019 年末）尽快拓展到和中国有贸易投资和经济往来的所有国家。强化中国海外金融机构的金融服务意识和水平，让海外华人、外国公民和境内外企业在境外旅游、留学、经商等，享受海外人民币高效快捷便利的服务。落实覆盖全球的境外清算机制安排，满足中国和外国的居民和企业在境外开立清算账户和使用人民币的便利，可授权中国银行境外机构承担境外人民币清算行职能。四是完善国内金融基础设施，真正形成人民币国际清算系统。"十四五"规划纲要要求，"加强人民币跨境支付系统建设，推进金融业信息化核心技术安全可控，维护金融基础设施安全"。升级人民币跨境收付信息管理系统（RCPMIS），区分监测计价货币和结算货币类型、大宗商品类别与品种，加强跨境人民币统计监测与解读、助力领导科学决策，做好逆周期调节，防范跨境资金流动风险。完善 2008 年投产的境内外币支付系统（CFXPS），尽可能将国内委托代理结算行扩大至所有的国有银行和全国性股份制银行，尽可能多增加国外币种服务，不仅仅局限于港币、英镑、欧元、日元、加拿大元、澳大利亚元、瑞士法郎和美元等主要币种，以满足国内对多个币种支付的需求，提高结算效率和信息安全性。支持外资金融机构加快人民币金融基础设施建设。五是深化金融的国际合作。稳妥推进数字货币应用，呼吁全球加快研究探索超主权数字货币的诞生与发展。扩大与周边国家、"清迈计划"、RCEP 成员国和共建"一带一路"国家的货币互换额度，增加人民币的流动性。深化中蒙俄、新亚欧大陆桥、中国—中南半岛、中国—中亚—西亚、中巴和孟中印缅六大经济走廊的合作力度，可尝试与友好国家建立人民币货币联盟，形成区位和地缘优势。深化与香港金融监管局和香港交易所、伦敦金属交易所合作，以香港、上海、北京、深圳、海南等地为中国金融重要对外窗口，加速推进人民币计价结算与国际化进程。

八、深化双多边国际贸易投资合作谈判，助力推进人民币国际化

推动在联合国、WTO 和 G20 框架下，改革国际货币体系和国际货币基金组织（IMF）、世界银行，呼吁超主权货币的诞生与发展，探讨 SDR 功能的升级版，改变"二战"后，尤其是美元与黄金脱钩以来，美元实质充当世界货币、演变为全球公共产品的不公平现状。探讨与金砖国家新开发银行、亚洲基础设施投资银行、丝路基金、中拉基金等在人民币国际化合作方面的具体路数。加强与金砖组织、上海合作组织的对话，深化人民币国际合作。推动自由贸易协定谈判时，也要促成货币互换协议。加强与国际组织的金融合作，共同探讨货币计价规则和定价标准的国际合作。在双边本币互换的框架下，可载入人民币国际化有关内容，如与智利、秘鲁、哈萨克斯坦等铜资源出口国签署双边本币互换协议时，可通过谈判将铜进口贸易结算使用中国国际铜期货价格置于该货币互换框架内。在国家间进行贸易谈判时，若涉及国内已上市商品期货品种，建议以国内商品期货价格为参照依据，如与泰国之间的"橡胶换高铁"等。重视与发达国家或制度环境较好的国家缔结自由贸易协定的货币合作，以发挥自由贸易协定对跨境贸易人民币计价结算的促进效应。中国在政府贷款、国际援助中尽可能地使用人民币，推动形成使用人民币的趋势。

关键词

大宗商品　国际货币体系　美国芝加哥商业交易所（CME）

英国伦敦金属交易所（LME）　《美国商品交易法》　农产品

普通金属矿产品　稀贵金属品　能源化工品　国际期货业协会（FIA）

国际货币基金组织（IMF）　特别提款权（SDR）

人民币跨境支付系统（CIPS）

美国纽约清算所银行同业支付系统（CHIPS）

美联储转移大额付款系统（Fedwire）　SWIFT报文系统

四大粮商A、B、C、D（美国ADM、美国邦吉、美国嘉吉、
法国路易达孚）　托拉斯（Trust）　纽约商业交易所（NYMEX）

上海期货交易所（SHFE）　欧洲央行（ECB）　单一欧元支付区（SEPA）

"马歇尔计划"　"去美元化"　海外人民币信用证　金融生态环境

人民币合格境外投资者（RQFII）

人民币跨境收付信息管理系统（RCPMIS）

境内外币支付系统（CFXPS）　超主权数字货币　人民币货币联盟

第十一章 中国如何融入国际货币金融系统？

"二战"结束前夕的 1944 年布雷顿森林体系会议，确定了以美元为中心的国际货币体系。自此至 1971 年尼克松政府宣布美元脱钩黄金的二三十年间，国际货币体系处于基本稳定状况。后来，伴随着美元长期履职国际货币职能受到质疑，大多数国家纷纷质疑美元霸权，导致欧元、英镑、日元、人民币等主要经济体的货币在国际货币舞台上也有越来越重要的席位。如今尽管美元仍是国际主要货币，但全球货币体系处于不平衡甚至动荡状况，更有有志之士呼唤超主权货币的诞生与发展。人民币如何融入国际货币体系，从国际货币体系不平衡状态中寻求动态平衡，值得世人思考。

第一节　美国谋求国债货币化"利己害人"

中国自 1994 年起长期大规模购买美国债，虽为保值外汇储备、稳定人民币汇率、维护中美关系等发挥了积极作用，但综合比较，利少弊多，尤在战略利益方面逊于美国，中国应尽早走出美元陷阱。

一、中国谨防掉入"美元陷阱"

1994 年起，伴随着中国进出口顺差扩大、外汇储备增多，俗称"有钱了"，中国开始大量增持美国国债，且渐从短期持有转为长期持有为主。对此，中美政商学界争论了 20 余年，出现了"世界储蓄过剩论"和国内"两难论"（"难"在贸易顺差使得中国得到大量外汇，"难"在有了大量外汇后如何使用）、"双赢论"（对中国对美国均有利）、"筹码论"（可以增加中国对美国的谈判筹码）等多流派观点。时任美联储理事的伯南克于 2005 年提出了全球储蓄过剩的观点，用以解释美国为何持续出现经常项目赤字。伯南克指出，美国国债吸引了全球渴望持有安全资产的储蓄者，美国以外的过剩储蓄导致利率尤其是长期利率低于应有水平。同时，与之伴生的还有一种观点比较盛行，即认为美国持续赤字将在某个时候危及美元的稳定，并迫使美国提高利率以防止通胀和导致美国国内金融动荡。这一观点现在

（截至 2023 年 9 月）被证实，2023 年 5 月 3 日，美国联邦储备委员会宣布上调联邦基金利率目标区间 25 个基点到 5% 至 5.25% 之间，这已经是美联储连续第 10 次加息，累计加息幅度达 500 个基点（2016 年 12 月 14 日，美联储决定提升联邦基金利率目标区间 25 个基点到 0.5% 至 0.75%）。

中国长期大规模持有被大多数国家普遍看好的"金边债券"（美国国债），在现行国际货币与清算体系下，有利于提升中国主权财富信用，从容支付国际债务和应对国际金融投机狙击，一定程度上为保值外汇储备、稳定人民币汇率、维护中美关系等发挥了积极作用。但是，中国客观上支持了继银本位制、金本位制后的美元本位制，"帮助"了美国实现其战略目标，令中国跌入"斯蒂格利茨怪圈"（斯蒂格利茨[1]，1998，即新兴市场国家以高利率从发达国家借款、后以低收益形式返借给发达国家），掉进"美元陷阱"（克鲁格曼[2]，2009），被动促成跨太平洋"金融恐怖平衡"（劳伦斯·亨利·萨默斯[3]，2004，即美国为东亚提供市场，东亚挣了美元，然后东亚购买美元资产，为美国财政与贸易赤字融资）。

中资持有美债在动态变化中。根据美国财政部国际资本流动报告（Treasury International Capital，TIC），中国投资者持有美债余额于 2002 年 8 月突破千亿美元大关，于 2008 年 4 月突破 5000 千亿美元大关，于 2010 年 6 月突破了万亿美元大关，于 2013 年 11 月刷新历史纪录、达 13167 亿美元，于 2022 年 4 月跌破万亿美元大关、结束了连续 142 个月持有美债余额过万亿的历史（日本投资者迄今也仅有 137 个月）。至 2023 年 3 月，中资持有美债余额低至 8693 亿美元，跌至 2010 年 5 月以来新低。

表 11.1 和表 11.2 的数据源于美国财政部，显示中国大陆（不含港澳台）持有美国国债余额稳居全球前列。截至 2020 年 2 月末，中资持有美国国债余额 10922.61 亿美元，是俄、英、法三个联合国安理会常任理事国持有总额（5631.41 亿美元）的 1.94 倍，其中，长期国债占 99.69%。

---

① 美国经济学家，2001 年获得诺贝尔经济学奖。
② 美国经济学家，2008 年获诺贝尔经济学奖。
③ 美国经济学家，在克林顿时期担任第 71 任美国财政部部长，2009—2011 年执掌国家经济委员会、成为奥巴马经济政策的总设计师。因研究宏观经济的成就获得约翰·贝茨·克拉克奖。

表 11.1 全球前 10 名及其他国家（地区）持有美国债情况

（2020 年 2 月末）

国家 / 地区	美国国债持有量 / 亿美元	占比 /%
日本	12682.96	17.95
中国大陆	10922.61	15.46
英国	4031.63	5.71
巴西	2859.11	4.05
爱尔兰	2827.18	4.00
卢森堡	2608.08	3.6
中国香港	2498.23	3.54
瑞士	2436.98	3.45
开曼群岛	2194.33	3.11
比利时	2180.30	3.09
其他	25425.81	35.98
其中：俄罗斯	125.86	0.18
法国	1473.92	2.09
总量	70667.22	100

表 11.2 全球前 10 名及其他国家（地区）月均持有美国债

（2011 年 9 月至 2020 年 2 月）

国家 / 地区	美国国债持有量 / 亿美元	占比 /%
中国大陆	11931.13	19.77%
日本	11305.67	18.73%
巴西	2660.86	4.41%
爱尔兰	2190.36	3.63%
瑞士	2113.61	3.50%
英国	2106.62	3.49%
开曼群岛	1976.34	3.27%
卢森堡	1895.13	3.14%

续表

国家 / 地区	美国国债持有量 / 亿美元	占比 /%
比利时	1834.83	3.04
中国台湾	1804.19	2.99
其他	20537.31	34.03
其中：俄罗斯	911.03	1.51
法国	743.38	1.23
总量	60356.03	100.00

以上数据表明，大量持有美国国债的国家（地区）除中国大陆外，基本分为两类：美国盟友，如日本、英国（开曼群岛）、卢森堡、比利时等；美国友好伙伴，政治、军事和经济高度依赖美国，如中国台湾、爱尔兰等。中资持有一定数量的美元资产，一定程度上符合中方金融经济利益，但大规模购买长期美国国债，有可能掉入美元陷阱，个中利弊值得深思。

二、美国加速谋求国债货币化，或存在国债信用风险和系统风险

美国国债的购买对象主要由美联邦（社会保障、医疗、国防等）、美联储、美外债三部分构成，约各占三分之一。美国凭借美元优势，从第 32 任总统罗斯福执政期间开始就大举外债，1944 年末美国国债占其 GDP 高达 90.95%。后来的多任总统，除第 33 任杜鲁门外，第 34—43 任、"二战"后第 3—12 位共 10 位总统任期内，国债发行的绝对额不断攀高，但国债率大致维持在 50% 上下徘徊。自第 44 任总统奥巴马开始，包括第 45 任特朗普总统、第 46 任拜登总统期间，美国国债负债的比率加剧，已经突破颇具争议的 90% 的"罗格夫分界线"，其中外国政府持有的美国国债占美国 GDP 的比重超过了 20%，而且中国政府持有的美国国债占外国政府持有美国国债的份额维持在 10% 以上。美国是两党竞选轮流执政的国家，不同的政党不同的总统对美国的经济和政治战略影响大，故研究不同总统任期的对内对外负债有较强的现实意义。详见表 11.3。

表 11.3　"二战"以来美国历任总统任期对内对外负债情况

任期	国债余额（亿美元）	截止时间	GDP（亿美元）	国债/GDP（%）	外国政府持有（亿美元）	外债/GDP（%）	其中中国政府持有（亿美元）	中国政府持有（所占比重）（%）
32	195.00	1932年6月末	595	32.77				
33	2041.00	1944年12月末	2244	90.95				
34	2591.00	1952年12月末	3673	70.54				
35	2905.00	1960年12月末	5424	53.56				
36	3029.00	1962年12月末	6039	50.16				
37	3687.00	1968年12月末	9407	39.19				
38	4663.00	1973年12月末	14254	32.71	547	3.84		
39	6290.00	1976年12月末	18734	33.58	781	4.17		
40	9090.00	1980年12月末	28573	31.81	1297	4.54		
41	26011.00	1988年12月末	52364	49.67	3622	6.92		
42	40018.00	1992年12月末	65203	61.37	5767	8.84		
43	56622.00	2000年12月末	102510	55.24	10152	9.90	603	5.94
44	106998.00	2008年12月末	147699	72.44	30772	20.83	7274	23.64
45	199768.30	2016年12月末	186951	106.86	60028	32.11	10584.2	17.63
46	296172.20	2020年12月末	208937	141.75	77477	37.08	10722.8	13.84
47	305951.10	2022年7月末	229961	133.04	75011	32.62	9700	12.93

资料来源：美国财政部、美联储和 wind 数据库。

注：国债包括个人、公司、州或地方政府、美联储、外国政府在内的政府内部公众债务和以联邦政府账户持有的政府内部债务之和。

需要说明的是，表 11.3 中的国债余额指由美国财政服务局（Bureau of the Fiscal Service，BFS）管理的联邦债务。BFS 是财政部的一个部门，实质是美国联邦政府的簿记员。国债由公众（A）和某些联邦政府账户（B）持有的国债组成。后者（B）被联邦政府账户持有的国债被称为政府内部债务。前者（A）公众持有的债务主要代表联邦政府为弥补累积现金赤字而借入的资金，由联邦政府以外的投资者持有，包括个人（A1）、公司（A2）、州或地方政府（A3）、美联储（A4）和外国政府（A5）。政府内部债务指的是联邦政府账户持有的国债余额，主要是社会保险（B1）和医疗保险（B2）等联邦信托基金，这些账户通常有义务将其多余的年度收入（包括利息收入）投资于联邦证券的支出。表 11.3 中的国债指 A 与 B 之和。

综合分析美国国债，其存在信用风险和系统风险。

一是美国国债存在信用风险。为挽救金融市场恐慌和救助经济，2020年 3 月，美联储开启了"无限量宽"政策，提出 2 万亿美元财政刺激经济计划，先后与英国、日本、欧盟等十多个国家和地区央行建立临时性美元流动性互换协议，并推出临时性美债回购便利工具，为全球市场提供美元流动性支持。美元指数因此一时升至接近历史纪录高点，美国有线电视新闻网2020 年 4 月刊文"新冠疫情期间美元依旧为王"，但掩盖不住美国内在心虚。彼时美国实施史无前例的货币宽松，以邻为壑，加速美元的"开闸放水"，实质性地推行国债货币化，旨在稀释他国美元资产，让全世界为其"埋单"。曾有美议员提议，"要考虑将美国债清零"。美国国债抑或重蹈历史违约覆辙。1933 年美国国会废除了黄金条款，终止国债购买者按原有契约取得相应黄金。然而，为挽回美国国债的信用风险，2022 年 3 月 16 日，美联储宣布上调联邦基金利率目标区间 25 个基点到 0.25% 至 0.5% 之间，这是美联储自 2018 年 12 月以来首次加息。之后陆续多次加息，2023 年 5月 3 日，美联邦储宣布上调联邦基金利率目标区间 25 个基点到 5% 至 5.25%之间。至此，美联储累计加息幅度达 500 个基点。美国政府及其美联储，通过国债"薅羊毛"、搜刮全球财富的手法已经玩到极致。

二是美国国债存在系统风险。美国虽是当今经济、科技、军事强国，但长期以来生产少、消费多、储蓄低、开支高。美国凭借美元霸主和繁荣的虚拟经济，大肆举债、进口，攫取制造业和资源类国家的巨额财富，其实体经济基础并不牢靠。当然，美国政府及其智库机构、工商界等早已经认识到这一点，所以美国也抓紧实施制造业回流、友岸外包等措施。美国面临外债内债被抛售，多米诺骨牌效应导致的系统风险，也面临美元潜在危机引发的系统风险。因美元路径依赖和美国及其盟友极力维护美元霸权等，全球"去美元化"确实不容易，但美国政府如果无视国际社会声音，或加速"葬送"美元国际货币地位，为美国经济学家一语成谶，"美元作为国际货币而普遍使用的网络效应非常强大，转变会非常昂贵和困难。只有发生某些灾难性事件，才可能颠覆这种制度。"（麦金龙，2005）。

三、中国防范美国国债信用风险和系统风险

（一）做好压力测试，战略持有美国国债

中国持有美国国债，存在路径依赖。巨额外汇资产流动，本身存在较大不确定性与风险。中国应战略持有美国国债，尽早走出美元陷阱。做好压力测试，评估当中国减持或增持美国国债时，对中美和世界金融经济的影响程度，以及中美双方可能的应对策略。

（二）完善货币政策决策制度，优化外储投资决策机制

修订《中国人民银行货币政策委员会条例》，尽快更好发挥货币政策专家咨询会作用，提高中国货币政策决策的科学性与前瞻性。有条件放开资本管制，守住金融安全底线。

（三）最优管理外汇储备，促进经济健康发展

一是将外汇储备总量控制在合理区间。回归外汇储备本能职责，满足进口与清偿外债的外汇需要。适度储备外汇，避免过度利用外汇储备来平衡国际收支。二是适当持有美元资产。推行人民币国际化，鼓励贸易国间货币互换协议，减少美元中介。根据国别贸易和投资往来，多币种储备外汇资产。可保持一定数量的美元资产，增持黄金、石油等战略物资和资产储备，运用期货、期权等金融工具做好风险对冲。三是提升外汇储备资金的运营能力，促进中国经济健康发展。

第二节　中资美元债风险

近年来，中资美元债违约事件频发，暴露了融资成本偏高、真正的境

外投资者少、中资信用评级服务竞争力弱等问题。中国应强化中资美元债发行主体责任，妥善处理信用违约风险。同时，应审慎管理中资美元债，加强信息披露与境外市场培育，提升定价话语权，引导中资企业战略性调整美元债，配置全球更多金融市场资源。中资企业发行美元计价的债券从国际金融市场融资，反映了美元作为世界主要货币的强势地位。在国际信用评级市场中，美资的三大信用评级机构占据绝对垄断地位。尽管三大信用评级机构有其客观公正的一面，但这些信用评级机构主要受美国监管机构监管、关键时候听命于美国政府，所以美国实际主导了国际债券市场定价权。当前无论是国际货币市场，还是国际债券市场，或者是国际信用评级市场，均是处在不平正、不平稳甚至动荡的状况。

一、中资美元债的主要贡献

中资美元债是指中资大陆机构在境外发行的以美元计价的离岸债。离岸债的诞生，可追溯到"二战"后的"马歇尔计划"，以意大利公司 1963 年在卢森堡发行的第一只欧洲美元债为标志，迄今 60 年。中资美元债始于 1986 年，自 2010 年起提速，现已成为中国的金融、房地产、工业等行业企业和地方融资平台赴境外融资的重要路径。截至 2021 年 5 月 31 日，中资美元债（不含港澳台，原始数据来源于彭博，下同）累计 4179 只（包括已到期的），存量规模 8963 亿美元，约占中国中央结算公司托管的境内企业债券余额的三分之一，约占亚洲离岸债券市场总额的三分之二。

中资美元债历经近 40 年发展，其主要贡献在于：支持了中资机构在境外展业融资，缓解了中国企业融资难的困境，满足了美元业务需求；催生了中资境外资产管理机构的成长，为中资企业搭建了对接境外专业投资人的通道；倒逼中国境内金融市场改革和直接融资，促进了债券市场双向开放和人民币市场化利率形成。但也不容否认，规模庞大的中资美元债，一定程度上助力了美元霸权地位的巩固。

二、中资美元债的主要问题

（一）中资美元债违约事件增多

2019—2024 年为中资美元债到期兑付高峰期。近年来，中资美元债违约事件频发，在全球表现凸显。泰禾集团（2020 年 9 月、2021 年 1 月）、紫光集团（2020年12月、2021年1月）、华夏幸福（2021年2月）到期的美元债违约，涉及金额分别为13.6亿美元、24.5亿美元和5.3亿美元。债券违约的主要原因是企业前期融资过度，加之2020年新冠疫情出现打乱了企业的再融资计划。截至2021年5月31日，累计有81只中资美元债违约，规模达到258.1亿美元。其中，2020年以来违约的有36只，规模为127.3亿美元。2020年以来，标普、穆迪、惠誉三大国际信用评级机构调整中资美元债共计600项，其中下调信用级别或展望405项，上调信用级别或展望195项，提示违约概率总体趋高。尽管中资美元债违约风险增大，但兑付高峰期每年偿还本息不超过2000亿美元，仅占中国3万多亿美元外汇储备的5%左右，故不会发生中国系统性金融风险。

（二）中资美元债融资成本偏高

部分中资企业对市场研判不足，融资成本核算欠缺，导致中资美元债的发行利率偏高于国际市场平均水平，与海外融资低利率、宽流动性的总体态势不尽吻合。截至2021年5月31日，中资美元债发行利率一半左右高于4%，其中，4%～6%（含4%）占比21.5%（按债券只数）、24.9%（按发行额），6%～8%（含6%）占比14.9%（按债券只数）、13.1%（按发行额），8%及以上占比13.2%（按债券只数）、13.4%（按发行额）。2015—2020年有关数据显示，同期限同信用级别的美元债券，中国企业融资成本高出美国企业0.5～2.8个百分点，且以高收益债券（投机级）最为显著。此外，中资机构还需要支付不菲的中介费用。以2亿美元3年期美元债券为例，中介费用一般为130万～180万美元，还不包括到中国香港、新加坡、伦敦等地路演的费用。尽管如此，这些中资企业仍能解决融资难的问题，而在国内这些企业几乎很难融资成功。

（三）真正的境外投资者少

美元债一级市场发行方式有：S规则（Reg S）、144A非公开发行和美国证监会（SEC）公开发行三种。大部分中资美元债发行选择了门槛较低的前两种。按发行只数，前两种和后一种的占比分别为99%和1%，按发行额，其占比分别为98.7%和1.3%。中资美元债的投资者以中国合格境内机构投资者（QDII）、红筹企业（境内机构在境外的子公司）为主，约占66%（按只数）和94%（按金额）。QDII是指在人民币资本项目不可兑换、资本市场未完全开放条件下，经国内有权部门批准，允许境内机构投资境外资本市场的股票、债券等有价证券投资业务的一项制度安排。真正的境外投资者较少，约占 34%（按只数）和 6%（按金额）。

（四）中国信用评级服务竞争力弱

信用评级服务机构是推动债券价格形成，并促进债券市场信用生态发展的重要中介力量，但中资美元债的信用评级缺失现象严重。"三大"国际评级机构垄断了信用评级业务，使得中国基本丧失中资美元债市场定价话语权。截至 2021 年 5 月 31 日，已经发行且在存续期内的 2076 只中资美元债中，有 664 只没有获得信用评级，占比 32%。已经获得信用评级的中资美元债，95% 的评级由"三大"信用评级机构完成。中资信用评级机构不被选择，是由于大多数境外投资者不熟悉国内机构、不信任其评级结果。国际"三大"信用评级机构有时也不被选择，是由于其信用评级流程烦琐、耗时长、花费高，且评级结果不能为中资发债主体所接受。企业放弃信用评级，或出于节约成本，或出于对信用评级机构的不信任，或出于对自己产品过度自信，或出于对自己产品过度悲观，代表了当今出现了一种"去信用评级化"的趋势。

三、中资美元债的发展思考

（一）强化中资美元债发行主体责任，妥善处理信用违约风险

中资美元债的发行遵循市场化原则，发行者需要强化主体责任，积极履约，维护企业自身信誉。发行主体应做到：坚守法治底线，不做假财务报表，不披露虚假信息；客观评估自身的现金流和偿债能力，合理规划债券期限结构和发行规模。违约事件发生后，应遵循市场退出机制，冷静应对媒体，积极处理善后。区别情况，采用自主协商或司法途径，实行债务重组、违约求偿诉讼或破产诉讼。

（二）加强信息披露与境外市场培育，增强境外投资者信心

中资美元债的发行交易，大多在 OTC 市场（柜台交易）完成。尽管如此，中国企业也应强化信息披露，让投资者及时了解发行者信用动态。中资业务主管部门应考虑政策的连续性、可预见性，培育境外投资者市场。中资行业组织和中介机构应努力参与国际市场建设，主动介入发行规则和信息披露标准的讨论与制定，帮助中资企业熟悉英美法律体系管辖下的离岸债券市场制度。发行主体组织财经公关时，应注重推介中资企业诚信度和中国营商环境不断改善现状，以增强境外投资者信心。

（三）支持中资信用评级机构在境外市场展业，提升中资美元债市场定价话语权

2019 年 1 月，标普公司获批进入中国开展债券评级业务。中国政府应促进外国信用评级领域对等开放与监管国际合作，支持中资信用评级机构"走出去"。一是制定产业政策促进国内信用评级行业对外发展。支持已经融入国际信用评级市场的多家中资机构在境外市场做大做强。可在中资美元债市场中试行双评级制度，要求中资美元债发行时至少有一家中资信用评级机构参与评级。坚信中资信用评级机构更能发掘发债主体信用和客观评价中国主权信用，其评级报告结果更能赢得投资人的信赖。二是支持中资信用评级机构在评级方法、评级符号、评级级别中枢和跨境数据安全流动等方面与国际规则接轨，推动国内与国外债券市场评级标准衔接，促进评级信用信息双向互通与公开透明。三是支持中资信用评级机构持续重估离岸债市公允价格，积极修正每笔交易实践的定价估值，提高美元债券市场定价的公允性、市场认可度与话语权。四是鼓励中资信用评级机构以香港市场为依托扩大国际市场份额，创造条件到新加坡、卢森堡、伦敦等展业，争取得到美国证监会（SEC）认定的评级组织（NRSRO）许可登录美国本土市场。

（四）审慎管理中资美元债，防范化解各类风险

一是加强中资美元债全口径监测，严禁短债长用，减少期限错配，加强对易受冲击行业和企业的压力测算，及时发布风险提示，防范新的信用违约风险。二是加强对交易对手的风险识别评估，债券合同应设置陈述与保证条款，规避来自美国的长臂管辖风险与经济制裁风险。三是选准美元债券合适的发行窗口，重视美元的市场短期波动与周期风险，增加私募债发行份额，努力增加客户黏性与降低融资成本。四是控制美元债与境内债市场的大规模跨境资本流动风险，防范其对境内金融市场的稳定构成冲击，依法惩治监管套利行为。五是支持中资企业合理运用远期、期货、期权等金融衍生工具应对外汇风险敞口，对冲与化解利率、汇率变动带来的利息支付市场风险。六是加强与国际清算银行、国际货币基金组织合作，完善离岸债券数据采集共享机制，前瞻性监测预判全球宏观债券市场，防范区域性和行业性的潜在风险。

（五）引导中资企业战略性调整美元债，配置全球更多金融市场资源

增加国内金融有效供给，缓解企业人民币融资难和融资贵，抑制发行美元债为了"融人民币"而非"融美元"的需求，减少对美元的依赖。扩展全球人民币计价债券计划，以香港"点心债"为抓手，做强人民币计价的离岸债券市场。围绕沪港通[①]、深港通[②]、债券通[③]、沪伦通[④]等投资工具，推进境内外金融基础设施互联互通，推动中资机构提供离岸债券的登记托管结算服务。推动上海自贸试验区、深圳先行示范区、海南自由贸易港等，加快建设各具特色的"在岸的离岸市场"的改革试点，从税制、政策、市场等多方面完善要素条件，扩大本土境外债券发行规模，鼓励境外投资人投资在岸债券。

第三节　"中概股"在美国资本市场

美元是世界主要国际货币，美国是世界头号资本强国、金融强国。中国概念股在美国上市融资具有不平凡的经历和起伏，扰动了美国股市的动态平衡。自 2022 年 3 月起至 5 月止，美国证监会先后 7 次将 139 家、一半以上的"中概股"企业列入"预摘牌名单"，引发了市场恐慌。"中概股"强行被摘牌将导致中美"双输"大于"双赢"。中美应妥善管控资本市场跨境监管分歧。

一、"中概股"在美国激荡三十年

1992—2000 年，"中概股"试水登录美国资本市场。这一阶段，中国资本市场刚刚开放不久。1992 年 10 月，中国的华晨汽车公司在纽约证

---

① 沪港通是沪港股票市场交易互联互通机制，指上海证券交易所和香港联合交易所允许两地投资者通过当地证券公司（或经纪商）买卖规定范围内的对方交易所上市的股票。
② 深港通是深港股票市场交易互联互通机制，指深圳证券交易所和香港联合交易所建立技术连接，使内地和香港投资者可以通过当地证券公司或经纪商买卖规定范围内的对方交易所上市的股票。
③ 债券通是内地与香港债券市场互联互通的创新合作机制，包括"北向通"和"南向通"。
④ 沪伦通是上海证券交易所与伦敦证券交易所互联互通的机制，符合条件的两地上市公司，可以发行存托凭证（DR）并在对方市场上市交易。

券交易所上市，成为第一只美国"中概股"。彼时，上海证券交易所和深圳证券交易所分别于 1990 年 12 月和 1991 年 7 月陆续开业，中国证监会1992 年 10 月刚成立。美国资本市场较为发达，多层次上市制度更易于中小企业筹集资金。随着中国国有企业改革和改制，以中石油、中石化为代表的国有大型公司也陆续登录美国资本市场。

2000—2010 年，"中概股"在美国"黄金十年"。此阶段虽遇到了全球互联网企业泡沫，但总体属于"中概股"在美"黄金十年"。2000 年 4 月，新浪成功在美国纳斯达克上市，首次采用协议控制"VIE 模式"（Variable Interest Entity，即境外上市公司通过协议控制境内实体公司）。UT 斯达康（2000 年）、中国人寿（2003 年）、百度（2005 年）、新东方（2006 年）、盛大游戏（2009 年）等也纷纷登陆美国市场。2010 年，共有 67 家中国企业在美股成功上市。

2010—2020 年，"中概股"在美国跌宕起伏。这阶段，"中概股"在美国遭遇做空机构打击。2010 年 6 月，做空机构浑水公司成立，成立当天发布一份东方纸业的做空报告，质疑其财务信息虚假、资金被挪用，该报告一出，隔天股票暴跌 13.21%，当周股票暴跌 50% 以上。2011 年，在美国资本市场的做空机构诞生如雨后春笋，做空"中概股"案例频频爆出，不少"中概股"甚至被动退市。2012—2013 年，"中概股"退市企业数量超过 IPO 上市数量。2014 年随着阿里巴巴、京东等上市，又迎来了上市小高峰。2015 年起，娱乐型企业争先恐后上市，包括哔哩哔哩、爱奇艺、虎牙等。同时，也出现"中概股"私有化回归热潮，17 家企业完成私有化退市。

2020 年以来，"中概股"处于美国政策调整"窗口期"。2020 年 2 月，"中概股"瑞幸咖啡公司被爆出财务造假，美国资本市场再一次对中企的审计报告产生信任危机。2020 年 12 月，美国证监会（SEC）修订了《2002年公众公司会计改革和投资者保护法案》，出台了《外国公司问责法》，"中概股"进入美国政策调整"窗口期"。SEC 要求"中概股"企业证明其不为中国政府实体所拥有或控制，并遵守美国上市公司会计师监督委员会（PCAOB）的审计标准，否则将于规定期限（2023 年年报后，即 2024年初）面临摘牌的风险。SEC 要求中资企业上市发行人：（1）聘请的审计机构接受美国 PCAOB 监督，并向 PCAOB 披露会计底稿；（2）披露政府实体持有上市公司股份的比例；（3）披露政府实体对上市公司是否具备财务利益控制权；（4）披露上市公司及其运营实体的董事会中每一个共产党员的姓名；（5）披露上市公司的章程和组织文件中是否包含中国共产党党章内容。

二、"中概股"对中美金融和科技的贡献功不可没，强行被摘牌将导致中美"双输"大于"双赢"

"中概股"在美国已经占据了一定市场份额。"中概股"走到今天确实不易，对缓解中国企业融资难、繁荣美国资本市场、促进中美科技金融发展等，发挥了积极作用。截至 2022 年 3 月末，全美共有 270 家中资概念股，约八成搭建了可变利益实体（VIE 架构），其中在纳斯达克交易所上市 182 家、在纽约交易所上市 82 家、在美国证券交易所上市 6 家，总市值约为 10748 亿美元，约占全美资本市场总市值 35 万亿美元的 3%。

"中概股"所涉行业广且大多为新兴科技型企业。270 家"中概股"主要集中在互联网、信息技术、通信业务等新兴领域，其中，互联网与新零售、在线教育、酒店服务、汽车制造与零售等非日常生活消费品行业累计 73 家，占比 27.04%；应用软件、互联网基础设施服务、半导体、电子元件等信息技术与通信业务行业累计 81 家，占比 30.00%；其余 116 家分布在金融、医疗保健、工业、原材料等行业，占比 42.96%。

美国将"中概股"企业列入"预摘牌名单"引发市场恐慌。美国证券交易委员会（SEC）依据其国内法已分别于 2022 年 3 月 8 日、3 月 23 日、3 月 31 日、4 月 12 日、4 月 21 日、5 月 4 日、5 月 12 日分七批累计将 139 家"中概股"企业列入"预摘牌名单"，占到在美"中概股"的 51%。SEC 的这一举动，引发了市场恐慌。2022 年 1 月以来，反映"中概股"走势的纳斯达克金龙中国指数一直处于下滑态势，从 1 月 1 日的 15676 点跌至 5 月 1 日的 6640 点。

美国打压"中概股"呼声较高但褒贬不一。梳理近期美国政要、智库和媒体相关观点，发现普遍认为打压"中概股"符合美国战略利益。前总统特朗普视中国为战略竞争对手，认为中国"偷走"了美国的技术甚至工作机会，坚持要与中国全面脱钩。拜登延续了特朗普的做法，提防中国争夺美国领导地位和强化自身军事实力，2021 年 6 月通过的《美国创新和竞争法案》、2021 年 12 月召开的首届美国"民主峰会"和 2022 年 5 月启动的"印太经济框架"（IPEF）等，旨在进一步打压战略竞争对手。美国多数人对"中概股"存有芥蒂，如美国国会美中经济与安全审查委员会前主席罗杰·罗宾逊认为，中美竞争本质属于科技竞争，"中概股"公司或违反了美国联邦安全法律，或为中国军方、安全部门所控制，或扮演了经济间谍角色。但是，也出现一些不同的声音，例如：英国金融时报记者詹姆斯·金奇认为，金融和科技是相关联的，属同一类生态体系，美国也需要中国，抛弃中国的市场几乎不可能。美国政治风险咨询公司欧亚集团全球科技负责人保罗·特里奥罗认为，包括"中概股"在内的中美强制脱钩是很难做到的，未来5年美国高端技术移出中国的份额可能仅占5%或10%，全部移出不现实，而且美国的一些跨国企业还期望再回到中国，因为中国有政府24小时周到的服务、熟练的技术工人、稳定的市场前景和成熟的供应链体系。澳大利亚原总理陆克文认为，自尼克松和基辛格访华后，50年来中美在技术、金融方面一直有对抗，现在这种对抗处于竞争的舞台中央，过去通过关税来脱钩中美贸易做不到，现在脱钩中美资本市场也做不到，脱钩中美技术合作也做不到，另外，由于人民币不能自由买卖，中国也需要美国资本市场。

"中概股"自美退市"双输"大于"双赢"。从美方看，似乎精准打击了中资企业，抑制了中国科技、金融和经济发展，有利于美国实现其遏制中国发展的战略目标。但如果"中概股"自美国全部退市，美国将得不偿失，除了预估美国每年将直接减少税费收入数十亿美元外，还包括："中概股"缩水将致使美国投资者利益受损，缺少了"中概股"后的美国资本市场繁荣度、美国科技创新活跃度将受损，美元国际地位、美国金融强国地位和美国主权信用也将因此受损。从中方看，也是输大于赢。虽然"中概股"回流国内，有利于倒逼A股市场加速改革，为国内股市注入新生力量，但中国失去了从美国发达资本市场融资的重要渠道，中国科技创新能力也将受到影响。

三、中美管控分歧实现"双赢"的思考

（一）美国应避免将金融和经济问题政治化

呼吁美国放弃"全面脱钩"的战略误判，从长计议巩固中美在气候、抗疫、发展鸿沟、反恐、拥核等领域的全球合作。呼吁美国继续深化两国

经济合作，促进两国金融和经济共同健康稳定发展。呼吁美国抛开政治偏见，"中概股"企业是独立市场主体，与个人政治信仰没有直接关系。

（二）中国应完善金融跨境数据流动制度安排

中国执行《数据安全法》《个人信息保护法》等，守住重要数据出境安全底线。落实《数据出境安全评估办法》《境内企业境外发行证券和上市管理规定》《境内企业境外发行证券和上市相关保密和档案管理工作规定》等，明确境内企业向境外监管机构等提供"独立审计工作底稿"等重要数据，应当按照中国政府有关规定履行相应程序。

（三）推进全球数据和金融治理体系改革

加强中美资本市场跨境监管合作，妥善解决"中概股"企业重要数据、境外证券监管机构境内调查取证的监管分歧。中美可协商设置数据负面清单，避免数据安全问题泛化。推动WTO、IMF等制定跨境贸易、投资、金融等领域数据流动的规则与标准，建立健全成员国之间跨境数据争端解决机制。

（四）做好"中概股"自美退市打算

一是要加强跨境跨市场风险预研预判，尊重"中概股"企业市场化自主选择，及时回应市场关切。二是支持上海自由贸易区、海南自由贸易港等开展资本开放制度创新试点，规范境内实体采取协议控制（VIE）方式在境外上市的制度性安排，破解国内投资体制障碍，探讨可变利益实体（VIE结构）中"协议控制"的会计核算、税赋处理、法律释义、司法救济和这一"灰色"地带的跨境监管合作。三是加速A股市场改革，稳步推进股票发行注册制改革，支持首次公开募股（IPO）和再融资常态化，吸引社保、养老金等中长期资金入市，加快发展创业板、科创板、新三板，丰富科技创新公司债、中小企业增信集合债、房地产企业债等债券融资品种和期货期权等市场风险管理工具，完善金融生态链，拓展境内外市场互联互通范围，迎接海外企业回归国内上市。四是深化内地与香港资本市场的合作，为"中概股"企业赴港上市，包括以介绍形式于港交所双重主要上市等，提供便捷服务和必要的制度保障。五是稳定推进中国资本市场开放，加快建设以人民币计价的国际板制度，在守牢资本项下安全底线的前提下，进一步完善中国营商环境，以吸引更多境外投资者来华投资，推进A股市场和人民币国际化。

第四节　寻求中国金融资本开放与管制的最优均衡管理思考

"二战"后，在布雷顿森林体系框架下，国际金融资本市场发展还算平稳。布雷顿森林体系瓦解后，信用货币制度下的全球金融市场活跃，跨境资本流动成为常态。由于中国资本市场尚未完全开放，跨境资本流动溢出效应对中国可控。当然，在现行国际货币金融治理体系下，日益庞大频繁的跨境资本流动也会冲击中国，中国应警惕跌入美西方期望的资本"陷阱"，寻求金融资本开放与管制的最优均衡管理，提高参与国际货币金融治理能力。

一、布雷顿森林体系瓦解前后的国际金融资本市场变化起伏明显

（一）布雷顿森林体系框架下，国际金融资本市场发展平稳

"二战"结束后将近30年，全球经济经历了平稳发展的"好时光"。彼时，国际金融秩序的维护，主要基于1944年布雷顿森林体系。美元充当国际核心货币并挂钩黄金，美元币值稳定，大多数国家实行了较为严格的资本管制制度，全球金融市场发展平稳。世界银行（WB）已有数据显示，1960—1973年全球银行鲜有发生系统性风险。

（二）布雷顿森林体系瓦解后，信用货币制度下全球金融市场活跃

自1973年起国际金融步入"后布雷顿森林体系时期"。在布雷顿森林体系框架下，美元陷入了"特里芬难题"，即美国国际收支既要保持逆差、以流出美元，又要保持顺差、以维护美元币值稳定。1971年尼克松政府宣布美元与黄金脱钩，金汇兑本位制终结，国际货币不再锚定黄金。1973年起至2023年的50年，亦可统称为"后布雷顿森林体系时期"，国际金融秩序步入"牙买加体系"（实行浮动汇率制度）和信用货币时代。这期间，国际货币基金组织（IMF）、WB、国际清算银行（BIS）等国际金融组织做出了许多改革与贡献，但由于这些国际金融组织受控于美西方少数国家，全球金融治理赤字问题一直没能得到根本解决。G20因共克国际金融危机而生，自2008年首次会议以来，已连续召开了16次会议，每次议题均离不开国际金融治理，但落实效果不够理想。

"后布雷顿森林体系时期"全球金融市场跌宕起伏。20世纪70年代，伴随着美国新自由主义浪潮，美国学者罗纳德·麦金龙和爱德华·肖提出发展中国家普遍存在"金融压抑"，为大多数国家所接受，推动了日后全球金融发展、金融深化与金融自由化，促进了世界经济增长。但由于金融脆弱性、传染性强的天然属性，特别是2008年之前的一段时期全球金融过度"向虚脱实"、导致信用泛滥，过分膨胀的虚拟经济受到了各国普遍质疑，也得到了相应经济惩罚。先后爆发了墨西哥金融危机（1995）、亚洲金融危机（1997）、美国次贷危机（2008）等。据世界银行统计，1976—2017年的42年间，全球发生银行危机的国家有116个，涉事银行数累计为459个。

"后布雷顿森林体系时期"全球资本跨境流动活跃。后布雷顿森林体系确立至今，国际货币向多极化方向发展，美元、欧元充当跨境资本流动的主要计价流通货币。这一时期，全球资本跨境流动活跃，呈现规模大、频率高、波动上行的特点。IMF统计数据显示，2021年末全球130个国家（地区）的外商直接投资净流入净流出总余额为2.58万亿美元，和2000年末相比年均增长7.1%；2021年末全球89个国家（地区）的证券投资净流入净流出总余额为4.20万亿美元，和2000年末相比年均增长14.76%。

二、中国已深度融入全球金融资本市场

中国自20世纪90年代起加快金融对外开放步伐。中国外汇管理体制关键改革始于1994年，现已深度融入国际金融资本市场，尤其与美国金融资本市场融合更甚。截至2022年3月末，在美国上市的"中概股"企业有270家、总市值1.07万亿美元；存续期内的中资美元债2622只、总规模1.02万亿美元。值得一提的是，中国商品衍生品业务发展居于世界前列，但金融衍生品（金融期货、期权）市场与发达国家相比较为滞后。据美国期货业协会、中国期货业协会和中国金融期货交易所统计，2021年中国内地场内金融衍生品成交1.22亿手，占全球份额的0.23%，而同期美国场内金融衍生品成交139.15亿手，占全球份额的26.76%。

跨境资本流动溢出效应对中国有喜有忧。资本的跨境流动提高了全球资金的配置效率，促进了中国金融开放和经济发展。但在现行国际货币金融治理体系下，日益庞大频繁的跨境资本流动也令中国担忧。

一是防止跌入美西方期望的资本"陷阱"。长期以来，美西方的一

些学者从美西方的战略利益出发，或质疑中国资本市场不开放、资本不能自由流动，或鼓动中国开放资本市场，以便能抢滩中国金融和资本市场稀释其美元、欧元等国际货币通胀压力，以及通过绿地投资、兼并收购、证券投资等方式控占中国资产。IMF 统计数据显示，2020 年末美国、英国、法国、德国和日本的宏观杠杆率（债务总规模 /GDP）分别为 298.29%、274.82%、352.47%、199.60%、434.96%；美国、欧盟和日本的货币化率（广义货币 /GDP）分别为 111.52%、107.27% 和 281.25%；而在布雷顿森林体系框架下 12 年间（1962—1973 年），美国、英国、德国、日本的平均宏观杠杆率分别为 139.91%、130.26%、113.17% 和 134.35%，同期美国、英国、日本的平均货币化率为 66.39%、36.32% 和 89.03%，这反映了信用货币制度下金融扩张速度较快。

近年来，外资进入中国提速。中国外汇管理局数据显示，2018—2021 年外商直接投资和证券投资累计发生额为 1.74 万亿美元，年均增长 18.11%。另根据中国中央结算公司、深交所和上交所数据统计，截至 2021 年末，外资在中国股票市场占比 3.95%、债券市场占比 4.22%，已经接近 5% 的重要关口，对中国资本市场有一定的影响力。

二是防止中国固有的金融缺陷进一步恶化。中国自身的宏观杠杆率（2021 年为 268.75%）已经远超过美国经济学家罗格夫（2010）提出的颇有争议的 90% 分界线①，货币化率（2021 年为 211.89%）也居高难下，且一定程度上存在金融资源配置错位，即房地产、地方融资平台和国有企业占有金融资源多，而中小微实体企业占有金融资源少。在这种情形下，如果中国松懈资本管制、放纵跨境资本自由流动，会激化中国固有金融深层矛盾，对金融稳定增加一定程度压力。

三是防止加剧中国国际收支平衡的难度。中国外汇储备连续 18 年稳居世界第一，截至 2023 年 5 月末，外汇储备规模为 31765 亿美元，发挥了调节国际收支的自动稳定器作用。如果未来跨境资本频繁的大进大出，势必会引致中国国际收支平衡表中资本和金融账户的剧烈变化，加剧"不可能三角"（货币政策独立性、汇率稳定和资本自由流动）的政策组合难度。

---

① 2008 年全球金融危机后，2010 年哈佛大学的两位教授—罗格夫（Kenneth Rogoff）和莱因哈特（Ms. Reinhart）提出了 90% 的红线理论，即当政府债务 /GDP 比率超过 90%，经济增速会显著放缓。这引起了全球广泛关注，也引发了很大争议。

三、在金融资本开放与管制之间寻找最优均衡管理

（一）加大金融开放试点力度，提高金融资本有效供给效率

一是加快自贸区金融开放试点。支持21个自贸区差别化探索7大类共40项资本项目交易的完全可兑换、基本可兑换、部分可兑换、不可兑换的边界与标准，进一步试点放宽直接投资限制等。支持海南发挥天然的离岛优势，高水平设计跨境资本管理制度，对接RCEP扩大在东南亚离岸金融市场的影响力。二是支持发展多层次资本市场。借力境外资金，拓宽中小微实体企业融资渠道。协调发展商品现货、期货、期权市场，加快发展金融衍生品市场，提升中国大宗商品国际定价话语权和管理资本跨境流动的市场风险能力。推进以人民币计价的国际版资本市场，促进人民币国际化和完善资本双向流动。三是增强中国在国际债券市场中的定价能力。落实金砖国家领导人会晤精神，推进金砖国家间信用评级实质性合作，探讨信用评级技术标准与互认信用评级结果。支持有国际业务基础的国内多家信用评级机构进一步"走出去"，鼓励其评级中枢逐步与国际通行的标普、穆迪、惠誉三大评级机构接轨，逐步提高中资机构在国际债券市场发行中的定价权。

（二）优化金融资本管制水平，守牢金融安全底线

从"二战"结束后70多年金融实践来看，一国金融资本绝对开放和绝对管制都不能实现经济效应最大化。中国应在金融开放与管制中寻求均衡点，动态最优管理跨境资本流动。一是在跨境投融资活动中坚持市场配置资源的主导作用。跨境融资由市场主体在宏观审慎管理框架下自主开展，跨境证券投资努力实现多渠道、多层次的双向开放。二是分国别分行业动态监控跨境资本流入流出。明确金融和资本项目开放的负面清单。动态设置分国别分行业直接投资、证券投资的最高金额与比例的预警指标。应用大数据等技术，保持对跨境资本流动的高频监测。三是完善风险缓释机制，减轻国际金融市场震荡对国内金融市场的影响。加强对非正常渠道进入资金的监管，打击"热钱"通过地下钱庄流入内地市场。

（三）推进国际货币体系改革，探索超主权货币的诞生与发展

一是推动形成构建超主权货币的共识。布雷顿森林体系确定之前的英国凯恩斯（1943年）、美国怀特（1943年），以及加拿大蒙代尔（2005年）

就分别提出了世界货币"bancor""unita"和"Intor"的设想。2002 年起正式流通的欧元，就是超欧元区主权货币的成功实践。超主权货币的出现有利于追求公平公正的国际货币体系，改变自布雷顿森林体系瓦解后主权货币承担超主权货币职责的不合理现象。中国可推动金砖国家、G20 形成超主权货币共识。二是寻求推进超主权货币的突破口。研究升级特别提款权（SDR）的计价、流通功能，推进 SDR 成为超主权货币。探索超主权货币"锚定物"为一揽子重要实物商品组合而非一揽子主权货币组合，以约束超主权货币发行量和提高其充当一般等价物的价值尺度。推进中央银行数字货币（CBDC）双边诸边多边国际合作，探索超主权数字货币在区域央行间的试点应用。

（四）中国应坚持"以我为主"货币政策，加强国际宏观金融政策协调

一是坚持"以我为主"的货币政策。当前国际货币金融治理体系，正面临"二战"以来的再调整再平衡。美元信用弱化、全球通胀压力叠加美西方金融制裁俄罗斯、俄罗斯反制美西方金融制裁等，加快了这一进程。中国应坚持"以我为主"的货币政策，引导宏观杠杆率、货币化率比重下行至合理水平，稳慎推进利率、汇率市场化改革，改革人民币汇率和人民币指数形成机制，优化外汇储备资产管理能力。二是加强国际宏观金融政策协调。中国置身于世界金融经济环境之中，不可能独善其身。中国应关注美联储加息、美债收益率变化以及欧盟、日本、英国等主要经济体金融政策的外部性效应，增加政府间央行间宏观金融政策的对话交流。推进IMF、WB、BIS 的机构改革，支持把 G20 国际金融治理成果落到实处。继续谋求增加发展中国家在 IMF 份额中的比重，谋求增加人民币在 SDR 份额中的比重，抵制国际资金清算系统（SWIFT）等金融公共产品政治化。

第五节　世界呼唤构建更加公平合理的
国际货币体系

"二战"以来，主权信用货币美元充当国际货币一直遭到诟病。有人提议重回金本位制，亦有人试图创建全新的超然货币，显然不太现实和难度大。升级国际货币基金组织的特别提款权货币功能并数字化，使之成为真正超主权货币，是找回世界公平、破局美元霸权的较优选择。中国应推动全球形成构建超主权货币共识，建立更加合理公平的以特别提款权为核心的新型国际货币秩序。

一、构建超主权货币是找回世界公平、破局美元霸权的最优选项

超主权货币一直活跃在人类经济生活中。超主权货币是充当全球商品和服务的"一般等价物"，是不受任何主权国家控制发行的货币。超主权货币是世界通货，亦称国际货币，因国际贸易而生，早在公元前400年古希腊色诺芬著作《经济论》中就有类似记载。近现代银本位制、金本位制中的银和金，就是履职世界通货的超主权货币。英国凯恩斯（1943年）、美国怀特（1943年）在全球拟确立"二战"后国际货币新体系之前，曾分别提出世界通货"bancor""unita"的设想。1944年，布雷顿森林体系会议确定了黄金为世界通货，美元挂钩黄金，使得主权信用货币美元成了国际货币。

美元成为国际货币后，美国常为自身利益操控美元，令他国叫苦不迭。美元对世界的贡献不言而喻，美国亦凭借美元优势，透支美元信用，支撑了其经济科技军事霸权。从20世纪40年代罗斯福新政开始，美国就养成了靠发债"过日子"习惯，70年代卡特执政后，历届总统曾试图压缩政府赤字，除克林顿有成效外，其他大多失败了，奥巴马、特朗普、拜登任期内国债余额占年度GDP比重均超过了100%。截至2022年6月，美国公共债务总额为30.57万亿美元。美国尝尽了"滥印美钞"甜头，美联储配合美国政府操控美元汇率、引导美元流入流出、收割美元计价资产财富的娴熟手法，遭到了多国诟病。截至2022年9月，美联储为保美元币值连续三次各加息了75个基点，引起他国货币和全球金融市场被迫动荡，正所谓"天下苦美元久矣"。

当代国际金融组织和世界主要经济体，一直寻求新的超主权货币。早在1967年的国际货币基金组织年会通过了特别提款权方案，其主要目的是为了应对美元危机，有"纸黄金"之称的特别提款权作为账面资产充当了超主权货币的部分职能。自1971年尼克松政府宣布美元与黄金脱钩后，由于美国较强的经济实力、较完善的金融体系和国际贸易投资中计价结算

货币的习惯路径，"牙买加体系"（1976 年）下，美元仍承担了主要国际货币职能，与此同时世人质疑美元的呼声更高。1997 年东南亚金融危机后，曾经的"亚元"设想，用意在于寻求摆脱美元控制。"欧元之父"蒙代尔设计的、2002 年正式启用的欧元，实质就是为了应对美元霸权的准超主权货币。德国、法国、俄罗斯、印度等若干政要多种场合质疑主权货币美元的国际信用。普京在 2022 年 9 月第七届东方经济论坛上指出："我们对美元、欧元和英镑的信心已经丧失。"

构建超主权货币，有利于建立更加公正合理的国际货币体系。构建超主权货币，从长远来看更有利于全球货币、金融和经济的稳定健康发展。构建超主权货币，动摇了美元根基，是破局美元霸权的治本之路。1994 年以来，中国大量购买美国国债，客观上维护了以美元为主的国际货币体系。美元霸权削弱甚至消失后，美国或改变之前的战略主张，寻求与中国货币金融经济科技等合作。

二、推动构建超主权货币会受到来自美方的阻挠干扰但当前正逢战略机遇期

美国担心美元受到根本性挑战。美元是美国维持金融经济科技军事霸权的根基。美国对中央银行数字货币（CBDC）一直持谨慎态度，从 2019年 7 月美国国会叫停脸书（Facebook）研发的 Libra 加密货币，到 2022 年9 月美国国会起草稳定币监管法案（拟在两年内禁止发行算法稳定币），均凸显了美国对挑战美元地位的数字货币的内心恐慌和行动迅速。

美国联合盟友尽力维护美元霸权。2021 年 1 月拜登上任后，强调了与盟友和伙伴的政治经济合作，包括推出"民主峰会"、《西半球近岸外包法案》、印太经济框架（IPEF）、美洲经济繁荣伙伴关系（APEP）等。美巩固同盟力量，重在维护其经济利益，其目的包括联合盟友阻滞去美元化进程。

美国利用其在国际金融组织的地位干扰超主权货币。世界银行（WB）和国际货币基金组织（IMF）建立之初，美、欧就达成了默契，WB 行长由美国提名，IMF 总裁由欧洲国家提名。这些年来，这一不成文规定从未突破。WB、IMF 还规定，"重大事项的决策，须经 85% 以上的投票权通过"。而美国长期以来，在这两个重要国际金融机构中占有的投票权均超

过了 15%（WB 和 IMF 于 2010 年最新调整了份额，美国分别占比为 16%
和 17%）。美国对 WB 和 IMF 重大决策拥有一票否决权，深度影响这两家
金融机构。美国为了既得利益，会利用其在国际金融组织中的特殊地位干
扰超主权货币进程。

推动构建超主权货币正逢战略机遇期。一是各国央行数字货币的出现，
丰富了构建超主权货币的技术。国际清算银行（BIS）调研报告（2021 年）
认为，各国开展 CBDC 相关工作的央行比例已经达到了 86%。美国国会已
经多次指示美联储，研究数字货币的经济影响。美联储无法回避 CBDC，
已积极与英格兰银行、欧洲央行、日本央行等商讨对策。二是美国金融霸
凌行为，损坏了美元信誉。美国依据国内法金融制裁阿富汗、俄罗斯，直
接处置两个主权国家在美国的美元资产，公然违反了国际公法中国家主权
豁免原则，激起了两国强烈不满，也引发了别国恐慌。乌克兰危机之际，
美西方集中金融制裁俄罗斯，也坚定了俄罗斯去美元化的意志和行动。全
球央行数字货币进程的加速和乌克兰危机的爆发，使得推动构建超主权货
币面临难得的战略机遇。

三、推动构建超主权货币的思考

（一）推动世界形成构建超主权货币共识

构建超主权货币会受到来自美方的阻挠，但为了全球的公平与正义，
大道得助，在道义上能够得到大多数国家的支持，美方也难以直接反对。
各国应共同推动国际货币体系朝着更公平更合理方向发展。可先从上合组
织、金砖国家和周边国家、"一带一路"共建国家开始，推动形成共识。然后，
以点、线带面，逐步推动全球形成构建超主权货币共识。

（二）争取相关国际组织支持

争取联合国、WTO 和 G20 等组织支持，推动设立超主权货币专门议题，
共商完善后布雷顿森林体系的金融服务和货币秩序。促进 WB 和 IMF 认同
构建超主权货币、杜绝重回金本位制符合国际货币变化发展规律，也是国
际金融组织职责所在。推动 WB 和 IMF 份额改革，完善决策机制，摊薄美
国"一股独大"份额，消除美国拥有"一票否决权"的例外。争取更多的
中国籍和发展中国家专业人士，进入国际金融组织任职，减弱美国主导国
际货币金融改革影响力。

（三）探索升级特别提款权功能

SDR 作为国际通用的账面资产和记账单位，已经具备了作为一般货币的价值尺度、贮藏手段功能和超主权货币特质。探索在现有 SDR 基础上升级其货币功能，推进其全面履行超主权货币职能，包括行使货币的流通手段、支付手段等基本功能。进一步赋予"纸黄金"SDR 财富属性，研究 SDR 发行"锚"与一揽子商品挂钩、而非与一揽子主权信用货币挂钩，使得 SDR 拥有有别于原有篮子里美元、欧元、人民币、英镑和日元的超主权地位，且任何主权国家滥发自身货币均难以殃及 SDR。研究 SDR 定价的科学性和透明度，SDR 内在价值应与所挂钩商品的期权、期货、现货市场价格相衔接。研究 SDR 合理发行"量"，避免世界通货的膨胀或紧缩。

（四）探索超主权货币数字化

一国央行数字货币能够成熟落地运行，表明超主权数字货币诞生和发展同样不存在技术障碍。探索超主权货币数字化，包括如何应用数据加解密、安全支付、可信计算、区块链等技术，如何处置超主权货币系统的中心化与非中心化问题，如何建立共同遵守的发行、存储与清算等规则和标准体系，如何规范超主权货币领域的共识机制、交易机制、决策机制、争端解决机制等。超主权货币数字化实施，重在主权央行数字货币间的互信机制和技术合作，可先在双边、诸边开展区域合作试点，然后再扩大到多边与全球使用。

关键词

国债货币化　"世界储蓄过剩论"　"斯蒂格利茨怪圈"

"美元陷阱"　"金融恐怖平衡"　"罗格夫分界线"　中资美元债

离岸债　系统性金融风险　高收益债券（投机级）　S 规则（Reg S）

144A 非公开发行　美国证监会（SEC）公开发行

中国合格境内机构投资者（QDII）　红筹企业　OTC 市场（柜台交易）

美国证监会（SEC）认定的评级组织（NRSRO）　"点心债"

"中概股"　VIE 架构　"特里芬难题"　"牙买加体系"

"金融压抑"　绿地投资　宏观杠杆率　货币化率　"不可能三角"

特别提款权（SDR）　"牙买加体系"　"亚元"

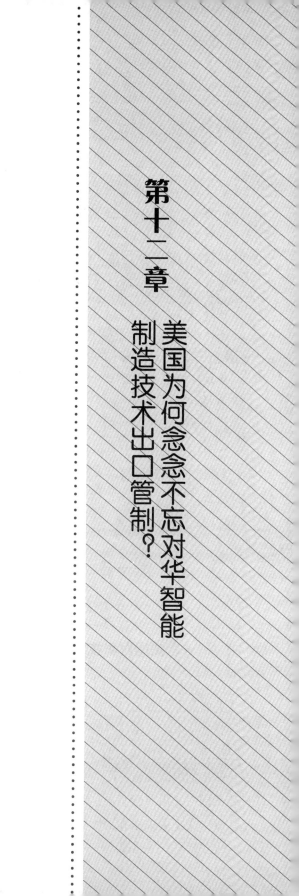

第十二章　美国为何念念不忘对华智能制造技术出口管制？

先进技术是人类文明与智慧的成果，从"世界是平的"理念出发，理应共享。如果不共享，就会产生重复创新、重复劳动、浪费资源的现象，进而降低全球经济效益和全社会效率。但如果一国无偿或非常轻易取得另一国的科技发明成果，这也是不公平的，这样会打击科技成果发明方的积极性。因为一项科技成果的发明，尤其是从 0 到 1 的原始创新，往往是需要付出巨大成本的。为了解决这一不合理现象，出现了知识产权的保护制度，正所谓"保护知识产权就是保护创新"。一方要获得另一方的科技发明成果，需要视成果的大小、重要程度，支付价格不等的知识产权使用费。从现实情况看，美国对华智能制造技术出口管制更多的是考虑如何遏制竞争对手国科技的崛起，为此，美国甚至泛化了国家安全概念。美国念念不忘对华智能制造技术出口管制，暴露了"世界是不平的"在科技领域的应用，一方面可能导致中美科技鸿沟的加大，另一方面更加激发中国科技自主创新进程。从全球看，有条件合理共享世界科技先进成果，才符合人类文明进程。

第一节　美国对华智能制造技术出口管制的历史与现状

一、美国对华技术出口管制的历史演变

出口管制是一国出于政治、经济、军事或对外战略的需要，制定的有关商品和服务出口的法律规章，以对出口国别和出口商品实行控制。出口管制从来不仅仅是简单的经济手段，而是与国家安全和战略利益息息相关。美国对华技术出口管制由来已久，可以追溯到新中国成立之初。回顾 70 多年的中美关系进程，有敌对、紧张、缓和、宽松、"蜜月"等不同状态，美国对华出口管制虽也随着中美关系大势存在波动，但美国总体持谨慎态度。受中美关系和国际国内政治经济环境等多种因素影响，美国对华技术

出口管制几经起落，大致可以分为四个阶段。

（一）"全面封堵"期：新中国成立之初（1949年）到尼克松访华"破冰"（1972年）之前

当时中国实行的是"一边倒"外交政策，中国和苏联同处一个阵营，美国对华实行了全面的贸易封锁和武器禁运。在新中国成立之初，美国就出台《1949年出口管制法》，明确禁止向任何社会主义国家出口任何军事和政治上有战略意义的物资。其后，美国单独利用或操纵"巴黎统筹委员会"对中国进行封锁、禁运和出口管制。1950年抗美援朝战争打响后，中国作为美国的敌对国家，被列入全面禁运的国家组。

朝鲜战争期间，美国对华出口管制达到极限。1950年3月，美国商务部宣布"战略物资"运往美洲以外国家必须领取特种许可证。同时，在美国政府的操纵下，巴黎统筹委员会决定其对苏联东欧各国全面禁运的货单完全适用于中国。1951年4月，美国对马来西亚、泰国和印度尼西亚等国施加压力，要求实行橡胶贸易垄断，停止对中国出口橡胶。印度尼西亚、泰国和菲律宾等国迫于美国压力，宣布对中国实行禁运，中断了同中国的贸易关系。

（二）"相对宽松"期：从尼克松访华 "破冰"（1972年）到中国发生政治风波（1989年）

尼克松访华前夕，美国已经释放对华友好信号。美国基于中苏关系紧张局势（20世纪50年代后期至1989年5月戈尔巴乔夫访华）意识到，改善对华关系对"制衡"苏联及缓解自身战略压力具有实质性作用，开始着手解除对华禁运措施。1971年，美国放宽了对华贸易，允许美国企业的子公司同中国进行非战略物资的贸易，尼克松总统亲自宣布开放对中国贸易公告，许可向中国出口的商品清单涉及农业、渔业、林业和工业产品等140余项、数千个品种。1972年，尼克松访华前夕，批准了第155号国家安全决定备忘录，正式废除"中国差别"，将中国从商品管制清单的Z组国家转移到Y组。美国《出口管制条例》将除加拿大之外的所有国家分为七个组，由严格向宽松依次是：Z组，出于外交政策原因实行全面禁运国家；S组，出于国家安全、反恐怖、不扩散和地区稳定需要，除药品、医疗用品、食品和农产品外全面管制的国家；Y组，允许非战略物资出口，但出于国家安全需要，禁止任何涉及军事用途、有助于提高军事能力、有损于美国安全的商品和技术出口；W 组，基本原则同 Y 组，但管制范围更宽松；Q 组，基本规定同 Y 组，限制更少一些；T 组，总原则和政策同下述的 V 组，但对刑侦、军用设备实施限制；V 组，基本不存在管制的国家，但组内各国仍有待遇差别。

尼克松访华标志着正式结束了中美贸易关系长期中断的历史。1972 年 2 月尼克松访华期间，中美共同发表《上海联合公报》。1979 年中美正式建交后，双方签署了《中美科技合作协定》，并就高能核物理、教育、农业、空间等领域的科技合作议定书换文。1983 年 6 月，美国将中国从 P 组国家改为 V 组，享受"友好非盟国"待遇，中国在准许获得高技术产品的水平与制度上与西欧国家相近。1983 年，美国国防部长温伯格访华后至 1989 年，美国对华转让了相当数量的军事技术。这里需要特别提及一下 P 组的来历：1979 年中美建交之初，在同美国国家安全委员会科技部主任休伯曼会谈时，邓小平对中国被置于与苏联同等的 Y 组表示不满，提出了一个简单易行的解决方法，即在 26 个英文字母中另选一个给中国的出口级别。1980 年，卡特总统宣布将中国从 Y 组划出，列入专门为中国设立的 P 组。这就是美国给中国单独开立了一个 P 组的由来。在这个管制类中，中国原则上可以获得美国的两用技术和产品，但必须通过逐案方式的审查，并附有严格的限制条件。

（三）"有限流动"期：从中国发生政治风波（1989 年）到奥巴马执政结束（2017 年）

1989 年后美国重新加强对华出口管制，但管制力度有波动。随着东欧剧变、苏联解体等，美国依靠中国制衡苏联的需要不再迫切，加之 1989 年中国发生的政治风波，美国重新加强对华出口管制。

老布什执政期间（1989—1993 年），由于当时中美实力悬殊，美国认为中国不构成对美国威胁，美国仍期望通过长期接触以"塑造"中国。1991 年 11 月，美国国务卿贝克访华，这是自 1989 年美国对中国实行制裁以来美国国务卿首次访华。访华时，贝克曾表示，美国将取消对华出口高速计算机和卫星技术的禁令。

克林顿政府时期（1993—2001 年）对中国出口管制有所放松。由于中美产业分工、经贸往来日趋成熟，美国对华两用技术出口维持在较高水平上。

小布什政府时期（2001—2009 年）对华崛起的防范心理开始上升。美国保持对华科技"有限流动"，但同时收紧具有军事用途和具有战略意义的尖端两用技术的出口。

奥巴马总统上台后对华警惕性进一步提升。美国对中美实力关系的变化变得更为敏感，防范态势越发显著，美国进一步关注中国在亚太地区力量的崛起和影响力的上升。奥巴马执政时期（2009—2017 年）基于对自身优势的过分自信和未来前景焦虑，提出"亚太再平衡"战略，试图加固美国在这一地区的军事和经贸战略地位。这个时期，美国对华科技外交策略的行动逻辑，处于"有限流动"与"有限封堵"的临界点。

（四）"有限封堵"期：特朗普执政（2017 年）至今

特朗普政府时期（2017—2021 年），美国对华技术出口管制大幅收紧。美国出于政治、经济、军事、意识形态和维持国际霸权等多方面的深层原因，通过包括出口技术管制、贸易制裁、并购审查等在内的各种手段对中国进行全面打压，力图遏制中国的崛起势头。2018 年，美国针对"中国制造2025"和"军民融合"战略，出台了《2018 出口管制改革法案》，增列了14 类新兴和基础技术，涵盖机器学习微处理器和人工智能、量子信息和传感、先进计算、增材制造、先进材料、机器人等。2019 年 5 月，美国商务部以危害国家安全为由将华为及 68 家附属公司列入实体清单，2019 年 8月和 2020 年 8 月又分两次新增 84 家华为关联公司。

拜登总统 2021 年上台以来，美国明确将中国列为"战略竞争对手"。2021 年 6 月，美国参议院通过《2021 美国创新与科技法案》。这套法案主要由 1 个拨款方案和 4 个相互独立的法案（《芯片和开放式无线电接入网（O-RAN）5G 紧急拨款》《无尽前沿法案》《2021 年战略竞争法案》《国家安全与政府事务委员会的规定》《2021 年应对中国挑战法案》）以及《其他事项》构成，预示美国从法律层面开启全方位、系统性制华时代。同时，拜登政府在见证到上任政府的"极限施压""全面封堵"策略没有成功后，意识到需要谨慎维护中美在全球产业分工中的依赖关系。2022 年 11 月中美领导人 G20 巴厘岛峰会会晤期间，拜登承诺美国无意寻求同中国"脱钩"，无意阻挠中国经济发展，无意围堵中国。但是，从现实看，美国言行不一致，美国在智能制造技术等高科技领域对中国出口管制趋严，并处处提防与打压中国高科技发展。

二、美国对华智能制造技术出口管制的现状特征

（一）美国对华出口管制重点包括智能制造技术领域

何为智能制造技术？智能制造技术是工业 4.0 时代背景下诞生的概念，表现为制造业的智能化特征明显。"工业 4.0"概念于 2011 年在德国汉诺威被学术界和产业界首次提出，2013 年在汉诺威工业博览会上被正式启动，2015 年德国联邦政府在汉诺威成立了"工业 4.0 平台"，后逐渐被世人认可。工业 4.0 时代（智能化），表现为由物联网、人工智能、5G 等新一代电子信息技术与制造业深度融合。与工业 3.0（电子信息化）、工业 2.0（电气化与自动化）、工业 1.0（蒸汽机）一样，工业 4.0 将改变生产范式、生产方式和生活方式，在更深层面、更大范围促进着全社会生产力的发展与转型。所谓智能制造技术，主要指工业 4.0 时代的物联网、人工智能、5G 等新一代电子信息技术在制造业及其相关行业的应用。中国工业和信息化部、财政部《智能制造发展规划（2016—2020）》〔工信部联规〔2016〕349 号〕指出，智能制造是基于新一代信息通信技术与先进制造技术深度融合，贯穿于设计、生产、管理、服务等制造活动的各个环节，具有自感知、自学习、自决策、自执行、自适应等功能的新型生产方式。

智能制造技术领域成为美国对华出口管制重点。智能制造技术是国际公认的实现工业体系转型升级的新一代技术，能够从根本上提升产业的创新能力和研制水平。美国出于其战略利益考量，对华技术出口管制聚焦智能制造技术，试图通过遏制中国智能制造技术的发展来扼杀中国未来制造业和整个经济的竞争优势。

以芯片行业为例，凸显美国对华的战略企图。一方面，美国尽力提升自身的芯片行业发展优势。2022 年 2 月，《2022 年美国竞争法案》对美国半导体研发、制造提供 520 亿美元的财政支持，同时提供 450 亿美元用于强化科技产品供应链。2022 年 8 月，美国出台《通胀削减法案》，意在促进制造业回流，包括推出 3690 亿美元新能源技术补贴，于 2023 年生效；该法案对当前美国购买新电动汽车的消费者提供 7500 美元的税收抵免这一税收优惠的获取资格进行了修改，修订后的抵免资格满足三个条件：（1）汽车的最终组装是在北美进行的；（2）汽车电池关键矿物要有一定比例来自美国自由贸易协定伙伴，或在北美回收；（3）电池组件有一定的比

例是在北美制造的。不满足上述要求的企业只能获得一半的税收抵免，而且如果电池中含有的任何关键矿物是由"受关注的外国实体"提取、加工或回收的，则会取消税收抵免资格。2022 年 8 月，美国《2022 年芯片与科学法案》计划为美国芯片半导体产业提供高达 527 亿美元的政府补贴，其中 500 亿美元拨付"美国芯片基金"计划。在此之前，美国相继出台了《半导体十年计划》（2020）、《美国芯片法案》（2020）、《美国创新与竞争法案》（2021）等，旨在促进美国芯片半导体制造业的投资，拉动半导体模拟硬件、工业电子和计算机相关技术产品的研发与生产。在一系列政策推动下，全球半导体代工企业台积电（TSMC）于 2020 年 5 月宣布在美国亚利桑那州增建 5 个代工厂，2022 年初英特尔也宣布要投资 200 亿美元在美国俄亥俄州新建 2 个半导体工厂。自有企业中，Cadence、Synopsys 和 Mentor 等三家美国企业基本垄断了全球电子设计自动化（EDA）软件市场，占据了超过 70% 的全球市场份额。另一方面，美国尽力遏制中国的芯片行业发展。除了类似《通胀削减法案》精准打击包括中国实体在内的"受关注的外国实体"之外，美国积极游说韩国、日本、中国台湾，试图组建芯片四方联盟，以控制全球芯片半导体产业链。总之，拜登政府上任以来，延续了特朗普的对华政策，加大对内谋求本土产业复苏、对外联合盟友对华封锁，千方百计遏制中国芯片半导体产业发展。

（二）美国对华智能制造技术出口管制呈现鲜明的时代特征

1. 针对性强

首先，在对华的国别针对性强。特朗普时期，近 200 家中国实体和个人被列入实体清单。拜登上任后，基本延续了特朗普的遏华政策。2021—2022 年（至 10 月）大量中资企业和个人被密集拉入实体清单，美国商务部产业安全局（BIS）发布 20 多批次针对中国的实体清单和未经核实危险名单。自 2018 年 8 月起，中国被列入制裁名单的各类实体和个人数量已高达 1300 多家[1]，是美国制裁最多的国家之一。

其次，在对前沿科技的针对性强。BIS 根据技术发展形势，频繁调整商品控制清单，不断强化对重点智能制造领域技术的控制力度。对被美国列入实体清单的中国实体进行分析，清单企业大多与计算机、通信、软件

---

[1] 2023 年 7 月 19 日，中国驻美国大使谢锋应邀出席阿斯彭安全论坛。谢锋大使说，美方制裁 1300 多家中企。

领域相关（见图 12.1）。相较于 2018 年以前，美国主要针对航空航天领域的技术开展出口管制。

　　美国对华精准打击可谓良苦用心。美国列出"国家安全和外交利益"的实体，涉航天科工、集成电路、电子、通信等企业；列出"担忧国家安全"的实体，涉华为等海外企业；列出"违背美国国家安全和外交政策利益的活动"的实体，涉信息技术、集成电路和研究所等实体；列出"为了防止核能技术转为军事用途"的实体，涉核企业和研究所；列出"参与或有能力对美国政府的海外政策利益相左"的实体（含个人），涉监控企业、公安机构和学者个人；列出涉"人权问题"的实体，涉新疆、合肥、南京、北京等地方的企业；列出"帮助中国军方在南海修建人工岛"的实体，涉航道、疏浚、电子、通信类企业；列出"违反了美国国家安全或者外交利益"的实体，含高科技企业、高校、科研机构和个人等；列出"避免中国运用美国技术和物项来增强自身的军事实力"的实体，涉航天、卫星、生物、飞行服务等企业；列出"威胁着美国国家安全"的实体，含中国国企和民企；列出"违反美国国家安全和外交政策利益的活动"的实体，涉超级计算、微电子等企业；列出"应对中国军工企业威胁"的实体，涉高科技的中国国企和民企；列出"应对中国军工企业威胁及人权"的实体，涉高科技的中国国企、民企和个人；列出"从事军事领域应用的量子计算工作"的实体，涉中国高科技企业；列出"应对中国军工企业威胁"的实体，涉军事医药科研机构、电子科技企业等；列出"依据《伊朗、朝鲜和叙利亚不扩散法》第 3 条"有 1 家实体；列出"未经验证清单"的实体，涉电子、光电、生物、智能等各类高科技企业；列出"美国国家安全和外交政策利益"的实体，涉船舶、物流、电子、海洋信息、空间技术类企业和个人。

　　图 12.1 显示了受 2018 年 8 月至 2022 年 12 月美国实体清单影响的中国技术行业。

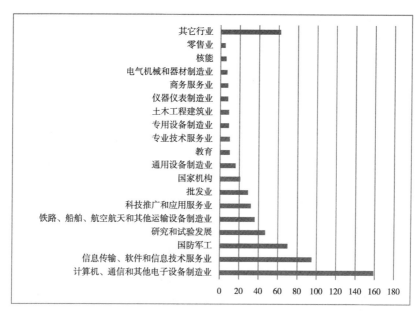

图 12.1 受 2018 年 8 月至 2022 年 12 月美实体清单影响的
中国技术行业（单位：家）

资料来源：根据天眼查数据整理。

2. 严苛性高

首先，当前在商业国家列表（Commerce Country Chart，CCC）、许可证例外等各个考量因素上，美国均针对中国设置了较大限制。除了好于伊朗、古巴、苏丹、朝鲜及叙利亚五个全面"禁运国"（指全面禁运且不会获得美国商务部工业和安全局（BIS）出口许可的国家）外，中国受到技术出口管制的原因远多于日本、印度、德国等国家。同时中国属于限制适用许可证例外国家，可适用的许可证例外情形也更少。通过许可证例外可以豁免申请许可证，不同国家适用的许可证例外也不相同。美国《出口管理条例》（EAR）针对各国做了分组，中国属于限制适用许可例外的国家。

其次，针对中国的行政与司法审查审批程序严格。根据 BIS 发布的统计公报显示，对华出口需要申请许可证的比例高且获得批准的要求严格。2017 年 BIS 许可证授予情况统计表明：出口商品到中国需要许可证的比例为 2.1%，高于全球平均水平（1.7%）0.4 个百分点；出口中国的申请许可证通过率为 82.6%，低于全球平均水平（84.9%）2.3 个百分点；出口中国的申请许可证通过时间 30 天，高于全球平均水平（18 天）12 天。

3. 覆盖面广

一是表现在涉及智能制造技术管控范围和力度不断扩张升级。2018 年 8 月，美国《出口管制改革法案（ECRA）》正式签署生效，新兴和基础技术首次被引入法案，明确列出 14 类新兴技术清单，涉及智能制造技术出口管制范围进一步扩张。2020 年初，美国又以国家安全为名对特定自动分析地理空间图像类软件实施临时出口管制。2020 年 10 月，又调整新增了混合增材制造 / 计算技术控工具、极紫外光刻掩膜的计算光刻软件等关键核心技术等。2022 年 8 月，拜登总统正式签署《芯片和科学法案》（Chips and Science Act），其中设置了"中国护栏"条款。该条款规定，禁止获得联邦资金的公司在中国大幅增产先进制程芯片，期限为 10 年，违反禁令或未能修正违规状况的公司需要全额退还联邦补助款。2022 年 10 月 7 日，BIS 网站公布了对华先进计算和半导体最新出口管制措施，全面限制中国获取半导体关键技术，企图以更为严厉的措施遏制中国半导体发展。美国在《芯片和科学法案》推出之后，美国又积极游说日本、韩国以及荷兰加入所谓的限制联盟当中。美、日、荷存在所谓的三方芯片协议，美国还想拉入中国台湾地区组建所谓的"美日韩台四方芯片联盟"。

二是表现在实体清单目录不断扩张。近年来，中国越来越多涉及智能制造技术的企业、机构被纳入实体清单进行管控，其数量之多、调整频率之繁超越过往。

除了技术出口管制、安全投资审查外，美国还采取以下方式：

（1）舆论叙事。用精心编制的故事去"演绎"中国，抹黑污化中国"技术偷窃"。

（2）拉拢盟友。渲染所谓的价值观认同，胁迫盟友选边站队，编织排除中国的"小圈子"。例如，2021 年美欧推动的跨大西洋贸易和技术理事会（TTC），达成科技联盟。

（3）由限制物向限制人加码。美国人（包括美国公民和永久居民）必须获得许可证才能为任何开发或生产符合特定标准的半导体的中国公司工作，美国意在阻断美裔华人群体服务中国半导体科技发展的通道。

（三）美国对华智能制造技术出口管制的趋势研判

尽管拜登上任后承诺并多次重申对华"四不一无意"，即美方不寻求

"新冷战"、不寻求改变中国的体制、不寻求强化同盟关系反对中国、不支持"台独"、无意同中国发生冲突对抗，但从拜登出台《2021 美国创新与科技法案》《2022 芯片和科学法案》等具体行动来看，总体延续了其前任特朗普的遏华政策，美国将中美关系定义为"战略竞争"的基调没有发生根本性的调整。在 2021 年 3 月《过渡期国家安全战略指南》中，美国对华战略强调"3C"，即所谓的竞争（competition）、合作（cooperation）、对抗（confront）。2022 年 5 月 26 日，美国国务卿布林肯在关于对华方针的讲话中，将投资 (invest)、协同 (align) 和竞争 (compete) 视为拜登政府总体对华战略的"三大支柱"，即强调投资国内、协同盟国和伙伴、与中国开展竞争，并在《美国的印太战略》中得到进一步明确。美国可能不再试图寻求同中国"硬脱钩"，在这一对华战略的新背景下，未来美国对华智能制造技术出口管制可能将呈现以下趋势。

趋势一：美国对华智能制造技术出口管制呈现单向加强、难以返回的总体发展趋势。对华智能制造技术出口管制之所以会出现这种发展趋势，是由于美国对华竞争态度已经发生了改变。克林顿、小布什和奥巴马执政时期，美国认为中美竞争还只是局部而非全面的，而到了特朗普和拜登政府时期已经明确将中国界定为主要的战略竞争对手，美国对华竞争在政治、军事、贸易、金融及科技等所有领域均快速铺开。未来美国国家安全思想在民粹主义、地缘政治思潮等因素叠加影响下，有可能进一步极端化，造成对华科技实力的认知恐惧，由此美国可能进一步收紧以遏制中国智能制造技术发展为目标的出口管制政策。令人不可思议的是，美国两党纷争，多数时候对某个决策难以达成共识，但在遏华方面、在限制对华高端技术出口管制方面却往往是空前一致。

趋势二：美国对华智能制造技术出口的管制范围不断扩大、管制内容不断增加、管制方式不断丰富、管制力度不断加强。一方面，由于中国在科技领域正迅速从以前单纯的跟跑转向跟跑、并跑、领跑并存，尤其是在先进网络通信、人工智能等前沿技术领域，这种长足发展与进步已引起美国的疑虑与恐惧，从而刺激美国不断加大对华智能制造技术出口的管制力度和范围。另一方面，美国政府经过跨部门评估，在意识到现有出口管制体系结构过于复杂、职能重叠太多等弊端后，开启了出口管制改革步伐。由此伴随其出口管制改革的深入，美国政府对华智能制造技术出口的管制方式、管制能力将可能得到进一步整合与加强。

趋势三：越来越多的要素影响美国对华战略，未来美对华智能制造技术出口管制存在不确定性。一是美国为维护自身国内经济科技利益，对华智能制造技术出口管制策略存在不确定性。近年来，美国政府对于出口管制制度改革，始终力图在维护国家安全和促进美国经济之间找到一个平衡点，从简化许可手续到建立信息共享系统再到跨部门审查，美国政府极力在加强对于重点关注对象防御的同时，注重促进出口贸易、发展经济。美国对华智能制造技术出口管制，如果过多妨碍到美国跨国公司、财团、企业家利益，选民"用脚投票"的美式民主或倒逼美改变对华策略。事实上，美国政治家的官方表态和舆情也印证了"矛盾心态"这一点。2023 年 4 月21 日，美国财政部长耶伦在约翰·霍普金斯大学高级国际研究学院关于美中经济关系的讲话中提出，"我们寻求对华健康的经济关系，这种关系能够促进两国的经济增长和创新""就我们采取的这些措施而言，我要明确指出，这些国家安全范畴的措施的出发点并非让我们在经济方面取得竞争优势，也不是为了遏制中国的经济现代化和技术现代化。即使这些政策可能在经济方面造成影响，这些政策的依据也纯粹是国家安全方面的考虑。我们在这些问题上不会妥协，即使这样的措施迫使我们在经济利益方面做出取舍"。2023 年 5 月 16 日，美国国务卿布林肯在参议院发言时指出，"本届政府致力于领导一项两党合作的、举全政府之力的中国战略，以促进美国的利益和价值观，并为美国人民服务"，"我们不寻求与中国发生冲突或新的冷战。我们也不试图遏制中国。事实上，美国与中国保持着全面的贸易和投资关系，我们的大多数盟友及合作伙伴也是如此。然而，我们坚决主张去风险及多样化，而不是脱钩。这意味着投资建设我们自身的能力以及安全、有韧性的供应链，为我们的工人和企业争取公平竞争的环境，抵制有害的贸易行为，并确保美国和盟国的技术不被用来对付我们"。二是美国为实现其全球战略利益，或考虑到中国诉求，对华适当妥协，调整对华智能制造技术出口管制策略。随着中国自身综合实力及国际地位的不断增强，美或不得不考虑到维护自身单极霸权不会长久，加之中美两国在科技创新、产业分工、全球治理等领域需要合作，美或调整对华智能制造技术出口管制策略。三是一些突发事件，增加了美国对华智能制造技术出口管制政策的扰动。例如，乌克兰危机爆发后，美国与俄罗斯进一步交恶，《瓦森纳协定》部分成员国或能改变对中国两用产品和技术出口管制的现状。

第二节　美国对华智能制造技术出口管制的影响及成因

一、美国对华智能制造技术出口管制的短中长期影响

短期有损中美产业链和供应链。在华投资建厂的美国智能制造产业链向美"回流"，中美智能制造技术合作领域"收窄"。例如：围绕半导体全环绕栅极场效晶体管（GAAFET）结构设计、飞行器设计优化等领域部分软件出现断供；英伟达（NVIDIA）公司 2022 年已被告知停止向中国出售人工智能芯片。当然，美国政府和企业的决策也不是一成不变的。

短期有损中美生产技术合作。中国传统以企业并购和技术授权方式生产合作模式受到制约，中美智能制造技术合作研发"门槛"提高。智能制造人才跨国流动、学术交流在中美官方层面受到抑制。中国智能制造技术创新进程受到一定程度阻滞。

中长期加快中国智能制造技术自主自强。一是激发了中国智能制造企业自主创新意识，协同开展关键产业链"补链""强链"行动。如：中芯国际公司加快追赶先制进程，现已量产 14nm、试生产 7nm 芯片；中国量子加快"量子通信""量子计算机"与 AI 技术、经典计算等产业优势结合，形成"量子+"新产业模式平台；2023 年 9 月，华为公司在 5G 手机和 7 纳半芯片双双取得新突破。二是推动中国智能制造领域产业开放，加快构建美国技术进口替代，更多"新伙伴"加入中国对外高技术贸易。美国智能制造技术出口管制清单在一定程度上帮助中国政府理清科技政策的发力倾向以及帮助中国高技术企业明晓自身优劣势，改进经营发展战略。

中长期有利于中国拓展海外市场。美国在智能制造技术领域对华出口削减，引致中国高技术企业加强与第二世界国家的供应商的联系与合作，进一步拓宽中国高技术企业海外业务布局，降低营运风险。为解决供应链危机与企业技术升级关键硬件需求，中国企业主动在全球市场上寻找进口

替代产品与智能制造技术设备供给，通过转移和分散进口来源地提高企业生产供给的稳定性。中美智能制造领域合作的僵化与摩擦促使中国加强同欧洲、日本以及韩国等在芯片设备、光电仪器、机械设备等高技术领域发达的非美国家的产业合作，同时以技术共享、联合研究等多样化的合作方式调整与巩固中国在全球产业链中的不可替代地位。

表 12.1 显现中国政府近些年来的科技政策。

表 12.1 2012—2021 年中国科技发展相关重要文件及其内容概要

出台时间	文件名称	内容概要
2012 年	《关于深化科技体制改革加快国家创新体系建设的意见》	提出了创新驱动、企业主体、服务民生、关注人才、加强合作等多项内容
2015 年	《深化科技体制改革实施方案》	提出遵循需求和市场导向，坚持企业主体地位，着力培养、吸引人才等要求
2016 年	国务院关于深化科技体制改革若干问题的决定	进一步强调坚持走中国特色自主创新道路，实现制度与科技创新"双轮"驱动，构建和完善国家创新体系
2017 年	《关于深化人才发展机制体制改革的意见》	强调党管理人才等多项原则，积极推动人才培养、管理体制改革
2018 年	一系列文件（文件名略）	强化科研诚信、完善科研相关责任制度
2019 年	《科技领域中央与地方财政事权和支出责任划分改革方案的通知》	抓紧形成完整规范、分工合理、高效协同的科技领域财政事权和支出责任划分模式
2020 年	《出口管制法》	两用物项、军品、核以及其他与维护国家安全和利益、履行防扩散等国际义务相关的货物、技术、服务等物项的出口管制
2021 年	《科学进步法》	对该法律文件进行二次修订，将科技成果转化摆在突出位置

资料来源：国务院政策文件库。

二、美国对华智能制造技术出口管制的成因

（一）美国对华智能制造技术出口管制的直接原因

美国意在锁定制造业和新兴科技的高端。科技优势是美国维持霸权的重要基础之一。中国在科技领域的崛起对美国而言是挑衅和威胁。美国加大对新兴和基础性技术的出口管制，意图锁定中国高科技产业链中低端地

位，阻止中国制造业向智能化转型升级。

美国担心失去"技术霸主"地位。美国以中国"有能力"来推论中国的"称霸"，要将中国科技崛起的苗头提前扼杀，通过筛选技术领域精准打击，对中国进行科技霸凌。以芯片半导体为例，芯片半导体在数字时代越来越具备战略性质，也渐成大国博弈的重要环节。中美曾在半导体技术研发领域合作广泛，曾是过去 10 多年在半导体科研领域提交论文最多的两个国家，且互为最大科研合作伙伴，美国半导体相关行业也是中国赴美留学生最集聚的领域之一。在奥巴马时期，中国半导体产业曾遭受过美国的强硬政策，2016 年阻止了中国投资者收购德国芯片设备制造商爱思强（Aixtron）的计划。拜登政府继承前任特朗普强硬对华政策的同时，试图以"小院高墙"高科技领域的脱钩实现对中国新兴和基础技术的打压，从而阻断中国智能制造发展。

（二）美国对华智能制造技术出口管制的具体策略

美国滥用国家安全，将经贸手段政治化。美国以国家安全为名，将大量中资企业和机构拉入实体清单，阻碍正常经贸投资、科技交流活动。实体清单制度，初衷旨在提醒公众某些实体参与了出口、再出口或转让美国国内的物项用于大规模杀伤性武器项目。美国泛化了国家安全，目前的实体清单适用范围已远超出其初衷，成为维护其科技霸权的政治化工具。

美国以立法开道，规制化手段运用更加娴熟。从奥巴马当权到拜登执政，美国政府对华技术出口管制更加规制化。2018 年的"301"调查报告，掀开美国加强技术和知识产权保护的行动，之后美国政府修改《总统关于限制投资的声明》，美国商务部被指示牵头审查与关键技术转让和出口有关的问题。《2018 年出口管制法》建立跨部门许可审查机制，确立"合规协助"条款，扩大了"新兴和基础技术"出口管制范围，并扩张出口管制域外管辖权，加强了惩罚和执行力度。《2022 年芯片与科学法案》强制要求凡是接受美国政府补助的芯片企业必须在美国国内投资建厂来制造芯片，设立"中国护栏"，禁止获得联邦资金的公司在中国大幅增产先进制成芯片。2022 年 10 月 7 日，BIS 发布新的半导体出口限制措施草案，包括九项新规则，其中的"美国人"规则，将极力切断中国获得高端芯片的渠道，进一步限制中国自主制造先进制程芯片的能力。

美国精准打击中国的关键技术节点。根据筛出的新兴和基础技术领域，美国对中国相关企业、科研院所和个人精准出击。目前美国已实现对中国的 5G 和芯片领域管制。被拉入实体清单的中资企业、研究所，有的属于国内二级下属机构，美国意在狙击相关技术节点。美国将中国高校列入清单，意在阻断国际正常科技交流的大门。美国利用其霸权和域外规则手段，借助全球产业链，将使用美国技术的外国产品"一网打尽"，试图全面封锁中国获得技术的国际渠道。美国卡住懂技术的人，限制从事开发或生产符合特定标准的半导体的美国公民和永久居民在中国公司工作。

（三）中美在智能制造技术领域的博弈逻辑

博弈论是研究人们在各种战略情况下如何行事。假设在简单模式框架下，假设只考虑中国和美国、不考虑中美对第三国的影响以及第三国对中美的影响，假设中美的博弈仅影响两国的科技和经济、不考虑影响两国的政治、军事等其他利益，进而设计以下博弈模型。基于美国先手的博弈场景进行推演，并依据美国对华智能制造技术出口管制与中国反管制，形成四种基本的博弈矩阵与模拟情景。如表 12.2 所示。

表 12.2　中美智能制造技术出口管制与反管制的博弈

中美分别采取的策略	对抗	合作
对抗	2：$(P^U_S - P^U_L) - P^C_S + P^C_L$	3：$(P^U_S + P^U_L) - P^C_S - P^C_L$
合作	1：$(P^U_S + P^U_L) - P^C_S - P^C_L$	4：$(P^U_S + P^U_L) + (P^C_S + P^C_L)$

第一种情形：美国对中国不合作，即美国压制中国，中国表示合作，即妥协。美国全面扼制中国智能制造技术崛起，中国放弃技术自主被迫低技术锁定，美国长期保持对中国的打压。美国维护单极霸权，这是美国最理想的方案，即美国短期利益（P^U_S）和长期利益（P^U_L）均最大化，中国短期利益（P^C_S）和长期利益（P^C_S）均受到影响。

第二种情形：美国对中国不合作，即美国压制中国，中国表示不合作，即对美国展开反压制。中美智能制造技术竞争两败俱伤，全面技术脱钩。美国短期利益得到维护，掌控技术制高点，但从长期看不经济。中国短期利益毫无疑问受损，但从长期看，中国技术自立自强。

第三种情形：美国愿意和中国合作，从短期和长期看，美方的利益最大化，而中方不愿意和美方合作，从短期看，中方的利益受损，从长期看，也不利于中方利益最大化。这不符合目前的形状，即便存在的话，也是一种不经济格局。

第四种情形：美方和中方相互合作，无论从短期还是长期看，这都是个双赢的格局。

综上，从中美两国的整体利益看，中美双方合作，即第四种情形属于最优，正如"中美合则两利，斗则双输。"

第三节　中国应对美国智能制造技术出口管制的策略思考

一、中美智能制造技术竞争与合作的理性思考

美国对华智能制造技术出口管制本质是中美高端科技领域竞争与合作问题。梳理历史经纬，自新中国成立以来，美国一直念念不忘对华技术出口管制。进入新世纪的工业4.0以来，美国加大了对华智能制造技术出口管制。上述内容，本章第一节和第二节已经做了详细阐述。美国对华智能制造技术出口管制，本质上是中美智能制造技术或高端科技领域的竞争与合作问题。为了保住美国科技的领先竞争地位，特别是在军事和军民两用领域，美国不希望中国在科技领域超过它，对中国进行技术出口管制。同时，为了保住美国的竞争优势，美国也需要和他国包括中国合作，借鉴别国的研究成果。美国还需要包括中国在内的市场来应用美国的科技成果，这也需要中美合作。所以，从美国的利益出发，美国对中国出口管制技术始终处于两难的境地。从历史周期看，表现在不同时段上美国对华技术出口管制的程度有强有弱。以上内容，本章第一节和第二节有详细阐述。

美国高科技包括智能制造技术处于世界领先地位的内外因。唯物辩证法告诉人们，内因是变化的依据，外因是变化的条件，内外因在一定条件下还可以相互转化。美国包括制造技术在内的高科技保持在世界领先的内在动力主要有两个方面。其一，美国为了维系军事霸权，需要领先的高科技。

"美国一直把军事霸权视为实现战略目的核心手段"①，美国对华技术出口管制主要源于军事和军民两用物项。美国为了对外军事扩张和维护军事霸权，不惜投入重金②，而且这些重金有相当部分用于美国的军工企业③。由于有足够的经费支撑研发，导致美国的原始研发动力强和实际研发能力强④。军事技术强，带动军民两用技术强，进而带动民用技术强。其二，美国为了维系经济利益，需要领先的高科技。美国"只有永恒的利益"。近代以来，美国从来没有不重视制造业，美国只不过有一段时间强调把低端和低附加值的产业转移。美国为了维系它在产业链和价值链高端位置利益，需要拥有前沿的科技。美国能够保持科技领先还有一些外在条件，至少包括：①美国长期以来，主要是"一战"以来，累积了较强的经济实力（美国本土在两次世界大战期间没有受到战争的直接破坏）；②"二战"后，美元作为主要国际货币支撑了美国的实力；③美国良好的教育体系支撑了美国的基础研究；④美国较完备的金融市场支撑了美国科技企业的融资；⑤美国较完备的市场体系包括知识产权保护等支撑了美国的原始创新。

美国各界需要更高的境界来适应科技时代的变化。一是美国政界需要摒弃冷战思维。美国两党对华制裁显得异常团结，这是"麦卡锡主义"⑤的死灰复燃。无独有偶，美国众议院前议长（第118届）凯文·麦卡锡也是对华不友好者。二是美国商界需要中国超大的市场合作与应用。缺失中国的市场是不完整的世界市场。三是美国军备无上限竞争或是有损人类。当今世界虽然不算太平，但和平与发展仍是主题。世界需要对话和协商来解决争端，战争是不得已而为之的最后手段。"政治是不流血的战争，战

---

① "央视新闻客户端"（2023年7月）载明该信息资料来源于美国《外交》杂志。
② 美国国会研究服务部的统计，冷战结束至今30多年间，美国发动了251次军事行动。据瑞典斯德哥尔摩国际和平研究所数据，2024财年的美国军费（8860亿美元）比排在其后的9个国家的国防预算加起来还要高出20%。路透社报道称，美国2024财年的国防预算约占美国2024年GDP的3.2%，是和平年代占比最高的一年。在2024财年，五角大楼获得了有史以来最大的RDT&E——也就是研究、开发、试验与评估预算。
③ 2024年美国8860亿美元新预算中，约一半以上批给了美国军火承包商，其中约3150亿美元被洛克希德－马丁（Lockheed Martin）、波音（Boeing）、雷神（Raytheon）、通用动力公司（General Dynamics）和诺森罗普－格鲁曼公司（Northrop Grumman）五大承包商瓜分。
④ 2023年7月18日，联合国安理会召开人工智能与安全问题高级别会议。古特雷斯警告，当人工智能（AI）技术被用于核武系统或生物技术方面，死亡和破坏达到可怕的程度。
⑤ 1950年到1954年，美国国会议员约瑟夫·麦卡锡在美国政界掀起一股反共反民主的政治运动。

争是流血的政治",美国军备无上限竞争,是为了实现其政治和战略目标,同时也助长了战争的危险因素,一定程度上是有损人类的。科技应造福于人类,不应该用来毁灭人类。星移斗转,沧海桑田,近代人类对宇宙的认知进步有限。当代中国有位学者曾讲,人类对世界的认识有限。目前仅认知了 4%,尚有 96% 不得而知。我不去评论这个数据的真实性。吾以为,科技进步应主要用来探索自然规律和社会规律,用于改善民生和改善人类生存环境,促进世界大同。所以,美国作为科技强国宜适应科技时代的变化,共享人类科技文明成果,更多用于民用而非军用,让科技更多服务于人类而非损害人类。当然,将科技用于战争作为最后的救济手段有时也是必须的和必要的。毫无疑问,原子弹是人类高科技的产物,从 1941 年 12 月 6 日美国总统罗斯福批准"曼哈顿工程",到 1945 年 12 月 31 日,美国为了研制原子弹,耗资 18.89 亿美元,相当于彼时 1530 吨黄金。1945 年 8 月 6 日和 9 日美国在广岛和长崎分别投掷了一枚原子弹"小男孩"和"胖子",分别有 7 到 8 万人和 4 到 7.5 万人立即丧生,加速了日本接受波茨坦公告(1945 年 8 月 15 日)并宣布无条件投降。

二、中国应对美方智能制造技术出口管制的技术思考

(一)对内加强科技攻关,打造自主可控的智能制造支撑技术产业体系

通过变革产业布局实现工业底层技术构建。按照创新链和产业链有序分工的基本原则,充分发挥中国京津冀区域、长三角区域、粤港澳大湾区三大科技创新中心在全球科技创新体系和全球产业链供应链体系中的协同作用,不断挖掘传统行业新动能,对重点产业进行补链、稳链、固链、强链,提升国内生产链安全性、有效性和创新性。

构建"政府引导、企业为主、多方联动"的良性互动机制。发挥国家资本的集中效应,以国有集团为中心,整合分散资源,构建牵头的领域。支持智能制造"专精特新"中小企业,培育一批龙头企业和示范企业。加大人才建设力度,发挥科研院所和高校科技攻关作用,率先突破制约科技创新和产业创新的瓶颈。鼓励国内科技领头企业积极参与国际标准化组织,牵头成立本行业领域的产业与标准化国际组织,培育行业生态。

(二)对外加强合作交流,形成防御和回击相结合的政策工具箱

强化中美工业体系互嵌,提高防御能力。美国政要从"脱钩""断链"

中国到"去风险化"中国，但中国不随美国起舞，继续保持谦虚谨慎态度向美国学习交流合作。发挥超大规模国内市场的优势，在应用端进一步加强推动中美合作，加强中美工业体系互嵌。争取美国民间和资本对华客观、务实的力量，迫使美国减弱对华技术管制强度。

增强应对美国智能制造技术出口管制的韧性。美国排斥中国，加强对华智能制造技术出口管制，中国有针对性选择"回击"手段。一是建立美国对华出口管制预警平台。动态调整美对华智能制造技术限制清单，有针对性补齐短板。二是设法瓦解美国构建的芯片联盟，寻求与日韩等国以及两岸之间的新兴技术合作，维护半导体供应链的稳定。三是继续加强与欧洲战略自主国家法国、德国的智能制造技术合作。

关键词

出口管制　智能制造技术　"四不一无意"　"一边倒"外交政策
巴黎统筹委员会　美国商务部工业和安全局（BIS）　"3C"竞争
对华战略"三大支柱"　"中国护栏"　《瓦森纳协定》
"卡脖子"技术　"专精特新"　中小企业　京津冀区域
长三角区域　粤港澳大湾区　"麦卡锡主义"　欧洲战略自主

参考文献

[1] 徐清海, 李兰芝. 对中美贸易摩擦的认识及应对策略思考 [J]. 三峡大学学报 (人文社会科学版),2022,44(02):84−89.

[2] 何春林. 从西方经济学发展历程看经济学创新的条件以及我们的态度 [J]. 探索, 1999 (05): 30−32.

[3] 色诺芬（古希腊）. 经济论 [M]. 雅典的收入 [M]. 张伯健, 陆大年, 译. 北京：商务印书馆, 1981.

[4] 徐德顺. 美 "民主峰会" 或影响我国对外合作关系 [J]. 中国商界, 2022(03):28−29.

[5] 徐德顺. 世界经济变局下中国面临的战略机遇与现实选择 [J]. 对外经贸实务 ,2022(05):4−6.

[6] 何正斌. 经济学 300 年 [M]. 长沙：湖南科学技术出版社，2009.

[7] 徐德顺. 美国当代总统任期对内对外负债的思考 [J]. 中国商界 ,2022(11):28−29.

[8] 徐德顺. 世界经济变局下中国面临的战略机遇与现实选择 [J]. 对外经贸实务 ,2022(05):4−6.

[9] 刘瑞喜, 徐德顺. 中国入世 20 年 :WTO 争端演变与中国实践 [J]. 对外经贸实务 ,2021(12):4−12.

[10] 徐德顺. 期待 G20 印尼峰会推动世界经济复苏 [J]. 中国商界 ,2022(05):28−29.

[11] 赵瑾. 国际贸易争端解决的中国方案：开放、协商、平等、合作、共赢 [J]. 国际贸易 , 2019(6): 41−47.

[12] 周灏. 中国在世界反倾销中角色地位变化的社会网络分析 [J]. 国际贸易问题 , 2015(1): 112−122.

[13] Hoekman, B. M. and Mavroidis P. C., Informing WTO Reform: Dispute Settlement Performance, 1995−2020[J]. Journal of World Trade, Vol.55, Iss.1, PP.1−50., 2021.

[14] Reich, A., "The Effectiveness of the WTO Dispute Settlement Sys-

tem: A Statistical Analysis", EUI Working Papers, 2017.

[15] 张洁.东盟—美国特别峰会：战略博弈与自主性维护 [J].世界知识,2022(11):24-26.

[16] 刘华芹.中吉乌铁路开辟亚欧互联互通新通道 [J/OL].人民画报,2022-07-27[2023-02-15].

http://www.rmhb.com.cn/zt/ydyl/202207/t20220727_800301940.html

[17] 徐德顺.构建"八廊八柱"周边经贸发展策略的建议 [J].对外经贸实务,2021(11):27-30.

[18] 胡键.数字全球化的内涵、展开方式及风险 [J].世界社会科学,2023(02):88-101+245.

[19] 徐德顺,程达军.全球数字贸易及规则变革 [M].北京：科学技术文献出版社,2022(9).

[20] 徐德顺.全球数字贸易主要特征与中国发展策略 [J].海外投资与出口信贷,2021(04):8-11.

[21] 顾登晨.拜登政府数字治理的特征、趋势及应对 [J].东方学刊,2022(02):40-48+121.

[22] 余振.全球数字贸易政策：国别特征、立场分野与发展趋势 [J].国外社会科学,2020(04):33-44.

[23] 徐德顺.探索数字贸易视阈下跨境数据流动治理体系 [J].中国信息安全,2022(03):61-63.

[24] 徐德顺,刘昆.WTO 规制跨境数据流动的实践与建议 [J].对外经贸实务,2022(02):4-8.

[25] 徐德顺.构建与国际通行规则相衔接的跨境数据流动制度体系 [J].对外经贸实务,2022(01):4-6.

[26] 徐德顺,马凡慧.贯彻落实数据安全法 促进跨境数据安全流动 [J].中国信息安全,2021(07):75-77.

[27] 管涛.中国投资者减持美债的真相 [N].经济观察报，2023-06-05.

[28] 罗纳德·麦金农.落入国际美元本位制陷阱 [J].新金融,2005(07):3-7.

[29] 陶文钊.《中美关系史》(第三卷)[M].上海：上海人民出版社,2016.

[30] 刘连第.《中美关系的轨迹》[M].北京：时事出版社,1995.